雅理

我记下味道,记下天气,记下声音,
记下人们穿了什么、做了什么,记下他们说了什么、怎么说的。
我用铅笔绘图,
好把一起事件或特定场景铭刻在我的记忆里,
我勾勒人物,好记住一个人的样子,
记住他们都是什么身形、什么姿势。

九 条 路

NINE PATHS

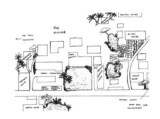

印度村庄一年

A Year in the Life of
an Indian Village

Lexi Stadlen

〔英〕莱克茜·斯塔德伦 著

舍其 译

生活·讀書·新知 三联书店

Simplified Chinese Copyright © 2024 by SDX Joint Publishing Company.
All Rights Reserved.
本作品简体中文版权由生活·读书·新知三联书店所有。
未经许可，不得翻印。

图书在版编目（CIP）数据

九条路：印度村庄一年 /（英）莱克茜·斯塔德伦著；舍其译. -- 北京：生活·读书·新知三联书店，2024.9. --（雅理译丛）. -- ISBN 978-7-108-07875-9
Ⅰ. K351.8
中国国家版本馆 CIP 数据核字第 20249UK688 号

Copyright © Lexi Stadlen 2022
This edition arranged with Felicity Bryan Associates Ltd.
through Andrew Nurnberg Associates International Limited

文字编辑	蔡雪晴
责任编辑	王晨晨
责任校对	陈　明
责任印制	李思佳
出版发行	生活·讀書·新知 三联书店
	（北京市东城区美术馆东街 22 号 100010）
网　　址	www.sdxjpc.com
经　　销	新华书店
印　　刷	河北鹏润印刷有限公司
版　　次	2024 年 9 月北京第 1 版
	2024 年 9 月北京第 1 次印刷
开　　本	880 毫米 × 1092 毫米　1/32　印张 10
字　　数	198 千字
印　　数	0,001 - 6,000 册
定　　价	69.00 元

（印装查询：01064002715；邮购查询：01084010542）

献给女人

目　录

人物表　　　　　　　　　　　　　　　i
家族谱系图　　　　　　　　　　　　　iii
村庄地图　　　　　　　　　　　　　　iv
年　历　　　　　　　　　　　　　　　vi
作者说明　　　　　　　　　　　　　　ix

岛　屿　　　　　　　　　　　　　　　1

第一部　焦躁的夏天，无尽的雨天

第一章　意外频频　　　　　　　　　　9
第二章　最慢的月份　　　　　　　　　26
第三章　水面之下，威胁之下　　　　　45
第四章　道　路　　　　　　　　　　　65

第二部　秋天，秘密和谎言

第五章　流　言　　　　　　　　　　　83
第六章　媒　人　　　　　　　　　　　102

第七章 过 往　　　　　122
第八章 旅 程　　　　　142

第三部　脆弱的冬天

第九章 疼 痛　　　　　161
第十章 夜 行　　　　　178
第十一章 上 路　　　　194
第十二章 死 者　　　　209

第四部　春寒料峭，夏日炎炎

第十三章　精尼附身　　　229
第十四章　被雷劈死的孩子　245
第十五章　紧张升级　　　259
第十六章　等待新月　　　272

后 记　　　　　　　　285
致 谢　　　　　　　　294
词汇表　　　　　　　　298

人物表

卡利玛（Kalima）：寡妇，有六个孩子，其中两人（里亚齐［Riyaz］和阿萨德［Asad］）也生活在这个村子里

罗西尼（Roshini）：里亚齐的妻子，沙哈拉（Shahara）、苏玛雅（Sumaya）和赛义德（Said）的妈妈

努斯拉特（Nusrat）：卡利玛之子阿萨德的未婚妻

玛丽亚姆（Maryam）：寡妇，洛哈尼（Lohani）家族女族长，阿里·塔里克（Ali Tariq）兄弟的妈妈，贝希拉（Bashira）和塔比娜（Tabina）的婆婆，鲁比娜（Rubina）和拉尼（Rani）的奶奶

塔比娜：阿里·塔里克的嫂子，玛丽亚姆的儿媳，贝希拉的妯娌，拉尼的伯母

贝希拉：阿里·塔里克的妻子，玛丽亚姆的儿媳，塔比娜的妯娌，鲁比娜、拉尼等四个孩子的妈妈

米拉（Mira）：拉尼的嫂子，贝希拉和阿里·塔里克唯一的儿子之妻

鲁比娜：拉尼的姐姐，贝希拉和阿里·塔里克的二女儿

i

拉尼：贝希拉和阿里·塔里克的三女儿，也是最小的女儿，塔比娜的侄女，玛丽亚姆的孙女

萨拉（Sara）：汗（Khan）的妻子，有一子一女，女儿叫纳迪娅（Nadia）；帕文（Parveen）的婆婆，阿里安（Aryan）的奶奶

努拉（Nura）：马希尔（Mahir）的妻子，有三个儿子，分别叫哈法兹（Hafaz）、优素福（Yusuf）和易卜拉欣（Ibrahim），还有一个女儿拉齐娅（Radhia）

阿希玛奶奶（Nani Ashima）：村子里最年长的女人之一，阿莉娅（Aliya）的婆婆

阿莉娅：有六个孩子，其中有个女儿叫阿迈勒（Amal）

家族谱系图

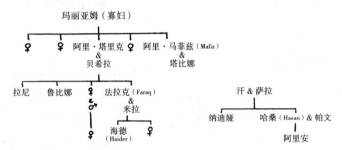

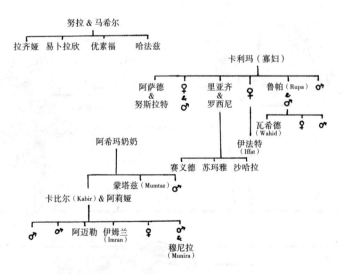

村庄地图

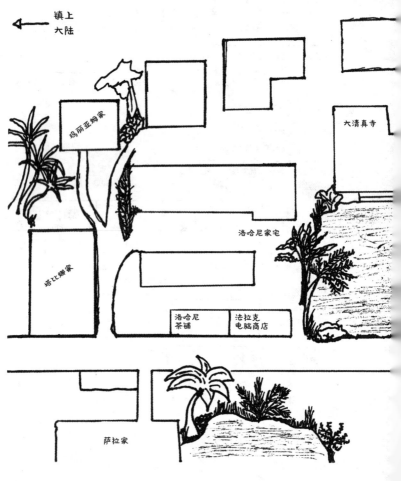

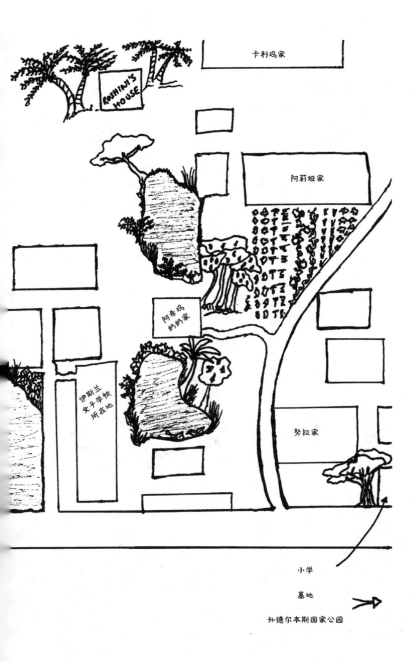

村庄地图　v

年 历

说明：
1. 印度教节日
2. 孟加拉季节
3. 孟加拉季节
4. 在村庄里的月份
5. 气候
6. 伊斯兰教节日
7. 重要日期 2015—2016

10月19日至　　11月10日
23日　　　　　迦梨普
杜尔迦普加节　　加节

1.

2.

3.　　夏　　　　雨季　　　　孟秋　　　秋

4.　15年　15年　15年　15年　15年　15年　15年　15年
　　4月　 5月　 6月　 7月　 8月　 9月　10月　11月

5.　　干热　　　　雨　　　季风　　　雨　　　干冷

6.　　6月3日　　6月18日至　7月17日　9月2日　9月23日
　　　白拉提夜　　　　　　　斋月　　　书市　　古尔邦节
　　　　　　　　　　　　7月17日
　　　　　　　　　　　　开斋节

7.　　4月13日
　　　孟加拉新年

vi　九条路

2月5日 3月24日
春望节 侯丽节

冬	春		夏		雨季	
15年 12月	16年 1月	16年 2月	16年 3月	16年 4月	16年 5月	16年 6月	16年 7月

晴　　　干热　　　雨　　　季风

12月11日
圣纪节

5月22日　　6月6日至　7月5日斋月
白拉提夜

7月5日
开斋节

1月1日　　4月14日　　5月5日
新年　　孟加拉新年　　选举

年　历　vii

作者说明

人类学家是悉心看护故事的人。这些故事属于别人，属于那些我们在时间推移中、在经过相当大的努力以后会对其非常熟悉、非常了解的人，而他们也因此把他们的人生巨细靡遗地托付给我们。这种信任是莫大的荣幸，也是一种责任。

本书写了九个女人的故事。她们生活在印度东部边缘一座岛上的一个村庄里。她们是穆斯林，属于困境中的少数族裔，我们对这一群体所知甚少，但他们的人数超过两亿。她们的母语是孟加拉语，有几个会说印地语或乌尔都语，还有几个因为早年受过伊斯兰学校教育，懂一点点阿拉伯语。有一个人以前还懂一点英语。我在她们的村子里度过了 16 个月，还花了 8 年时间更广泛地研究她们的生活。下面的篇章记录了这 16 个月，也是这 8 年时间的精华。这 8 年的研究，为我带来了一个硕士学位、一个研究硕士学位、一个博士学位，最后还带来了这本书。

还有一个故事一直都存在，然而本书完全没有形诸笔墨，那就是我自己的故事。书中发生的一切都是我亲眼所见、亲笔所记，绝非向壁虚构、缺乏主观性。然而，尽管我已经竭尽全力按照这些女人会采用的叙述方式组织这些故事，但她们的故事仍必然会带有曾盛装这些故事的容器的印记。

我为与她们相见做了大量准备。取得博士学位需要坚实牢靠的基础训练，因而我花了三年半时间，尽最大可能去了解印度和印度以外的穆斯林的生活。我学习孟加拉语，先是在伦敦南部的斯特里特姆（Streatham），然后是在印度西孟加拉邦腹地的大学城寂乡（Santiniketan），最后是在加尔各答。而在那个村子里的每一天，我都仍然在继续学习，那里的女人们兴致勃勃地鼓励我，并因为我结结巴巴的发音开怀大笑。

我在岛上的生活是慢慢展开的。我刚开始住在加尔各答，一个星期会有那么几次在天亮前起床，沿着歪歪斜斜、坑坑洼洼的漫漫长路往返于这座城市与岛屿之间。五个月后，我对周围的环境更适应了，便搬到岛上，在离村子十分钟路的小镇上租了个房间。

在那里的时候，我拜访了一百多户人家。我跟清真寺的伊玛目交谈，也在茶铺、医生办公室、裁缝铺、伊斯兰男子学校和附近一个治疗师的治疗室里度过了很多时光。慢慢地，我被其中九个女人的故事吸引了，而随着时间一天天过去，我在她们的世界里越陷越深。我对她们进行了长时间采访，记录了口述历史，绘制了复杂的家族谱系图，还组织了焦点小组访谈，她们和另一些女人也全都参加了。更重要的是，我会观察她们：我观看，跟随，聆听。我跟她们一起去参加伊斯兰女子学校集会，去参加小额信贷组织，去集市，去茶铺，去为杜尔迦普加节[1]搭建的神棚，去她们一个个的家里，还见证了几次做媒，参加了一场婚礼和一场葬礼。很多时候，我也会像她们一样度过时间，在承担着看起来没完没了的家务活、负责看顾一家老小的同时，消磨掉无比漫长的上午和静如止水的下午。

每天晚上我都在奋笔疾书。除了实地研究，我将所有的独处时间都花在了记笔记上面，巨细靡遗地手写记录几天前的各种事件。我记下味道，记下天气，记下声音，记下人们穿了什么、做了什么，记下他们说了什么、怎么说的。我用铅笔绘图，好把一起事件或特定场景铭刻在我的记忆里，我勾勒人物，好记住一个人的样子，记住他们都是什么身形、什么姿势。我给村子画了张地图——从地理角度来讲很精确的一张地图，把所有人家、商铺的位置都精确地标记了下来。我录了一百多个小时的录音，并因此得以把那些最重要的谈话转录成文字，得以听出语音里的轻快和灵动、停顿和犹豫。

人类学家往往会跟他们搜集到的故事的主人公共同协作，但并非任何时候都有这个可能。这些女人基本上可以说是目不识丁，她们不说英语，也没有时间、条件和意愿参与写书的过程，要想跟她们协作，机会少之又少。我本来计划回到村子里，把本书草稿拿给她们看，但每一个节点都会遇到困难。

---

[1] 杜尔迦普加节（Durga Puja）是印度西孟加拉邦全年最重要的节日，其中"普加"为"膜拜"之意，又叫难近母节、圣母节、九夜节。节庆中会搭建多个称为"神棚"（Pandal）的临时庙宇，用来供奉胜利女神杜尔迦及其子女。参阅 https://www.fmprc.gov.cn/web/zwbd_673032/ywfc_673029/201510/t20151025_7342692.shtml.。——译注（本书所有注释均为译注，后不再一一注明。——编者）

因此在写作本书时，我只能在脑海里一直牢牢记着她们所有人在很多场合都曾反复说给我听的一句话：把我们的故事讲出来。

但凡能做到的地方我都采用了直接引用。我保留了很多孟加拉语里的词，用的是音译转写而非意译，这样能更准确地反映她们的谈话。本书记录的很多事件我都亲眼看到过。对于我未曾在场的那些事件，我依据的是女人们自己的回忆，我在不同场合多次重新提起同样的话题，还尽可能地用她们周围其他人的记忆来印证她们的记忆。

本书并非传统意义上的人类学著作，它不是理论性的，没有采用任何专业术语，而除了书中描绘的那些生活以外，也没有提出任何举足轻重的论证。我从来都不理解，为什么民族志必须是一番论证，而不能仅仅关乎实然，不能是一件手工艺品或一次深入、持久的相遇的产物，它能时时提醒我们，我们跟那些我们永远都没有机会遇见的人有多么相似。我认真思考了我的疑虑，没有用纯理论的术语来描述这些女人的生活，她们自身不可能理解这些术语，也不会觉得这些术语跟自己有关系。我认真考虑了她们向我提出的要求。

书中所有名字我都采用了化名，也抹去了能确认岛屿和村庄具体位置的信息，算是践行了我对自己许下的保留隐私的道德承诺。这承诺同样也是对这九个女人做出的，她们非常宽厚，毫不犹豫地邀请我进入她们的生活。

本书献给她们。

岛　屿

在大路边，只能匆匆瞥见这些女人。要想找到她们，你得沿着小路，沿着从柏油路面蜿蜒开去的土沟，进入森森绿意。一间间土屋坐落在林间，背对着外来者，那晒干的墙壁和倾斜的屋顶，让任何不受欢迎的目光都不得其门而入。女人们坐在院子里切菜，在一盆盆颜色越来越深的香料上挥汗如雨，扫地，缝制纱丽，把大米里的石子和糠皮筛出来。她们蹲在水塘边，脚趾紧紧抠进凉爽的淤泥里，给孩子洗澡，洗衣服，洗刷锅碗瓢盆里的残汤剩饭。她们溅起的水花和烧饭燃起的噼啪作响的火苗，都在微风中轻轻摇曳。

这些女人生活在一座岛上，它仿佛是陆地终于向广阔、深蓝色的孟加拉湾投降前喷溅出的最后一摊泥点中的一个。这座岛属于孙德尔本斯（Sunderbans）国家公园，在孟加拉语里，这个词表示"美丽的森林"。这些岛屿处在全世界面积最大的海岸红树林中，那1万平方千米的巨大土地轻轻松松跨过了印度和孟加拉国的边界。这里的河流景观由一直在变化的地块和水流组成，景观本身也一直变动不居。这种地理变动对怨声载道的地图绘制工作置若罔闻，很久以来也一直在给那些想守好国界的人带来挑战——国界南缘的人、货物和历史总是轻轻松松就能跨越国界。

说它"美丽"可能有点言过其实。这是一片奇特的、桀骜难驯的空间，随着大陆层层剥落，大地和水之间的平衡向后者倾斜到了令人忧虑的地步。含盐的河流包围着一座座岛屿，灰色的水流不知不觉间便与黏土色或跟大象皮肤一个颜色的泥滩溶为一体，盘根错节的树根和茂密的草丛就在这样的泥滩上拔地而起。那些仍然没有人居住的岛上有茂密的森林，藤蔓缠绕在一起，茂林中的空地上长满了密密层层的草丛，中间有几乎看不出来的小路，是那些足够勇敢或足够贪婪、前来冒险的人留下的踪迹。而在那些住了人的岛上，森林遭到砍伐，定居点遍地开花。房子低伏在地上，旁边是低洼的稻田，中间点缀着商店和食品摊，偶尔还能看到学校和医疗设施。有些岛上还有熙熙攘攘的集市，会在早上还凉爽的时候和傍晚时分活跃起来，那时会看到急切的主顾在摊位间来回穿梭，跳着精心排练过的舞蹈。

那些女人会无比自豪地告诉你，她们这个岛十分独特。这座岛跟大陆之间刚刚建成了一座大桥，桥上刷上了某个在位政治家钟爱的蓝白糖果条纹，看起来很是欢快活泼。这样的连接带来了商业，大桥跟前的镇子也因此喧嚣起来，五颜六色的砖砌建筑沿着陡峭的灰色河岸纷纷出现，足以令小镇引以为傲。沿着这些建筑走，就会来到拥挤繁忙的街道，而这里的熙来攘往已经有了新的目标。如今有一条柏油路穿过岛屿中间,在曲曲折折地通往岛屿另一头的时候又在半中间分了岔。岛上通了电,然而会时不时地停电,而且离大桥和公路越远的地方,用电的效率也越低。也有一个手机信号塔,尽管只能进行沙沙作响、模糊不清的通话。人们曾经认为统治着这些土地的孟加拉虎,如今在这座岛上也难得一见了,尽管它们真饿极了的话,偶尔也会上北边来觅食。

在这个位于岛屿中心的村庄里,女人们还知道另一种饥渴。这是个穆斯林村庄,住了大概四千人。女人当中年纪最大的——年纪很小的时候就嫁了人、丈夫在十年前甚至更早的时候就已经过世的那些老女人——对于村庄以前的样子记得清清楚楚:一个与现在完全不一样的地方。那时候没有道路,没有任何便利设施,只有几间住宅。"那时候日子可不好过啊!"她们大笑着说。但那时候她们身边有"瓢舀鱼"的清澈池塘,有丰饶的森林,还有五谷丰登的田野,吃的东西应有尽有。这里是边疆,是南方更偏远的岛屿和北方大陆这两个世界之间的交界;那些想要逃离两个世界之一的人,想要逃离东边国界上的纷飞战火的人,都能在这里找到一个世外桃源。

慢慢地,这片土地变得不堪重负。曾经清清如许的池塘如今变得浑浊不堪,因为有太多人要在这里清洗衣服、器皿和身体,鱼儿也变得难得一见了。一代人紧跟着一代人,曾经那么广阔的空间被越来越壮大的一户户人家张开血盆大口吞吃得一干二净。人满为患的房屋,跟椰子树、香蕉树、池塘、一片片丛林以及田地争抢着地盘:在越来越变化无常的气候中，无数人在这些田地上辛勤耕耘，带来麦浪滚滚，稻花飘香。以前可以预知的季节现在也大变样了，夏季变长了，也更热了，雨季总是姗姗来迟，逗留时间也超出预期。很多人都已经认识到，土地和天气再也靠不住了，尽管他们仍然困在土地上，要在喜怒无常的老天爷手底下讨一口饭吃。

以前住在这个村子里的印度教家庭现在已经搬去了镇上，或是岛上别的印度教村庄。原因很实际：因为想跟他们的社群、庙宇和其他地方提供的舒适生活靠得更近；也因为他们讨厌吃肉，而以前跟他们同村的人只要买得起就会大吃特吃。尽管他们的道路几乎不再与这个村庄产生交集，他们也没有多少怨愤。多年以来，这座岛屿都是印度教徒、穆斯林乃至基督教徒的家园，如今却见证着分裂的迹象和心怀不满的抱怨。所有人都知道，宗教之间的深沟高垒在全国各地都变得越来越牢固，加上往日的伤口、招致敌意的分歧，都在预示着这个匆匆忙忙地缝合起来的国家会再次分裂，而这样的结果本来可以避免。

孙德尔本斯的历史有其特殊之处，孕育了无视这种分隔的魔法。这个地方曾经对"邦比比"（Bonbibi）顶礼膜拜，尽管邦比比是穆斯林女神，她却被无论什么信仰的人都奉为森林的保护神。邦比比出生在麦加，在真主安拉的召唤下来到"十八次潮汐之地"，保护那些冒险进入丛林的人不受恶魔一样的虎王达克辛莱（Dakshin Rai，但本地人称之为Dokkhin Rai）的伤害，无人居住的岛屿就受这位虎王统治，他的残忍深藏不露。然后还有精尼（Jinn，复数形式Jinni），这些生灵在这片土地上游荡的时间可比人类要早得多。这些生灵也全都来自伊斯兰教，人们相信他们是真主安拉用没有烟的火焰制成的，他们的生命比血肉之躯的更长，他们的生活也比凡俗之人奇幻得多。女人们说，很久以前，精尼跟她们是意气相投的邻居，可以分享食物，有什么喜事也会一起庆祝。但现在，她们感觉似乎精尼也开始变得越来越焦躁不安，把那些毫无准备的人紧紧抓在手心里。

这些女人对精尼了如指掌——除此之外，在她们挣扎求生时阴魂不散地跟在她们身后的威胁还有很多。在村子里的小道上徜徉，你会听到她们又饥又渴、肚子咕咕直叫的声音：她们渴望包容，渴望安全，也渴望改变。她们的房子无法守住任何秘密。开放式的门廊，没有玻璃的窗户，意味着任何人的成败、苦恼和隐私，都会成为大庭广众之下的谈资。

第一部
焦躁的夏天，无尽的雨天

第一章

意外频频

意外总是在天黑以后到来。不幸降临的时候，通常都只有受害者本人在场。毫无疑问，肯定有什么事情发生了；断裂的骨头、遭损毁的财产，都可以毋庸置疑地证明发生了什么事故。有问题的只不过是，大家在讨论事情是不是真的像陈述的那样展开。她们九个女人全都知道，如果涉及观察是否真实的问题，能采信的只有真主安拉。

暴风雨来临的那个夜晚对卡利玛来说是个不眠之夜。这不是一场常见的暴风雨，而是一场卡波扎克（Kaalboishaakhi）——跟热气蒸腾的四月一起到来的雷暴，因为十分狂暴，甚至称得上是耀武扬威，这座岛上人人都对它深恶痛绝。这些暴风雨的残暴之处，从卡利玛这样的女人起皱的手掌后面的"窃窃私语"就可见一斑。她在这世上已经度过了足够多的夏天，因而知道这样的暴风雨尽管残酷无情却也不可或缺，是在清洗、去除过去十二个月里大地上积累起来的污垢和尘埃，为孟加拉新年的到来做好准备。死气沉沉、木炭一样的黑云在黑暗的天空中疾驰而过，相伴而来的是狂风呼啸、电闪雷鸣，大雨倾倒在屋顶上,噼啪直响。若是对这样的暴风雨还没有司空见惯,准会觉得自己周围的这个世界正在撕裂。

风从黄昏时分起就开始不停地搅动了,这是村子里唯一预示着有什么事情要发生的信号。气温骤降,不祥的寒意取代了初夏夜晚那种令人难以忍受的黏稠,把人们从茶铺里赶回家,让他们陷入不安的等待。风暴很快聚集起能量,没过多久就开始在村子里巡行,一根根树枝在杀气腾腾的低吼声中噼噼啪啪地断裂。铁皮屋顶和竹编屋顶被撕裂后,碎片卷入狂飙的旋涡中,随后又被怒气冲冲地撒向四面八方。

卡利玛醒了一段时间了,她躺在床上无声而惊恐地听着外面的声音,向她的外孙女伊法特靠得更近了些。伊法特依偎在她身边,平静地呼吸着。卡利玛见识过的卡波扎克已经够多了,知道她的房子撑得住,但她在发愁自己的鸭棚,鸭棚已经用重物仔细压实了,但还是可能会被刮倒,或是被倒下来的什么东西压碎。她只能向熟悉处求心安,喃喃念起《古兰经》里的词句——她并不知道那些跳动的阿拉伯语字词是什么意思,但她一直能背诵,这些字词让她平静下来,推动着她走向梦乡——但金属弯折发出的刺耳的声音又让她一下子清醒过来。

她的思绪飞到了儿子身上。里亚齐没有住在他们家的家宅里,而是跟妻子罗西尼和三个小孩子一起住在空地边上的一个单间棚屋里。那间屋子最近才建起来,墙壁只是粗粗凿制,并不牢固,不像她这栋房子的地基那么坚实。这栋房子从刚有这个村子的时候起就在这里了,之前属于她的父亲,而在那之前属于她的祖父。里亚齐可能已经了解了砖石和钢筋的特征，但还没有好好掌握把天然材料聚在一起建造个什么东西的古老艺术。她努力竖起听力正在衰退的耳朵，在狂风中静静聆听，越来越担心她最钟爱的这个儿子，担心他的一切。但她什么都听不到。

第二天早上，宣礼[1]（azaan）的声音还是像往常一样在黎明时分响起。黑暗仍然笼罩着大地，星星在青色的天空中慢慢开始隐去。村庄犹犹豫豫地醒来，开始检点损失。那天晚些时候，卡利玛会想到为什么没早点去看看邻居。在得知邻居的房子被毁后，她提出可以帮他们照看孩子们——六个脏兮兮的小家伙，穿着破衣烂衫，和她的四个孙辈在空地上跑来跑去，玩着各种各样的游戏——她心想，还是挺走运的，谁都没有伤着哪里。卡利玛站在那里，两手撑在臀部上方，手指绷紧，仿佛有意无意地在纱丽的褶皱下抚慰着自己上了年纪的这把老骨头。她摇摇头，一边感叹邻居有多么祸不单行，一边感叹自己冲动之下怎么变得这么大方。她往尘土里吐了口唾沫。她会给他们三天时间，她决定了，就这样。

在空地的另一边，罗西尼也在看着孩子们。其中三个是她自己的，她视他们为掌上明珠，他们的名字从她嘴里出来时，就仿佛雨滴从房檐上落下来一样：沙——哈——拉、苏——玛——雅、赛——义——德。第四个孩子伊法特是他们的表妹，

---

[1] 每日五次礼拜前，宣礼员（穆安津）在清真寺门前或宣礼楼上多次高声诵招祷词，召唤穆斯林准备礼拜，称"宣礼"，也叫作"唱礼""叫拜"等。

是个可怜虫，尽管处境可怜，却很显然是卡利玛最喜欢的孙辈。另外六个孩子是他们邻居家的。罗西尼默默地对他们怀着怨愤（尽管她自己也承认这不公平），因为她非常清楚，照顾他们的临时重任会落在她身上。尽管卡利玛把他们赶出了家门，无法接受自己最喜欢的儿子居然会陷入因为爱情而结婚的丑闻，但罗西尼仍然待在一个孝顺儿媳该待的地方，臣服在婆婆脚下。

她丈夫里亚齐天亮的时候就被叫起来了，是他们母亲的大喊把他从睡梦中拉出来，喊他一起去查看他们房子之间的那块空地上散落的七七八八。他们一直四下里走，做着白日梦一般，踮着脚在盖住地面的棕榈叶之间走动，小心查看着下面有没有什么刮下来、刮坏了的东西。他们整个上午都在清理那一地狼藉，大大小小的树枝铺了一地，卡利玛叫罗西尼清走树叶，自己则蹲在地上，用骨节粗大的手指灵巧地剔去树枝上的叶子，把剩下的光杆堆成一堆。里亚齐哄着自己的弟弟阿萨德来帮忙拖动一根粗大的树枝，然后一起修理在狂风中被砸成了麻花的自行车轮。做完这些后，看起来就好像暴风雨没有光顾过这里一样。

罗西尼一夜没睡，生怕他们的小屋会被狂风从地上卷起来，或是哪棵树会倒下来压在房顶上。随着风力减弱，她才慢慢摆脱恐惧，让那些担忧都慢慢消散。随后她又开始设想远走高飞，尽管往黑暗的地面上看一眼，看到那三个在地板上睡着了的小小黑影，就能让她马上想到，这根本不可能。

于是罗西尼又开始做起白日梦来，整日里都幻想着远走到这一亩三分地以外去的奇妙旅行。她从池塘里打起一桶桶水，摆摆荡荡地提回家，筛米，筛豆子，直到自己细瘦的胳膊酸痛不已，她蹲在水边清凉、黏稠的淤泥里洗刷锅子，做着这些家务的时候，她只想着遥远的未来，她的孩子都长大了以后的未来。在那以后，她也许会收拾起自己微薄的资产，卷成一个小包裹，走出这个村庄，离开丈夫，离开婆婆，不管不顾地沿着来时路回到父亲的村子，她知道，有父母在高堂，永远都会欢迎她。那里才是她的家。

在这场暴风雨里分崩离析的不只是房子。那天早上，贝希拉在她家茶铺杂乱无章的柜台后面隐现，她轻轻抱着自己肿胀的手腕，心不在焉地盯着炫目的白光，那白光跟店里的阴暗恰成对比，让人不安。她一边用右手小心翼翼地数出零钱，一边用低沉而沙哑的声音向好奇的顾客讲述到底发生了什么。是怎么停了一阵子电，电流又是如何像往常那样在夜幕降临之后消失的。那实打实的劲风如何让她打了退堂鼓。她在匆忙中如何滑倒在铺子后面的水泥台阶上，手腕怎么重重地拄在地上。那疼痛让她大叫一声，但这声喊叫被暗沉沉的夜晚、树木烦躁不安的低语和大雨持续不断的敲击地面的声音吞没了。

贝希拉很穷，同时又自持身份，因此没有去当地的医院，而是自己用树枝和红色麻绳做了个临时夹板来夹住手腕，但还是没法控制手腕的肿胀。那里的皮肉又红又肿，就像决心要冲破这个暂时的束缚，把下面骨头的所有痕迹都遮盖起来。而且贝希拉很固执，女儿拉尼哀伤地求她去找找镇上另一个资质不大够但要便宜些的医生，她都不理不睬，而她的婆婆玛丽亚姆咕哝着预断她要是不赶快找人来看看，这整只手可能都会废掉，她也只是冷哼一声，继续不闻不问。

贝希拉、塔比娜、玛丽亚姆、鲁比娜、拉尼——洛哈尼家族的女人们一出动就是一群。然而，尽管血缘关系把她们联系在一起，她们的性格却截然不同，大异其趣，分别酷肖不同动物。

贝希拉就像一只老虎，身强力壮，个子比村子里包括男人在内的几乎所有人都大。她动不动就火冒三丈，被激怒的时候很容易做出排山倒海一样的暴力行为，只能容忍少数几个特定的人在她身边。她的妯娌塔比娜好似一匹豺狼：身形瘦小，身手敏捷，精明强干又和蔼可亲，这让她在几乎所有情形中都能占据上风。这两个女人都是四十出头，已经度过了艰辛备尝的抚育小孩子的年月，两人都很直截了当，行事风格通常只有男人才敢那么干：嚼着槟榔，嗓音沙哑低沉，话里话外都是不容辩驳的看法和荤段子。她俩之间的关系有时候充满火药味，但也经常有人看到她俩一起坐在塔比娜家外面的台阶上，在午后搏动的阳光下互相梳着头，解开头发里打结的地方，爽朗的笑声打破了一天的沉静。

这个大家庭的女族长是她们的婆婆玛丽亚姆，一匹灰狼，一个行将就木的寡妇。尽管岁月不饶人，已经让她弯腰驼背，只能拄着拐杖颤巍巍地走路，但她承受岁月洗礼的方式自有其高贵之处。岁月的斑斑锈迹让人缴械投降，但在那下面仍然存留着一丝她曾经拥有的力量和残忍。她不喜欢这两个儿媳，而她俩也很不待见她，尽管在岁月长河中，她们已经陷入可以忍受的僵持局面。要是有人威胁到这个大家庭，她们就会拧成一股绳。身处这样一群强势的女人中间，也难怪贝希拉的小女儿拉尼很难找到自己的位置。

最后还是塔比娜说服了贝希拉。塔比娜曾经在医院度过了一段很不幸的时光，尽管她并不情愿承认，这段经历还是让她在这个问题上堪称权威。就在一年前，因为夜路更加危险也更复杂，她丈夫在开三轮车的时候受伤了，如今他破碎的骨头之间的空隙里填补着金属板。她非常清楚，尽管丈夫默不作声，但疼痛在他身体里轰隆作响，那是极度痛苦才有的呻吟。原来是一跳一跳地疼，逐渐愈演愈烈，到最后丈夫都疼得说不出话来了。尽管他的胳膊有些功能已经复原，却再也不能长时间开车了。这样一来，轮到他开车的时间就变短了，而轮到的时间越短，挣到的钱当然也越少。

玛丽亚姆声称梦见过他这起意外的兆头。她的担心在伊玛目[1]（Imam）来访后进一步加深，因为伊玛目向她透露，她儿子在逃避星期五的乃玛孜[2]（namaz），那是伊斯兰教强制规定的一天五次的礼拜。玛丽亚姆相信神会睚眦必报，也明白是时候算算账了。一周后，当儿子骑三轮车发生车祸后，

---

[1] 字面含义为"站在前列的""首领""表率"等，意译为"教长""掌教"，指集体礼拜式的领拜人，也用来指称宗教领袖、著名教法学家，乃至政教首领。
[2] 乃玛孜，伊斯兰教一日五拜（礼拜时间依次为日出前、正午刚过、日落前、天黑前和入睡前）的总称。伊斯兰教历的礼拜日（公历周五）称"主麻日"，又叫聚礼日，是一星期中最尊贵的一天，这天正午过后需在清真寺举行集体礼拜，称"聚礼""主麻拜"。

她没有去医院。她拒绝了别人的召唤,也压下了母亲的本能,没有去儿子的病榻边看看,而是一直在祈祷,向真主安拉保证,要是她儿子幸免于难,她会确保儿子以后履行宗教义务。儿子活了下来,现在每周五都会在母亲的密切注视下前往清真寺。

尽管玛丽亚姆全身心相信神灵,但祸不单行,配给卡的损坏给了她另一次打击。这一小片长方形的压膜卡片是唯一能保证最受穷的人每个月得到一些补贴食品的东西。几升食用油,几勺大米和扁豆,由一个政府指派的小贩用生锈的秤称出来,而不同的小贩在称量规定数目时,多多少少都会短斤缺两。那卡片压膜压得很随意,上面的塑料有些卷边了,甚至已经卷成了一团,那冗长的识别号的后两位数字也给卷进去看不见了。玛丽亚姆已经好几个星期没法领取自己的配给了,这让她跟塔比娜本就已经很紧张的关系雪上加霜,因为现在她在他们家的锅里吃饭。她决心把本来日渐衰弱的气力攒够,之后再去一趟当地的政府办公室,试一试解决这个问题。

除了为母亲贝希拉的手腕发愁,还有一件算是意外的事情困扰着拉尼:在这样一个家庭中生为女儿身。从豆蔻年华开始,她曾经光洁的额头就经常堆满了深深的沟壑。她漫不经心地咧开紫红色的嘴唇时,她的白色门牙就会露出光泽,与嘴唇相映成趣。就算是有熟悉的人陪伴着(那是村子里唯一能找到的陪伴),她还是会极其腼腆,说起话来声音极不自然,小得跟蚊子似的,无论是谁想要听清她的话都会极其费劲。她长得很高,跟她妈妈贝希拉一样(肩膀比身上其他地方都宽,让身形显得有些笨拙),居住在这样一副与自己的思想格格不入的躯壳里,她闷闷不乐,简直无可救药。

她姐姐鲁比娜有了麻烦,她的困境让整个洛哈尼家族都越来越烦恼不堪。这个村庄可不是一个发生任何事情都能抽身而退的地方。村子里的店铺差不多一个巴掌就能数得过来,这些店铺散布在柏油路两侧,就连拉尼也记得,这里以前是一条坑坑洼洼、砾石遍地的路。有两家肉贩的推车,上面挂着不知名动物的瘦弱的尸体,在酷热的天气下爬满了苍蝇。有一家理发店,准确来讲只是一把破破烂烂的理发椅,男人们会围着这把椅子走来走去,一边抽烟一边侃大山。有几个茶摊,比如她们家经营的这个,卖茶,卖茶点,还可供闲聊。她们家的凉茶铺子旁边是她哥哥法拉克的电脑商店,商店里有一堆破旧设备,缀满了蜘蛛网,大部分时候都关着门。法拉克通常都不在店里干活,而是会躲在水泥门廊下的阴凉里,那里雷打不动总有一群人在打牌,不过玩家阵容总在变化——五六个人围坐成一圈,旁边还有看客。他们要喝的、要槟榔的叫喊声,制定一套新规则或是换人来打的吵闹声,还有他们抽着烟吐出的久久不散的烟雾,都在装点着周围的气息。

有两个裁缝,可以把衣服改短加长、加褶边,还可以量身定做新衣服。大榕树旁边的小学跟年久失修的高中隔着一条砖铺的路和一片充当操场的枯黄的草坪。有三座清真寺,其中最大的那座跟拉尼家的房子就隔了一个池塘,一座小些的坐落在村庄深处,而第三座位于村子外围,柏油路的另一边。

这些就是村子的全部构成。只有房子、池塘、菜园、密林和空旷的田野，狭窄的土路在中间纵横交错，把它们连缀成片，也从外面将它们包围起来。

拉尼一直都表现得像个男孩子，天真无邪地打板球、玩捉人游戏，在村子周围的田野上跑来跑去。但到了十四岁，还玩这些就不大适合了。每回她给自己找借口出门，或是解释自己去了哪儿时，她都能从母亲那里捕捉到匆匆的一瞥，而她自己也知道，用不了多久，这些行为就会从带有指摘意味的视而不见变成严格禁止。她只想跟自己最要好的朋友纳迪娅一块儿消磨时间，她家就在茶铺正对面，似乎对自家女儿兴高采烈的四下探索和心血来潮的恶作剧安之若素。但是纳迪娅比拉尼小两岁——仍然是小女孩的年纪。

按照这个村庄的标准，纳迪娅的妈妈萨拉可以说是个不寻常的女人。大家既把她看成外人，也认为她是走运的人之一。她无疑是村里最引人注目的女人，她胖乎乎的心形脸就像一个完美的克什米尔苹果，脸蛋像是雕刻出来的，柔和的曲线一直收束到下巴。其他女人大多留长发，只在脖子后面简单挽个发髻，但是萨拉把头发剪到了刚刚到肩膀以下，还染成了棕红色，使之呈现出深深的光泽，闪闪发亮。有时候她就那么把头发披在后面，让头发在背上跳着诱人的舞蹈，在肩头拂来拂去。她涂口红、戴墨镜，还会给指甲涂上像熟得都快烂掉了的水果一般的暗沉沉的颜色。问题在于她的观众。多数时候，甚至都没有人注意到她在这么费心费力地打扮自己，而那些注意到了的人也只不过会大摇其头，感慨感慨世风日下。

美丽动人的萨拉下嫁的是村子里最有钱、人缘最好的家庭之一，这并非巧合。尽管按照更宽泛的标准，他们家可能仍然算穷人，但他们享有的舒适和稳定是跟他们抬头不见低头见的人无法想象的。他们住的房子是砖房（pukka），十分牢固，村子里这样的房子并不多。房子涂成了令人瞠目结舌的粉红色，而且离大路边有一段距离，要走一段越来越窄的砖铺小路才能来到他家门前。房子里面尽是奢侈品：一把磨光露白、坐塌了的沙发，一台巨大的电视，甚至传说还有个室内厕所。萨拉和丈夫汗住在这栋房子里，汗经常不在，因为他在加尔各答工作；住在这里的还有他们的儿子哈桑和女儿纳迪娅，他们的儿媳帕文，以及他们的心头肉小孙孙阿里安。

萨拉没什么时间搞迷信。她出生在基督教家庭，因为婚姻而改宗伊斯兰教，对于她现在厕身其间的那些人的一些不可理喻的做法，她既困惑不解，又不屑一顾。但对于村子里接二连三的厄运，她无法不感到担心。就在一年前，她两岁的孙子阿里安差点儿没了小命。

那是一个傍晚，当时阿里安暂时没有人看管，这里的孩子经常这个样子，因为大人要忙着做家务。他从通往他们家门口的水泥台阶往下走，一只手扶着房子的墙壁，摇摇晃晃地走着，热切地想要搞明白门口那盆有意放在那里的闪闪发亮的透明液体是什么。他凝望着液体表面，因为听到有人高喊自己的名字而吓了一跳，于是转过身来，却往后一仰掉进了盆里。盆里装的是苯酚，放在那里是为了驱走喜欢在房子凉爽的水泥地板下面和黑暗的角落里藏着的蛇。

那声音萨拉一辈子都忘不了。她正站在卧室里的镜子前看着自己,那声尖叫让她浑身一颤,她穿着新纱丽、拿在手中欣赏的那只玻璃手镯掉在地上摔得粉碎。她朝门口冲过去的时候,整个世界都慢了下来。帕文一边哀嚎着,一边俯身去够儿子,阿里安的身躯在尘土中痛苦地扭动着。她的孙子在痛苦地尖叫。邻居们也记得那些声音,尽管他们记得更清楚的是萨拉的尖叫,萨拉令人难以忍受的固执把他们拽到那条柏油路上,他们看见,在昏暗的暮色中,一个身影站在那里,怀里抱着一个扭来扭去的包裹。

萨拉拦下一辆过路车,她用身体挡住道路,要求这辆车带他们去旁边的一个村子,她知道那里有个男人开出租。她在车上给那人打了电话,跟他讲了讲出了什么事,叫他准备好带他们去医院。她不是那种人们很容易就能拒绝的人。去加尔各答的路开了三个多小时,随着时间一分一秒过去,阿里安的哭喊慢慢变成呻吟,他不再与极度的痛苦战斗,而是蜷起身子忍受疼痛。银色汽车在柏油路上左折右回,避让着地上的坑洞和黑暗中的动物。萨拉紧紧抓着帕文的手,她的膝上横躺着孙子滚烫的小小躯体。

阿里安大难不死。他背上留了好多疤,从右肩那里的曲线到左臀那里的弓形,他的皮肤就像蜥蜴一样,也可以看成是被陨石轻轻撞击过的月球表面。他仍然相当自信,甚至可以说是骄傲自大,那胖乎乎的样子所有人都会觉得是有福气的象征。他偶尔也会哭,因为他紧绷的皮肤有时候很难适应小孩子不假思索的快速动作。但大多数时候，他都挺快乐的。倒是萨拉经常中宵不寐，起身悄悄跑到隔壁阿里安和父母一起住的房间，一动不动地在门边站上好久，看看有没有什么事情——任何事情——不对劲。是萨拉蜷着身子侧躺着，摩挲着手腕上以前戴镯子的地方，大睁着双眼——外面黑暗里的声音无法掩盖她耳边仍然会响起的尖叫声，那余音怎么都挥之不去。是萨拉在担心，不幸会再次发生。

随着夏天变得越来越热，日子也变得难以忍受起来，努拉把自己的担心都藏在心里，因为她没有什么人可以诉说。很多女人都会用女人之间的友情——朋友、姻亲姐妹、邻居——填满她们生活中最孤单的那些角落，努拉却没有。她是个有点古怪的女人，别人很难跟她熟络起来，她说话的音量和刺耳的音色，都使得跟她谈话非常困难，而她动不动就会偏离正题进入预言领域，去说一些死后的、未知的事情，这样的倾向也让别人没法跟她聊天。要是有朋友或信得过的人，她也许也能够跟他们解释她为什么会越来越害怕夜幕降临，但也有可能不会。

努拉并不是一直这么怕黑。在岛上，黑暗的陪伴是常态，因为这里离赤道很近，一天当中的二十四小时总是差不多昼夜均分。跟很多结了婚以后才来到这个村子里的女人不同，努拉就是在这个岛上出生的，娘家的村子就在南边几公里远。她属于这个几乎不用去想城市的搏动和光芒的地方——毕竟直到七年前，这个地方才通上电。但电流一直捉摸不定，会在黄昏时逃离岛上溜回大陆,让村庄陷入一片黑暗。用不了多久,灯火就会被点燃,闪烁的煤油灯绘出事物柔和的轮廓,或者电灯那耀眼的光芒令影子无处遁形。

努拉的家就在路边那棵大榕树的荫蔽下,在那里,偶尔会有刺眼的大灯打破黑暗,划着能晃瞎眼的弧线扫过墙壁。这条路是村子外面的人进出的主要通道,而努拉家新建的住宅离这条大路这么近,让很多人都认为他们家是在自找麻烦。有时候闯进来的不过是从集市上晚归的同村人,不过其他很多时候都是陌生人,他们推着扎破了车胎的自行车在路边求助。还有些夜晚,努拉会突然惊起,发现不声不响靠近她的是在岛上游荡的某个流浪汉,他们的生活一塌糊涂,朝她伸出脏兮兮的手掌,讨一口茶或是一把零钱。

然而让努拉害怕的不是那些彷徨无助的人。她早就知道要提防丈夫马希尔和他的脾气,他干完活回家的时候,情绪总是捉摸不定。马希尔这人很讲究,干活也很卖力,不到夜深不会收工回家。他的修车铺关门后,他会在月光下或星光下,骑着车慢慢穿过黑色的田野往家走。

最近情形变得特别紧张,他们家跟住在隔壁的马希尔的哥哥家一直有矛盾,这矛盾最近又爆发了。他们之间的恩怨越来越深,看起来似乎无法化干戈为玉帛。矛盾来自他们脚下这块土地,在这个几乎没有其他资源的地方,祖上传下来的土地无论怎么分配都会带来无法调和的伤害。他们俩当中总有一个会时不时地挑起纷争,威胁着要让大家都不好过。尽管大家私下里小声议论,大都认为努拉家在这场安排中得到了更多好处，但马希尔从来不在乎别人的意见。

努拉会在黑暗中等着马希尔，隔壁房间传来儿子们呢喃的声音，女儿拉齐娅在她旁边的小床上睡着了。有时候，马希尔到家的时候一句话也不说。他会踢掉脚上的凉鞋，爬上泥泞的台阶，推开铁皮门，走进又小又拥挤的屋子，筋疲力尽地倒在他们床上空着的那一侧。但另一些晚上，他的愤怒就没那么容易驯服了。

沿着泥泞的小路一路走到努拉家后面，是阿莉娅家。在那些天昏地暗的时间里，阿莉娅也经常是醒着的。她的麻烦早在最近这一连串意外到来以前很久就开始了，不知不觉间就像拍打在岛屿边缘的岸上的泥巴一样慢慢地越积越深，直到压得她喘不过气来。她现在总感觉度日如年，任何睡觉的念头都会被百结的愁肠压得死死的。疲惫早就吞噬了她，在她眼睛下面留下了深褐色的眼袋，使她忙碌的身体上酸痛的肌肉也变得迟钝。然而尽管她的四肢在做刺绣这样一再重复的活计时慢吞吞的，她的脑筋却依然灵便。刺绣的活儿没什么技术含量，她接下这活儿，不过是因为逆来顺受的性格，尽管她知道自己有本事干更好的活计，但同时也知道自己别无选择。要是有人对她无休无止的苦工表示同情，她会说："这活儿不难，就是无聊。"

每年到了这个时候，她繁重的苦工都是最难熬的，因为暑热到晚上也不会消退半分。尽管像阿莉娅家这种土墙屋（kacca）的土墙就是用来透气的，但盖着稻草的铁皮屋顶或竹编屋顶会挡住闷热的空气。就算在外面的门廊上，阿莉娅弓着身子坐着时也能感觉到汗流过脖子，她的眼睛也因为要将色彩斑斓的小珠子缠绕在闪闪发光的线上而生疼。夜晚自有一种宁静；她周围的风景变得柔和了，星星点缀着夜空。学会了至少在大部分时间里不惧怕黑暗的女人为数不多，阿莉娅是其中一个。

暴风雨过去几个星期后，在一个就连对夏天来说都让人很不舒服的夜晚，还有另一项工作需要她留意。村子里最让人赞叹不已的园子当中有一片是她种的，为此她也很是自豪。那片园子种的是芒果树，出于实际，她把结的芒果分成三拨：卖给别人的；生吃的，能酸倒牙，但她就好这一口；还有就是留在树上一直等到成熟的。她会用穿旧了的纱丽做成柔软的吊索把芒果采下来，拿到外面的厨房，那儿有一口破旧的大锅在等着。

阿莉娅坐在泥土地面上，把芒果去皮，削成薄片。一道微光搅扰着昏暗的厨房，映衬出她手指的轮廓。她用手指耐心地把柔软的果肉从皮革一般软塌塌的果皮里剥出来，放进撮成杯子状的手掌里。她小心翼翼地把每一滴果汁都收进吱吱作响的锅里，往锅里放了一把把糖、盐、辣椒粉，以及凭感觉混起来的整块的和磨碎的调味料。她在那儿一坐就是几个小时，只有手臂在汩汩冒泡的大锅上移动，确保这一大锅糖浆一样的糊糊不会粘在擦洗干净的锅底上。

在她身后的小床上，她丈夫卡比尔动了动。他们好多年前就开始分开睡了——丈夫自己睡在外屋，她和家里其他人一起睡在主屋。阿莉娅停了下来,聆听着,等待着。丈夫粗重的呼吸慢慢恢复了正常,蜕变成细微的鼾声。她的肩膀放松下来,手臂回到锅上面,继续很有节奏地画起圈来。她的思绪飘往厨房外面,飘往远处无边无际的天空,乃至天空之上。这些夜晚,她曾在这里一直看着银色的月亮一点点丰满,那月亮因为沉重而被拉得很低,只稍稍高过树梢。后面这些天她还会继续这么看下去,看着月亮开始变小,被一点一点挖去,变成一个两头尖的蛾眉月,最后暂时消失一下,然后又以一根非常细的线的样子重新出现,开始又一个轮回。到这个轮回又完成一次后,斋月就该到了。

第二章

最慢的月份[1]

努拉从池塘灰绿色的水面下浮起来,张开嘴猛吸了一口气。一大早天气就已经热得发烫,这是六月中旬一个不堪忍受又总让人期待着什么的日子,就好像天地间的一切都屏住了呼吸,等着来一场雨。她检查了一下,确保干净的纱丽小心放好了,脏了的纱丽夹在胳膊下面,然后才慢慢爬回岸边。水顺着脚趾滴下来,在烤焦了的土地上留下黑色的脚印。闪闪发光的水珠附在她的皮肤上,她用手拂过脸庞,品味着舌头上的水。很快她就得加倍小心了。

努拉决心今年斋月的每一天都要守住斋戒[2]。白天有那么漫长的十三个小时——从黎明时天边冒出第一道曙光到太阳再次没入地平线——她下定决心,任何东西,包括水在内,

---

[1] 本章写到的斋月中的封斋,原文为 fast,而斋月的日子非常难熬,有度日如年的感觉,因而称之为"最慢的月份"(The Slowest Month)。fast 同时有"快"的意思,与"慢"(slow)形成对照。
[2] 伊斯兰教历以日落为一天的开始。在斋月(伊斯兰教历的9月)期间,每天从拂晓到日落禁止一切饮食,拂晓前吃封斋饭,日落后吃开斋饭。儿童、病人、丧失理智的人、孕妇可以免除封斋或延期补斋。

都不会进她的嘴。在为斋月做准备的时候,她就开始时不时地跳过一顿饭,这样小小地守一下斋总归能让她知道自己能做到哪一步。只有那些短暂的空闲时间是个问题:忙里偷闲的一分钟里,捧着一杯茶,喘上一口气,洗澡时在池塘深处凉爽的地方犯上几秒钟的懒。尽管没有朋友,琐碎而繁重的家务也很容易就能填满所有日子。有那么多事情要做,所以要保持忙忙碌碌的样子并不难。

以前每次尝试斋戒,她都会由于某种原因而进行不下去。她父亲很是宽厚,因而她小时候不用斋戒,而她从十二岁的小女孩到十三岁的已婚妇人的迅速转变,同样让她免于封斋。很长时间里,她一次又一次怀孕、生子、用母乳喂养孩子,这种状态下当然也不可能斋戒。跟其他女人一样,她默默享受着暂时的豁免权——因为她的性别而不必遵守这项宗教义务。

上一年她几近成功,但最后还是因为生病而功亏一篑。斋戒的那个月正好碰上雨季最高峰,厚厚的泥浆,潴积的水塘,任何东西都不可能保持干燥、清洁,这些全都意味着疾病会在村庄里肆虐。有三次她不得不从路边的水泵里取来清水,大火烧开后加盐、加糖,用来补偿从她疲惫不堪的身体里流失的更多液体。今年不一样了。今年她准备好了。

走在曲曲折折地穿过阿莉娅家菜园子的小路上,努拉感觉到水在从她身上蒸发,炽烈的阳光再次让她感到疲惫。在能看到新月之前的这些日子里,她会在凌晨三点半左右随着第一遍宣礼的召唤起身。以前她通常都是翻个身重新沉入梦乡，之后才在天亮前迅速起身匆匆跪拜一番，但现在她会用这一个半小时来诚心诚意地祈祷。到斋月开始以后，这种过渡时间会变得更加难得——在日出的琥珀色光芒投向大地之前，一个可以吃东西的空档期。另一些要求更严格的家庭还会起得更早，准备在第一次宣礼之前吃东西，不过努拉的丈夫马希尔不许这么做。他们是信徒，但不像那些留胡子的。

村子里会有人燃起几堆火，但努拉家的房子里不会费心搞这些。破旧的铝锅里装着的剩饭会在浑浊的水里泡上一整晚，这叫"水浸饭"（pantabhat）。到了早上，努拉家会把水浸饭盛到碗里，配上一盘盐、辣椒、切成薄片的红洋葱，一起拿勺子舀着狼吞虎咽地吃下去，有时候还会挤上几滴新鲜的酸橙汁，要是马希尔记得从集市上带些酸橙回来的话。父母两人，还有他们四个孩子中已经到了可以封斋的年龄的两个，四人会围着煤油灯摇曳的灯光，在编织成的垫子上坐定，好好在洗漱前吃些东西，做祷告，然后饱着肚子回到床上，再抽空睡上一两个小时。

努拉从来不像她的姐妹们那么苗条。就连她还是个小孩子的时候，她父亲就开玩笑说，她强壮的身材会让他想起自己精心照料的水牛。就是这头水牛每天为家里的七个孩子提供一杯热乎乎、带着泡沫的牛奶，这种奢侈的享受掩盖了这个家庭的贫困。尽管个子矮小，努拉一直都很强壮，在家里帮父母干体力活时，她那满是肌肉的粗壮的胳膊很容易就能拉动大捆的东西，举起沉重的大桶，而这样的体力活决定着他们的生存。她那光滑的圆脸上长着一双大眼睛，眼窝深陷，加上一张大嘴，以及没那么容易盖住的轻微的龅牙，让她永远都是一副惊讶的表情。努拉这人并不贪心，尽管要是条件允许，她可能也会贪求点什么。无论如何，这会儿她缓缓走上自家房子泥泞的台阶，边走边梳理着那一头在水里泡过、湿漉漉还打了结的浓密的黑发时，脑子里只想着椰枣。

贫穷意味着每天晚上的开斋对村子里大部分人家来说不是什么大事。传说中开斋饭（iftar）的各种配菜只有在像萨拉家这样最有福气的人家里才能享用到，他们会把苹果片、橙子片、番石榴片和胖墩墩的椰枣铺在图案精美但并不搭配的瓷盘上。对大部分人来说，一碗炒米花（muri）或煮熟的鹰嘴豆（chana）就完全够了，足以让他们在封斋那么多个小时后重新活过来。然而今年，努拉一心想吃椰枣。

执着于以先知穆罕默德建议的方式开斋，是伊斯兰传道会（Tablighi Jamaat）来到这个村庄以后努拉身上可以观察到的细微变化之一。人们很久以前就对改革派司空见惯了，他们曾经因为浓密的大胡子、灰白而宽大的过膝无领衬衫（kurta）和齐脚踝的白色休闲裤而惹人注目。这些外来的人带来了关于穆斯林应该如何行事才算恰当的新想法，这些想法刚开始还算温和，但同样也是强制性的，他们想要重塑伊斯兰教，让人们熟悉的行事方式阿拉伯化。现在，几乎所有在新改建的大清真寺（boro masjid）里做礼拜的男人，每逢星期五去做礼拜或是去其他在宗教上很重要的场合，都会穿着类似的服装。这个传道组织还出资把这座清真寺从原本低矮的土墙建筑改造成了高耸入云的大理石建筑，来一点资金就做一点改进，现在还装了玻璃窗和电扇，使清真寺的样子跟村子很不相称。而近年来随着清真寺即将完工，改革派把注意力转到了女性身上。

在阿莉娅家菜地边一块泥泞的土地上，一所伊斯兰女子学校正在建造的起步阶段，而建这所学校的初衷，是让未来的女性能够接受属于她们自己、与男性分隔开来的宗教教育。大多数星期天，女人们的女子学校集会会在与大清真寺毗邻的一栋低矮的椭圆形建筑中举行，一群阵容不断更替的男人也会出席，女人们看不见这些男人，他们藏在竹制屏风后面，轮流用好为人师的调调描绘女人的生活，女人们则一遍遍听他们讲述——女人的一生危机四伏，处处都有犯罪的可能性。

伊斯兰教徒真正的道路已经被指明，他们也知道了他们能摆脱以前的无知是多么幸运。大概十年前，村子里的女人开始穿上遮盖全身、表示谦卑的厚厚的黑色衣物。以前人们认为这样穿着很奇怪而且不合适，现在却有很多人视之为宗教信仰和承诺值得珍视的标志。与之相应的相反趋势是，参加其他宗教节日活动的人也开始慢慢变少了。有些人还在默默抵抗着，每年秋天仍然会前往临时搭建的神棚参加岛上如火如荼的杜尔迦普加节——他们的千手女神就坐在神棚里接受万众膜拜，灯光在树枝间跳动、闪烁——或是去参加圣诞节义卖会，去看世间喧嚣、烟花灿烂，这个活动每年都在主城举行。

努拉经常在周日参加女子学校的集会，身边还会带着如坐针毡的小女儿拉齐娅。这是不需要有朋友也能参加的社交活动——而且能让她得以悄悄进入梦寐以求的、先知和天使所在的圣域。她会用一条深色围巾盖住头和肩膀，走一小段小路来到大路上。她想买一件可以遮住脸的波卡罩袍（burqa）或是穆斯林头巾（hijab），但她丈夫拒绝了她的要求，因为对这项额外开支和这种穿着背后的意识形态犹豫不决。不过她倒是成功说服丈夫给拉齐娅买了一件，拉齐娅穿着黑色的允许露脸的恰多尔罩袍（chador），因为新鲜感而觉得很有意思，咯咯笑着旋转起来，两只胳膊也平举着像要飞起。

现在努拉一边把湿漉漉的头发盘成一个粗大的发髻，确保头发不会散落到脖子上，一边想着接下来的一个月。今年还有谁会守斋？尽管村子里几乎所有人都声称自己会遵守斋月的教规，但几乎所有人也都有可能在撒谎。

"他们看到新月了吗？"

卡利玛把几个袋子扔在房子的外墙下面，她的鱼竿和钓到的不知道什么东西仍然湿漉漉的，散发着池塘里那股味道。她总是喜欢打探小道消息，把这样的消息偷偷摸摸地一点点搜集起来藏在看不到的地方，以备不时之需。大家都在等着新月出来，这也是所有人都知道的，而在麦加看到新月的消息传到他们这里之后，斋月就开始了[1]。卡利玛对距离和时区一无所知，在她有限的想象中，这个消息随时都有可能来到，而她非常想随时了解最新情况。

---

[1] 斋月的开始和结束均以新月出现为标志，即"见月封斋、见月开斋"，当代历书上会标记相关日期，但仍需与目力观察相结合，因为"盖测算者，以人度天也；见月者，自天命人也"。

"我不知道。儿子们晚一点会跟我说的。他们有电话。"努拉答道,叹了口气,从台阶上撑起沉重的身子,站了起来。马希尔一大早就去了修车铺里,这会儿该回来吃午饭了,他肯定饿坏了,想吃顿好的。

感觉到天聊不下去了,卡利玛咂咂嘴,转身走开了。她拎起那些袋子放在肩上,沿着努拉家后面的小路上行,一路穿过阿莉娅的菜园子回家,步履矫健。路上她停下来和邻居阿莉娅打了个招呼,阿莉娅还是和往常一样,身子伏在缝纫架上的布料上,几乎都没抬起眼睛:她的针一直在动。

"鱼?"

"有那么几条。"卡利玛天生不喜欢慷慨大方,也就小心翼翼地没有披露细节。"你也知道的,越来越难了。"她说着,叹了口气,"尤其是我又没有儿媳能帮帮我。"

"那事儿怎么样了?"阿莉娅轻声问道,很小心地没有明说到底指的是卡利玛想给她的小儿子阿萨德找个媳妇的事,还是她跟罗西尼之间的麻烦处境。卡利玛现在只有罗西尼这一个儿媳,她家近在咫尺,在这儿说话罗西尼也肯定能听见。

"秋天,雨季完了以后。"卡利玛答道,很明显她说的是前面那件事。"我跟他讲了,年内必须完婚——谁知道我还能见到几个冬天啊?你当然也会帮忙的,对吧?"

"嗯。"阿莉娅表示同意,因为她无法拒绝自己同时身为远亲和近邻的双重义务,也不想放过多挣几个卢比[1]的大

---

[1] 印度法定货币,近几年与人民币的汇率大致为10卢比相当于1元人民币。

好机会。村里所有人都知道她们家很困难，不过卡利玛比大部分人了解得更清楚。看到阿莉娅全神贯注地盯着她在布料上用金色的珠子精心点缀而成的错综复杂的泪滴形状，卡利玛心软了。

"我给你放一条鱼在这儿了啊。就很小一条，没办法，我还有几张嘴要填。"

阿莉娅头一回抬头看了看，嘴角露出一抹微笑。

"孩子们会很开心的。"

卡利玛叹了口气，扬了扬眉毛，走开了。她绕过房子一侧，走向她自己家所在的大片空地。两天后，在麦加看到新月的消息传开了，斋戒开始了。

卡利玛喜欢看雨。进入斋月一周后的一天，当一场暴风雨来临时，卡利玛坐在门廊上，门廊很长，跟她的长方形屋子一样长。这个空间被遮挡了起来，免受暴风雨的侵袭，但竹子编成的墙壁还是让微风可以一阵阵地吹进来。她很喜欢这个神圣的月份所要求的强制性的沉思，她做礼拜用的垫子总是放在附近，她在土墙上钉了两个钩子，上面系了一段绳子，那垫子就小心地挂在上面。在那些索然无味的下午，阴雨和疲劳让人完全提不起出门的念头，这时卡利玛会坐着打个盹儿，有时候也会做点有用的事情，比如补补被子、筛筛米什么的。这个特别的下午，她在做印度煎饼（roti），把面和成一团，用有力的指关节一遍又一遍揉捏着。她的位置让她既可以随时瞟一眼在房子里面安静玩耍的外孙女伊法特，又能看到住在空地对面的棚屋里的人。

斋月是跟着月亮定的,按月相定下的阴历与阳历不同步,阴历日期相比阳历日期,每年都会提前十天到十一天的样子[1]。今年他们很不走运,斋月落在了断断续续下雨的头几周,天气一直在瓢泼大雨和酷热难当之间交替。臃肿的云团从大地上滑过,池塘里的水满了,村子周围的丛林变成了闪亮的绿色,只有太阳重新露面的时候,才能把在房子之间蜿蜒穿行的土路上厚厚的泥浆烤干。随着日子一天天过去,雨不再是断断续续,而是变成了没完没了。卡利玛比大部分人都更适应雨季在这样一个地方带来的困难,但即便像她这样的人,也十分肯定今年比往年更糟糕。一切都湿答答的,衣服上长满了霉,深厚的泥浆在人们的脚踝上、腿上都留下了灰白色的印迹。

卡利玛的大多数斋月都是在这里度过的。尽管结了婚以后,女人几乎都会被从娘家的村子"连根拔起"迁入夫家,卡利玛却足够幸运,还能回到这里。她回来的原因并不是常见的耻辱三件套:离婚、丧偶或一贫如洗。她丈夫在世的时候在铁路上工作,长年不在家,把家当旅馆一样,只不过与旅馆相比,这里还有个不算复杂的家庭。因此,跟家人一起在加尔各答度过了十六个不愉快的春秋后,卡利玛和丈夫搬

---

[1] 中国的农历尽管俗称阴历,但并非纯阴历,而是阴阳合历,通过置闰的方式使多年平均的阴历年长度与阳历年一致。但伊斯兰教历是纯阴历,十二个阴历月为一年,只有354—355天,因此阴历日期相比阳历日期每年都会提前,每三十二年左右就会多出一年,特定节日因此也可能出现在阳历年的任何时候。

回了岛上，搬回卡利玛心心念念的出生地（jonmostan）。周围的景象就是一座杂乱无章的博物馆，目之所及全是记忆。每根树根、每棵椰子树、每块空地、每片密密层层的树林，都藏着她过去的故事。她已经活了五十六岁，这些岁月里，发生了太多的改变。婚姻、机会和死亡带来的那么多经历，她都已经见证过。而今她自己也到了桑榆晚景，并没有觉得生活在鬼魂之间有什么不适。

她生活的世界到处都充斥着宗教信仰。她经常祷告，她跟真主安拉之间的交流很轻松，像是跟朋友进行的很亲密的谈话。她早年上过伊斯兰学校，也就是说，她能读阿拉伯语的《古兰经》，尽管她没法准确说出每个字或每句话都是什么意思，她还是从这里面得到了极大的平静和满足感。跟努拉一样，她经常参加周日下午的女子学校集会。在那里，她会很喜欢打断周围的人，也很愿意好好听一听布道中的细节。对她来说，身在那样一个挤满了戴穆斯林头巾、用尼卡布（niqab）来遮脸、穿恰多尔罩袍的女人的空间（这些东西她自己一件也没有），就足以向她证明这里真的是属于安拉的地方，也足以证明她们走上了正路。

一年当中她最喜欢的夜晚是白拉提夜（shab-e-barat）[1]，这天晚上，生者会带着食物、蜡烛和鲜花来到逝者墓前。人们会通宵守夜，为逝者的灵魂祈祷，希望他们最终能从世俗

---

[1] 指伊斯兰教历 8 月 15 日之夜，也叫"赦免之夜"。相传这一夜安拉会降临天国的最下层，赦免将死者之罪，并决定人们一年中的生死祸福。

罪恶的负担中解脱出来。卡利玛是个上了年纪的寡妇,因而成了为数不多的能参加这个仪式的女人之一,可以把食物带到墓地。墓地在村子外面,除了进行这个仪式的时候,女人是不允许进去的。这个活动的方方面面她都很享受:在这里低声嘀咕是不得体的,这里有超自然生灵的存在,还会让你觉得伸出指尖就能触碰到亡人。

如果说她跟逝者的关系很紧张,那么也可以说她跟在世的亲人之间的关系同样如此。面团在她的呵护下恰好变软,雨也下得越来越大,这些时候,卡利玛很容易就能看清她最喜欢的儿子小屋里的灯,那棚屋离她住着的祖宅只有一步之遥,也时时痛苦地提醒着她他们之间挥之不去的敌意。她有六个孩子,现在只有两个还在村里。她的长子在遥远的安达曼群岛打工,三个女儿都结婚了,住在婆家。现在只有她的小儿子阿萨德和她最喜欢的儿子里亚齐还在这里。阿萨德这个名字在乌尔都语里的意思是"狮子",光听这个名字,你不会想到他这人本性又自私又懦弱。

里亚齐的笑容足以撑起整个世界。他那张俊朗的脸很难收起笑容,而他笑起来时,洁白的大牙齿闪闪发亮,明亮的眼睛也弯成了月牙。这样的笑容,体现出他极为随和的性格。他会在村子里几乎所有人家门口停下来打打招呼、聊聊天,他那和蔼可亲的态度,让最不想说话的人都无法拒绝与他交谈。他对外来者非常感兴趣,经常站在路边看着亮闪闪的汽车驶过村子,车上载着前往岛屿最南端的河坛(ghat)的乘客,到了那里,可以坐船再曲曲折折地走上一阵,一直走到孙德尔本斯国家公园。车辆经过时，里亚齐会朝那些看起来模糊不清、面无表情的乘客挥手，还会很奇怪为什么他们从来都不挥手回应。

每回他碰到不认识的人，或至少对他的过去不怎么熟悉的人——比如每周二都会来的伊斯兰传道会的人，或是来村子里走亲戚住下来的人——他都很喜欢跟他们玩一个游戏。就在斋月开始前的一天早上，里亚齐坐在一个来访者对面，他兴高采烈地把人家哄得终于肯跟他聊天了。他的小儿子赛义德躺在他用自己松松垮垮的缠腰布（dhoti）做的吊床里，开心地在这个临时做成的吊床里荡来荡去，大胆地注视着那个陌生人，后来又把自己小小的身躯团成一个球，把脸埋进布料里。

里亚齐的妻子罗西尼在空地周围无声无息地走动着。她的脸美得让人难以忘怀，大大的眼睛，高高的额头，丰满的嘴唇，突出的耳朵。她把面纱掖在耳朵后面，那样子让她看起来有点儿滑稽。她给大家沏好茶，还上了一盘已经有点变味了的饼干，随后退到炉子旁边的一个地方，虽然没有参与谈话，但仍然能听到他们在说什么。里亚齐用拇指和食指捏起一块饼干查看了一下，然后抬起头来。

"你对因为爱情而结合的婚姻有什么看法？"

来访者微笑着表示拒绝，熟练地避开了跟自己不够熟悉的人探讨这么艰深的话题。这样的问题就是汽油，即便在最亲密的朋友中间也很容易点燃无法控制的熊熊大火。罗西尼盯着丈夫，脸上的表情就仿佛刚挨了谁一巴掌。

卡利玛也在空地另一头目睹了这一刻。听到儿子的话，她感觉像是被人一拳打在肚子上，那人还抽走了空气，留她在那儿喘不上气。她竭尽全力控制住自己，转身不去看里亚齐和那个陌生人，继续把从菜上摘下来的零碎和米粒往地上撒，让鸭子争着抢着去啄食。

现在她把揉好了的面团放在一边，又在装面团的碗上盖了一条打湿的抹布让面团饧着，与此同时，对儿子的怒火也在她心里翻江倒海。尽管她是个会把秘密像一手牌一样紧紧捏在手里按在胸口上的人，她也无法想象里亚齐居然会这么恬不知耻。和儿子的关系变糟以后，她心里面总翻腾着一种无法宁静的感觉（asanti），但这里的一切都有助于保持内心宁静平和。尽管从里亚齐最早开始反抗到现在已经过去了将近十年，她心里仍然埋藏着无法改变的怨愤，而那里原本含有的是爱意。里亚齐竟然会因为爱情这么愚蠢、这么稍纵即逝的东西而跟人缔结婚姻，这既让她感到羞耻，也让整个家族蒙羞，这已经够糟糕的了。而现在，他居然这么轻率地把自己的过去对一个陌生人和盘托出，就好像他在有意制造事端一样。

她扫了一眼空地，那里的雨小了些，天也没那么黑了。

"无耻小儿（badmash chele）。"她摇着头，喃喃自语。

卡利玛知道，就算雨小了，他们家用来煮饭的平炉今晚肯定也还是生不起来火。她叹了口气。他们全家今晚都得打破斋戒了。

两周后的一天，宣礼员（muezzin）发出的召唤把潮乎乎的上午分成了两半。这次召唤有所不同，比通常宣礼的时间更长，语调听起来颇有意味。男人们开始行动起来，把他们日常穿的破旧的衣服换成现在他们认为只要是参加宗教活动就必须穿上的衣服——毕竟真主安拉会见证一切。水溅在脸上，手指在牙齿上快速摩擦，礼拜帽压平了头发。他们离开家，快速走向那座小一些的清真寺，那里已经聚起了一群人。有人去世了，他们衰老的身体无法承受不留情面的封斋带来的影响。

在斋月去世非常吉利，所有人都知道，这时候离世会保证灵魂马上进入天园（Jannah），尽管按照习俗，无论如何都需要立即行动起来才行。穆斯林相信，逝者必须尽快下葬，最好在死亡当天的日落前，大地的低语呼唤遗体在冷去前回到大地。

阿莉娅在门廊上俯身缝纫，也听到了招呼人们去悼念逝者的呼唤。斋月禁食对她来说并不难；因为家境贫寒，她经常饿着肚子，胃部的疼痛激励着她前行。这种境况如果说有什么好处，可能就是不需要花时间准备午饭，也意味着她可以去考虑其他没那么费力、搁置了很久的家务活。这也是个修理土墙屋的机会，村里大部分人住的都是这种屋子，是用天然材料魔法般地混在一起建成的，需要住在里面的人花时间精心打理。他们会把晒得很酥脆的牛粪饼塞进墙壁上蜘蛛网一样的裂缝里，然后用湿泥封起来。屋里的地面会糊上一层泥土、牛粪饼和水的满是气泡的混合物，然后留在那里风干，变成一层光滑的硬壳。上了年头、有了霉味的茅草屋顶会被拆除，换上新近晒干的更厚的茅草捆。那些有幸拥有一块笨重的床垫的人家会先抽出一把把脏了的稻草，然后再往破破烂烂的床垫外壳里塞几把新鲜、粗粝的稻草。

在一户户人家的院子里，切成片的姜黄（holud）、酸橙和整个的红辣椒在晒架上铺开，被阳光炙烤得表皮爆裂，最后被晒成有光泽的硬壳，可以用来以物易物，也可以用在随后的几个月里，那时候婚礼和别的节日就都恢复庆祝了。棕榈叶会堆起来等着割开，叶片的部分会剥下来晒干引火用，中间带刺的部分晒白了以后就变成了坚硬的荆条，捆在一起可以当扫帚用。村子里有些地方会静得出奇，住在那里的男人女人都在外面找些零零碎碎的活干，比如把夏季作物播到地里去。阿莉娅是个很敬业的工作狂，大家也都知道她很需要钱，因此经常有人叫她干活，这时候她天不亮就得出门，把三个小儿子托付给他们的姐姐阿迈勒照看。

为了在斋戒最后几天的痛苦日子里保持精神振奋，阿莉娅一家和其他所有人一样，都开始重点关注开斋节（Eid al-Fitr）本身，以及为开斋节准备的食物。当然会有鱼，这是所有孟加拉人统一的虔诚追求，无论他们是什么宗教信仰。不用说当然也有肉，多半是牛肉，任何人家只要负担得起都会准备。这是所有过节的场合里最受重视的事情，村子里的人将其视为穆斯林庆祝活动的精髓。甜食——因为很花钱，他们的生活中通常很少有大快朵颐的机会——会应有尽有而且管够：集市上买来的米什蒂酸奶（mishti-doi）、牛奶豆蔻糕（sondesh）和奶汤圆（rosogolla），最后一批芒果，以及专门为这个节日准备的特殊甜点。

阿莉娅的邻居卡利玛做的"谢迈"（shimai）非常有名，这是用加糖的牛奶和细面条做出来的布丁。她在大火上面架起平底锅，在锅底涂上一层油，再放进去几把折断的细面，灰白色的面条就会在金黄色的油里跳起舞来。她还用一口锅把牛奶烧到翻滚起来，加进去大勺大勺的糖，然后倒进冒泡的油里面，盖上盖子。混合物在锅里变小、变软，最后变成油汪汪的布丁，放凉以后再撒上一把锃亮的腰果作为装点。阿莉娅的孩子们尽量压低嗓门问卡利玛今年会不会分给他们家一些，结果只是让他们的妈妈咯咯笑起来，她总是会不失时机地提醒大家她的邻居有多吝啬。

还有礼物的问题。自从二十年前村子里开始有人做刺绣的活计以来，女人们就在用无数个小时的针线活换小把小把的卢比。当地的小额信贷组织把这种活路吹捧为解决地方性贫困问题最简单直接的办法，但真实情形当然要复杂得多，阿莉娅对此再清楚不过了。

女人们为债务所困，为这项耗时耗力、报酬微薄的工作所困，这不过是她们已经筋疲力尽的身体需要承担的另一桩苦差事。在很多家庭里，挣一些额外的钱来买斋月礼物的任务现在也落在了她们肩上——通常是为家里每一个人买一身新衣服。热切期待着的孩子们兴奋得蹦蹦跳跳，他们的情绪很有感染力，在用脏兮兮的塑料袋装着的闪闪发亮的珠子上弯腰驼背度过的那么多个缩手缩脚的小时，从而也算是得到了回报。阿莉娅一边无数次上上下下抽动针线，为他人做着漂亮的新衣裳，一边想着今年自己的钱够不够给孩子们买礼物。她内心深处知道，自己的钱是不够的。

那些最幸运的女人——村子里部分男人认为有些外出活动对女人来说毫无必要，但她们的丈夫愿意让她们出这样的门——会获准前往集市自行挑选礼物，为了让丈夫放心，她们通常还会叫上一个邻居或姻亲姐妹陪着。集市上只有几家店铺装了玻璃门和轰隆作响的空调，她们非常享受走进这样的店铺时的兴奋之情，扑面而来的冷风会让她们浑身起一层鸡皮疙瘩。她们会十分热切地接受商家提供的免费茶饮，每买一样东西都要考虑好长时间，这些都暴露了她们贫困的处境。她们买好东西满载而归，穿过熙来攘往的街道，经过成堆的垃圾，经过邋里邋遢、抓咬着自己身上的跳蚤的流浪狗，这样一幅画面简直可以说美妙绝伦。

努拉没有获准去镇上。倒不是她丈夫明令禁止她去，只不过努拉从来没问过丈夫而已。努拉看不出来自己有出这么一趟门的可能，因为她有四个孩子，这么大一家子总有各种各样的要求，外加爱指指点点的姻亲就住在隔壁，对她出门指不定会说些什么。不管怎么说，努拉十分肯定丈夫会拒绝她的请求，而她更希望不要公开这让人不舒服的真相。她很乐意让丈夫代替自己去集上，或是等着走村串乡的女商贩时不时地路过他们村，卖点手镯、假珠宝、发夹、香水和化妆品什么的。

不过今年她觉得自己应该向马希尔要一身萨尔瓦克米兹

（salwar kameez）[1]做开斋节礼物——就这一件礼物，她可以盼一整年。女子学校的集会已经多次提到穿纱丽的问题，透过传统的衣褶裸露出来一截皮肤，明显很不得体。但是对村子里大部分女人来说，纱丽并非只是一种服饰，更是一种身份的象征。收获的季节在稻田里劳作时，她们会把纱丽打成结；雨季来临走过满是泥泞的土路时，她们会把纱丽挽起来；在池塘里洗浴时，她们会把纱丽连缀成五颜六色的屏风。无论什么时候，她们的存在都是通过这长达五米半的布匹来展现的。努拉觉得纱丽很漂亮，阿莉娅认为纱丽很实用，而卡利玛压根儿想不出不穿纱丽是什么样子。经过深思熟虑，努拉最后还是找马希尔要了一件纱丽。

对努拉来说，也是对村里所有女人来说，开斋节那一天的早上跟其他日子没什么两样。先要做早饭，吃早饭，洗刷碗碟，收拾内室，然后准备节日宴席的工作才真正开始。切丁、切蓉、切丝，去皮、快炸、慢炖；烹饪工作还需要伸出手掌称量谷物，通过气味、通过调味料的颜色来判断火候，调味料会被烘干、磨碎，做成铁锈色的糊糊，散发着芳香。刚准备完食物，紧接着又得扫地、擦洗，最后女人们才终于能把自己泡进池塘，洗去浑身的污垢，洗去烧饭的火和满身的汗留在身上的挥之不去的味道。洗完澡，女人们会穿上一身新衣服，布料摸起来有些粗糙，香气若有若无。

---

[1] 萨尔瓦是女式收口宽松裤（类似于灯笼裤），克米兹是一种及膝长袍，两者常为女性的成套衣着。

这一天剩下的时间会慢慢变成吃吃喝喝和放声大笑,外加到邻居家串串门。接下来的日子,九个女人都会有喜有忧。有人会热切期盼嫁出去的女儿或姐妹回娘家看看——她们好久好久以前就嫁到了遥远的他乡,会带着孙辈和表亲回来。也有人只能接受不会有人来走亲戚的事实,对于她们深爱的姐妹和女儿来说,远嫁之地新的生活环境让她们很难再回来一趟,无论她们多么痛苦地期盼着,都几乎不可能再和亲人聚首。而努拉会成为回娘家大军中的一员,带着期盼已久的理由回娘家玩儿一下午,又一次回到父亲的水牛身边。

第三章

水面之下，威胁之下

"大~米~！大——米——！"

卖米的人推着他那辆破旧的自行车在柏油路上慢慢走着，车架上锈迹斑斑，看起来跟推车的人一样苍老。现在他只能沿着岛上的主干道走，这些狭窄的柏油路穿过整座岛屿，分岔后变成两个戛然而止的端点，停在南边的河岸上，从那里再往前，就得坐船了。村子之间的土路最近都没法推车走了，因为那么多的雨水在岛上到处汇集，还浩浩荡荡地蔓延得到处都是，不断侵占着新的地域，让那些土路只有靠双脚才能通过。

今年的雨季让这片土地成了几乎无法想象的泽国。尽管从六月到九月总是会下三四个月的阵雨，但今年一个月的降雨量，就已经超过了往年整个雨季的降雨量。以前发大水带来类似变化的时候也非常可怕，那时候拉尼还太小，记不住这些事情，但她清楚地记得五年前的飓风"爱拉"（Cyclone Aila）造成的破坏。狂风咆哮着，掀翻了屋子，把一棵棵大树连根拔起，而怒潮翻滚的大海也冲破了岛上的泥堤，盐水无声无息、满怀恶意地侵入大地。然而今年雨季带来的破坏，完全只是雨水造成的。

这个雨季的雨刚开始的时候还有些犹犹豫豫，但随后就火力全开，再也没有停下。每天清晨，村庄里的人醒来的时候，要么会听到持续不断的噼噼啪啪声，要么会感到一种阴沉沉的压力，那些黑云又重又低，简直是直接压在铁皮屋顶或竹编屋顶上。那些土路变得极其危险，人们通行时只能把"人字拖"脱下来拎在手里，但仍然走得东倒西歪，手脚也都裹上了厚厚的泥浆。村庄生活的中心——那一个个池塘，池水早就涨过了岸边，水位节节升高，到现在已经几乎找不到还没有被淹没的地块。稻田变成了湖泊，泡软了，还闪着微光。刚刚插下的水稻秧苗那弱不禁风的茎秆奋力把脑袋伸出水面，就像灌了一晚上烈酒的主顾们在酩酊大醉之后一样，一个个弯成了虾米。对农人来说，他们期盼已久的这场雨刚开始带来的是解脱，接下来却又带来了无声的绝望。他们只能坐在一边，看着他们种下的庄稼被水淹没，一年的收入都打了水漂——一寸一寸地慢慢沉入水底。

天气让所有人都变得一碰就炸。疫病在村子里蔓延，让人们看到不可能在这里分出内外的界限，也不可能区分干湿。很多人辛辛苦苦维持的体面，在雨水的不断侵袭下也化为乌有。泥浆到处都是，水也到处都是，完全不可能保持干净和干燥。地上的积水浑浊不堪，滋生了大量细菌，雨水汇聚成小溪一刻不停地穿过土地，那些前往池塘洗浴、打水的人，脚踝上也缀满了泥水。生病的人一个个都蜷缩着身体，痛苦地扭曲着；呕吐物黏在手背上，排泄物也在一股股无法控制的冲动中自两腿间淌下。他们身上发痒，皮肤上长出一片一片的小疙瘩，天气从持久的高温到持续不断、无处可逃的潮湿的转变，让人无法忍受。更糟糕的是，所有人都知道，还要再过至少一个月，季风带来的雨势才会开始减弱。

往内陆去，情况也没好到哪儿去。加尔各答有些地方的水已经齐腰深。报纸上登的照片里，一户户人家挤在棚屋的屋顶上，这座城市老旧的排水沟无法容纳持续的倾盆暴雨，污水从排水沟里溢出来，淹没、冲走了这些人家的财产。车灯艰难地冒出打着旋儿的水面窥视着，汽车只能以灵车送葬的速度前进，而人力三轮车还在满是垃圾、老鼠游来游去的深水中奋力前行。有一户人家在城里一条主干道的人行道上临时搭建的避难所被涌来的洪水淹没，他家六个月大的孩子半夜被大水从家人身边冲走，后来人们在旁边一条街道上发现他的时候，他小小的躯体已经没有了生命迹象。

卖米的在茶铺带顶棚的门廊前停下来。茶铺的两条木头长凳上挤满了顾客，他们身上湿漉漉的，抱着杯子聊着天，想在大雨中找点能让他们分心的事情。在木制柜台后面，拉尼站在妈妈旁边，轻轻地唤了一声"妈"，提醒她卖米的来了。正在打开一些袋子的贝希拉抬头看了一眼，叹了口气。她知道这个衣衫褴褛的男人有八个孩子、一个老婆要养活，看到这个人，她油然生出一股同情，这对她来说并不寻常。

"给他茶。"她低吼一声，目光回到茶铺地面上阴凉处放着的一袋袋土豆、一筐筐洋葱上。

拉尼燃起炉子，明亮的火焰照亮了昏暗的铺子。她把一个坑坑洼洼的深底锅放上去盖住火光，锅里装着水泵里泵出来的水。她盯着锅里，看着小气泡在锅底生成，浮上水面。她拿起一块生姜，用指甲刮了刮，刮去外皮，露出下面味道刺鼻的姜块。这也是在装腔作势——弄一块姜——有一回拉尼听到萨拉提出这样的要求，便对这种不寻常的老于世故的表现敬畏不已。她笨手笨脚地把姜切成薄片，用水冲掉手掌上的碎渣，随后从一个破罐子里抖出一撮茶叶，又大手大脚地放了几勺糖。炉子上的水煮开后，拉尼关了火，用牙齿撕开一袋牛奶倒进锅里，然后才把刚才的混合物泡进去。

十四岁的她本该待在教室里，但茶铺需要有人看着，而她妈妈经常不在村子里，而是会在离这儿不远的镇上的集市一待一个上午，有时候还会在傍晚凉快下来的时候又回到集市上去。责任落到了拉尼身上，尽管她是家里最小的三女儿。她的大姐已经嫁人，跟丈夫和女儿住在遥远的首府，在中产家庭里做清洁工。鲁比娜的年龄介于大姐和她之间，不知怎么地就逃脱了这个责任：似乎她越是离经叛道，就越不会有人要求她遵守什么规则。

拉尼知道自己的学习有点跟不上了。她从来都算不上特别聪明，但她学习起来有条不紊、充满耐心，就像现在泡茶和找零的时候一样。她爸妈不再付任何额外的学费了——这里任何学生肯定都需要付这样的钱，因为镇上那所破破烂烂的高中的教学质量实在是太差了。他们家没钱，只有存放在柜台下的已经卷了边的账本，写满了越来越让人心酸的一行行数字,能让人看出他们家的经济状况究竟糟糕到了什么地步。再说了,他们也会说,反正你马上就要嫁人了,读那么多书有什么用呢?

拉尼会在心里默默念叨,还是有用的(她相当清楚最好别去跟妈妈争论这个问题),因为她已经在学校爱上了体育运动。这件事情几乎方方面面都极不协调,叫有些人看来甚至会笑掉大牙:一个女孩子,一个穆斯林,穷成这样,住在一个都没几台电视机的村子里,为数不多的几台还全都没有订阅有线频道,连像是400米赛跑这样的节目都无从看起。然而她还是喜欢跑步,喜欢自己绕着坑坑洼洼的跑道奔跑的感觉,喜欢自己终于还是能让自己的身体运动起来。她渴望强风吹拂在脸上的感觉,那风吹走了周围所有的声音,除了她面前的道路,世界上的一切都在这扑面而来的风里变模糊了。

拉尼赢了岛上所有的本地比赛,随后便自动入选,要去参加分区锦标赛,这个分区包括了所有岛屿,还往大陆上一直延伸到坎宁镇(Canning),来参加比赛的都是各个地方的佼佼者。为了去参赛,全家人兴高采烈地挤进拉尼的父亲阿里·塔克跟自家兄弟合股买的三轮车里,开了四十五分钟前往比赛现场。除了偶然有么一次他们一家人搭乘人满为患、曲折前行的当地火车去加尔各答过了一天以外,这是拉尼离开自己的村子最远的一次。尽管她非常想要一条跑步裤,或是紧身裤,再不有条短裤也行,但她还是被迫在束腰长袍下面穿了一条鼓鼓囊囊、完全不合身的男孩子穿的裤子,那裤子大了好几码。然而她还是赢了。

第三章 水面之下,威胁之下

她还要参加更多比赛，跟其他分区来的女孩子赛跑，之后才有可能代表整个地区去运动会上跟来自全国的对手角逐。但是在坎宁镇的比赛之后，拉尼再也没跑过步。倒也不是宗教信仰或传统习俗之类的原因影响了她父母，因为洛哈尼家并不保守，对宗教也说不上有多虔敬，或许更应该说，是因为惯性。跟无数父母一样，他们很难为女儿设想出一个超出他们自身经验的世界。他们看不到积极的结果——搞体育在经济上会成为负担，而且不太可能得到回报，于是他们让拉尼退出比赛。反正她很快就要嫁人了，到时候会有别人对她负责任。

"欸！比图！给我来杯茶，要够浓，别太甜了。"

听到别人叫她的浑名，拉尼皱起眉头。这个私下里的昵称傻里傻气，只有家人和最亲近的朋友，在隔墙没有耳的情况下才会用到。

"谁啊你，跟我闺女这样说话？"贝希拉大喊一声，但声音里还是能听出不由自主的笑意来。

"她最喜欢的伯母啊。"塔比娜眉开眼笑地说着，不耐烦地示意长凳上的人往两边分开，紧皱眉头放低身子坐了下来。她越过左肩吐了口痰。"霈[1]……"说得那么斩钉截铁掷地有声，用这样一个字来形容雨，真是好美。

塔比娜把手伸进纱丽上面叠起来的地方，掏出一个破破烂烂的罐子，小心翼翼地放在膝盖上，用灵巧的食指撬开盖子，

---

[1] 原文 Brishiti，在孟加拉语中表示"雨"。

接着用指尖从里面挖出一大块烟草和槟榔的混合物,放进嘴里推到口腔后部高处,抵在牙龈上。她冲弟媳挑了挑眉毛,弟媳的回应则是把手指弯进手掌,招手致意。铁皮罐子转起来,在空中闪闪发光,贝希拉伸出手,接住了罐子。

"你这是去哪儿啊?"贝希拉问道,两眼盯着罐子里的东西。

"区(onchol)政府。"塔比娜答道,"我的联系人说,会给遭了水灾的农民发一些救济金。"

贝希拉诡秘地一笑,她嫂子厚颜无耻的程度,就算对她这么胆大包天的人来说,都还是令人叹为观止。塔比娜从来没种过田,但是也从来没错过任何捞好处的机会。

"有多少?"

"好像能有一万卢比。我也不知道,反正去看看。"

厚重的铅灰色云层有那么一阵出现了裂缝,透出金灿灿的阳光,在湿滑的柏油路上短暂地舞动了一阵。卖米的感觉在这儿找不到生意,人们的注意力被吸引到别的地方去了,人群逐渐稀疏,他的杯子也空了,于是他起身走开,他招揽生意的呼喊也在细雨中渐渐远去。

每天早上,塔比娜的丈夫都会出门载客,有时从岛上一直北上到坎宁镇,有时一直南下到河坛。丈夫出门后,塔比娜总要花很长时间,才能让自己从痛苦的睡眠中解脱出来。她小心翼翼地在小床上一寸寸撑起身子,偶尔还会发出一两声只有自己能听见的呜咽,酸痛的背部在厚实的枕头上寻找着坚牢的安全感。安安稳稳地垫好靠背，身体由下面轻薄的床垫和硬木床架支撑着，她觉得不舒服的感觉在慢慢减轻。她伸出手，把颤抖的手指伸向床上方细长的木架子，摸索一番，取下装着槟榔和烟草混合物的罐子。把这样一块混合物放进嘴里，压在下巴和脸颊之间的位置后，她放松下来，一股暖意在上颚蔓延开来，分泌出的大量唾液把嘴唇染成了血红色。

尽管大部分日子她都是在疼痛中醒来，但挤在人满为患的三轮车后面往返镇上的两个星期还是让她的身体变得更加僵硬，也比平时痛得更厉害了。塔比娜才四十岁，但在她洋红色的纱丽下面，一道道疤痕在她的肚皮上纵横交错，那是她在大路那头的医院里做的三次手术留下的。阑尾破裂、卵巢肿瘤、子宫切除——身体少了这些零件让人变得不幸，如今她就在这些零件缺席的情况下劳作着。

今天不需要出门。雨季头几场洪水给不少人带来了损失，政府打算给这些人提供救济，前一阵她都在忙着看自己有没有可能拿到钱，如今那些材料终于全都准备就绪，以她的名义提交上去了。她在复印机那里挤了好几个小时才排上队，然后看着复印机把她的钱吞进去，吐出能证明她存在的模糊不清的纸张，这样的文件她印了可能得有好几百张。塔比娜，塔宾娜，托比娜，她的名字在每一份她需要复印的文件上写的都不一样，不过反正她也不识字，所以从来没注意过。

她向本地负责文书工作的官员行贿，给在他办公室门口守门的人送茶、烟和槟榔，这些都是必须要做的。她会在刚好最需要的时候微笑、低眉，或是露出痛苦的表情。她很满意，因为为了确保他们家会出现在名单上，她能做的已经全都做了，现在只需要等着，看她的百般努力能不能得到回报。他们家名下没有地，自己也不种地，但这个情况在她看来，完全无关紧要。

不过这一刻的平静只是暂时的，塔比娜的思绪已经飞向另一个机会。上个星期有一天在区政府办公室，她认识的那位本地官员跟她提到，有一项新的福利计划，政府会向住在乡下的最穷的人提供干一百天体力活的机会，每干一天活能拿到一百卢比。而他们不就是最穷的人吗？塔比娜竖起耳朵，向那人打听了更多细节：是在哪儿干活？到底是干什么活？最重要的当然是，她怎么才能排在前面？

她兴高采烈地跑回家，想要跟家里人好好说一下这些细节，结果却发现只有她婆婆坐在门廊的水泥地上，正在费力地把一根根弯曲的秋葵切成拇指宽的整整齐齐的圆片。玛丽亚姆静静地听她讲完，头也不抬地问她怎么保证干一天的活之后能拿到钱。塔比娜瞪着婆婆，抿起嘴唇，就像豺狼在龇牙。

"干完了一天，他要是敢不给我一百卢比……我就从洞里爬出来，一脚踩在他胸口上，找他要钱！"

想起玛丽亚姆今天早上的表情，塔比娜笑了。因为惹恼了婆婆，她觉得很高兴。

用"休战"这个词来描述塔比娜和玛丽亚姆的婆媳关系的现状，肯定是言过其实了。尽管随着时间流逝，而且玛丽亚姆日渐衰弱，她们之间早些年的激烈分歧也因而冷却了下来，但敌意从未消退。或许更应该说，俩人现在都只是太累了，无法再像以前那样激烈斗争。现在她们互相盯着对方，偶尔还会爆发一点小摩擦，谁都不想把过去就那么放下。

塔比娜几乎天不怕地不怕，无论遇到什么样的逆境，她都会横眉冷对。然而结婚头几年，她婆婆还是把她给吓到了，不止一次把她赶回娘家。玛丽亚姆一再指责她是小偷，费尽心机让她的丈夫和儿子都来跟她作对，把她逐出家门。塔比娜否认了那些指控，逃跑了，这时她才意识到玛丽亚姆一直在用黑魔法诅咒她。一直到现在，塔比娜龟裂的右脚掌下面都还有一圈发白的疤痕，总让她想起她在父亲院子里踩到的那一圈钉子，她相信，那是她婆婆恶魔般的诅咒召唤来放在那里的。

当然，玛丽亚姆的感觉完全不同。她的说法是，一个初来乍到、心肠歹毒的家伙闯进她家，除了惹出一堆麻烦，别的什么事儿也没干。塔比娜在那儿装无辜，实际上一直在鬼鬼祟祟地盯着婆婆，从婆婆悄悄藏钱的地方偷了钱，然后声称自己对这些背信弃义的行为一无所知。她俩说到对方的时候，用的都是会用来描述最阴险狡诈的野兽的词：诡计多端、鬼鬼祟祟、偷偷摸摸。无论她们之间的不合背后真正的原因是什么，玛丽亚姆已经是个七十多岁的老寡妇，需要靠儿子们来养活，因此也就成了塔比娜的负担。

塔比娜不能不承认，玛丽亚姆一直比她这个年纪的很多老妇人都聪明，自从丈夫去世后，她一直明确拒绝分家，不肯把他们居住的这片土地的控制权分派下去。她一直保留着所有权，声称除非她死了，这个所有权她是不会拱手相让的。

这样一来，这家人完全不可能直接把她扔到一张床上就不管她了，就像把她这个人完全忘了一样——这种事情在其他那些成了家人负担的人身上屡屡发生。同样非比寻常的是，玛丽亚姆决定自己一个人住，她跟两个儿子都没有住在一起，而是自己住在一个只有一间房的小屋子里，那儿以前是拿来当储物间的，人们还曾经把家禽家畜关在里面，免得它们淋雨，也免得夜里被叼走。但是，她已经没有能力自己辛辛苦苦烧饭，所以只有靠儿子和儿媳们才能有口饭吃。

玛丽亚姆会出现在洛哈尼兄弟俩家里的炉灶旁边，已经成为他们兄弟两家成功的象征。玛丽亚姆在谁家吃饭取决于谁家的家庭状况更好，谁家在这么紧巴巴的情况下还有能力多养活一张嘴。前些年这都是贝希拉的责任，尽管厌烦不已，贝希拉还是接受了下来。但这些年塔比娜家的家境开始稳中向好，而贝希拉家的情况却一落千丈。

他们两家的关系错综复杂。兄弟俩决定一起跑点业务，于是一起贷款买了一辆机动三轮车，在岛上和坎宁镇之间往返拉客，两人轮班开，这样可以确保一直都有生意。从这时候开始，兄弟俩的命运就交织在一起了。他们的生意挺好，贷款也快还清了，有一段时间，两家人都看到了财务上得到保障的希望，而这对很多人来说都是可望而不可即的。然而现在，尽管塔比娜的丈夫出过事故，开车的工作却全都落在了他身上。有人问起的时候，贝希拉会说阿里·塔里克现在不能开车了，因为他眼睛出了些问题，而且似乎治不好了。谁都不敢接着问下去，尽管村里人都知道究竟是怎么回事。

贝希拉的丈夫有一回被警察拦下来，没有通过酒精测试，于是被吊销了驾照。对于他的愚蠢，塔比娜只能摇摇头。塔比娜家的成功就是这么来的，而贝希拉家从此一蹶不振也是由于这个原因。

在可以预见的将来，婆婆可能都需要由塔比娜负责，因此塔比娜眼下最紧迫的要跟政府打交道的事项之一，就是让玛丽亚姆的名字出现在食品保障的名单上。这项特殊政策规定，由镇上的官方供应商向最贫穷无告的人提供额外的补助食品。如今岛上成了泽国，基本上也没什么活儿干，这份补助就显得尤为重要了。家庭义务可能意味着塔比娜必须赡养婆婆，但她当然不希望还要自己额外花钱。

眼看着雨季在自己身边沧海桑田，玛丽亚姆兀自岿然不动。以前她也见识过洪水——大雨带来的，或是飓风带来的——而她也总是相信，时间会让一切复归平衡。对她来说，日子和日子之间并没有什么不同，到了桑榆之年，她的生活节奏已经放慢，步伐单调而稳定。然而湿气让她的骨头一阵阵疼痛，让她走起路来更加小心翼翼，免得从开裂的脚后跟到日渐消瘦的臀部都会像刀割一样疼。她更加坚忍地挥起走路时用来支撑自己的大棍子，在林间穿梭着，采集可以煮到茶里的野生植物，穿过丛林走回家中，她走动的声音从路上传来：咚……咚……啪！

一个人在这里要是成了寡妇，时间对她来说就变了。以前成为寡妇的人会被剥夺地位和身份，以及能看到的关于婚姻的标记。敲碎手镯，取下鼻钉，必须穿白色孝服，她们仿佛成了此前生活的苍白的影子，生活里的多姿多彩都随着丈夫一起消逝了。尽管这样的禁令现在已经不再实施了，玛丽亚姆还是变了。她现在只是偶尔会穿上一件纱丽短衫，常常只是把布料挂在胸前，身体胖了一圈，再次变成天真无辜、人畜无害的模样。现在她已不再是一家之主，在碰到重要家庭事务时，她只能充当旁观者的角色。她开始忘事儿——记忆开始模糊了，对旧日时光的怀念，让她在想起那些她想要记住的过往时，都觉得上面有一层柔和的色调。

她一瘸一拐地从马路对面走向伊斯兰教法[1]法官（Qazi）的屋子，看到不耐烦的起诉人已经在那里排起了长队。连日降雨让工作和其他活动都陷入停滞，也给法律事务腾出了空间，让这些事情可以浮出水面透一口气。实际上，这个毫不起眼的宅子不但是这个村子的立法中心，也是整座岛屿所有穆斯林村庄的立法中心，穆斯林私人身份法（Muslim Personal Law）在本地的仲裁人就住在这里。结婚，离婚，土地所有权问题，家庭破裂和纠纷，全都由这位伊斯兰教法法官裁定。几十年前，玛丽亚姆的结婚证就是在这栋房子里，由现在这位法官的父亲签署的，按照习惯，这个角色都是由父亲传给儿子。

---

[1] 穆斯林宗教、政治、经济、社会、家庭和个人生活、行为法规的总称，内容几乎涵盖人们的全部行为，具有诸法一体、包罗万象的特点，被认为源自安拉的神圣意志。近代以来，在现代主义影响下，伊斯兰教法已从万法一体逐步缩小为只限于婚姻、家庭、遗产继承等领域，即下文的私人身份法，成为民法的一部分。

负责立法的这户人家在村子里生活了好多年，而且人丁兴旺。在这个不断变幻的时代面前，这户人家仍然开开心心地保持着一夫多妻制的传统，因而家里那么多人的名字和面孔，某种意义上跟几乎所有人都能扯上关系。他们家有个女儿如今嫁给了伊玛目，生了六个孩子；还有个儿子是村子里收购纱丽的主要代理人中的一个，对村子里很多女人来说都像是某种意义上的老板，压榨着她们的血汗，给她们完成一件纱丽的时间也短得不像话。拉尼就在他手底下做零工。奶奶玛丽亚姆想，这孩子真傻，什么人才会压榨像她这么小的孩子啊？

马路对面房子里传出来的喊叫声让玛丽亚姆停下了脚步。是法官，她很肯定，但眼花耳背的她很难听清他到底在喊什么。她能听到法官两个小儿子的名字——这两个一无是处的男孩子出了名的游手好闲，跟另一些同样百无一用的年轻人一块儿在茶铺外面晃荡、打牌、抽烟，要么就是偷偷取笑着什么，没个正形。

"他们为什么不去地里看看能干点啥？难道我要一边做这份工作，一边还去侍弄地里的庄稼吗？"那声音越来越近了，两个人影在走廊里来回走动，法官把一个妻子推到马路上，命令她去管教管教自己这两个扶不上墙的后人。孩子始终属于父亲，除非他们令父亲大失所望。

法官站在门口，一只手用力在前额来回揉着，仿佛想驱散那些令人不安的念头。他转身对排在队伍前面的几个人说起话来，那是一群中年男人，站在一个身形矮小、全身都包裹在黑色里面的女人身边。玛丽亚姆想，这不是结婚的事；因此那个女人来到这里，只能意味着一件事情。她拼命想听清他们在说些什么，但只能听到法官粗暴无礼地提出的问题，听不到那个女人的回应。她看到，女人镇定自若，语气沉着，优雅的双手做出的手势也清楚、准确地表明了她的态度。女人身边没有孩子，被罩住的身体依然很苗条；玛丽亚姆想，她还年轻。法官告诉女人，再用一个星期的时间好好想想自己的决定，如果过了七天她还是同样的想法，就批准她离婚。

这群人不情不愿地离开了，边走边往路上看有没有路过的司机可以谈谈条件载他们回镇上。玛丽亚姆站在那里看着这一切，慢慢摇着头。玛丽亚姆并不清楚自己现在究竟多大岁数了，几十年前头一次登记选民身份证的时候，办事人员就要求她选定一个年龄，尽管如此，她所经历的岁月还是足以让她问心无愧地以怀疑的目光看待离婚。毕竟，她以前不就不得不忍受自己的丈夫吗？现在不也还得忍着那个是可忍孰不可忍的儿媳吗？

看到他们坐上了一辆拥挤的三轮车走了，玛丽亚姆最后摇了摇花白的头，继续往家里走去，不屑的表情让她的脸色变得更阴沉了。她的脸圆圆的，双眼明亮，永远都藏不住表情，即使现在日渐衰老，脸上都仍然透着一股热切。她一笑眼睛就会皱起来，剩下的几颗牙齿也会闪现一下，脸上似乎有一种很鼓舞人心的神态，就好像在让人打开话匣子，再多说说那些傻事，讲个更好的故事，或是再讲一个笑话。但这张脸上也很容易流露出疼痛和愤怒，在闪耀的同时也带着阴影，就像月亮在云间穿行。

她步履蹒跚地走在路上,经过裁缝铺,跟佝偻着腰坐在破旧的缝纫架前面的老人寒暄了几句。这位老裁缝瘦骨嶙峋,是个干瘪的小老头,眼睛闪闪发亮,年纪甚至比她还大,跟她丈夫以前是最亲密的好朋友。现在玛丽亚姆也跟老裁缝亲如一家,她年纪大了,也不用管什么"寡妇门前是非多"的世俗偏见了。他们上周还好好聊过一次天,那次是老裁缝第一次跟玛丽亚姆提起,村子里开始出现一些有些奇怪的人。

"你知道吗,大妹子(didi),CID 来过咱们这儿?"

"谁?"

"CID 啊……中央调查局。警察。"

"切!你在说啥?"

于是老裁缝跟她讲了一件事。有一天,老裁缝注意到有个人——一个不属于村子的外地人——坐在努拉家旁边的大榕树下面。这人浑身脏兮兮的,穿得破破烂烂,还有点儿装疯卖傻的样子,在那儿小声咕哝着自说自话。他们对这种人都司空见惯了,这些人对生活感到绝望,整天在岛上东游西荡,他们的生活因酗酒、吸毒、精神病或重大变故而脱离了正轨,大家会对他们视而不见,他们也游离在任何社会网络之外。

然而这个人身上有些什么东西让老裁缝停了下来。他的动作,他行乞的方式,看起来有些不大对劲。其他人也有类似的感觉,这个人会不会是个暗探之类的?他们注意到,这个人在很专心地观察着什么,整整一天都在村子里走来走去,像是在寻找什么人、什么东西。他坐在大清真寺外面,当看到人们聚集起来做五点钟的礼拜时,他的四肢也猛然动了起来,无意间模仿起人们的跪拜动作。到了晚上,老裁缝确定一整天都没人看见他吃过什么东西,于是决定给他拿些吃的过去。他发现那人仍然坐在清真寺旁边,就在他面前放了一盘米饭和一些吃剩下的土豆咖喱,外加一杯水。那人抬起头,注视了他一会儿,最后呢喃道:"多谢了,大叔。"

第二天早上,那人不见了。

"但是他为啥要来我们这里啊?警察想干什么?"玛丽亚姆问道,身体撑在手杖上。

"这不明摆着吗?是因为他们在监视穆斯林啊,大妹子!不过吧,我反正是希望他能如实汇报自己看到了什么。"

但是今天,玛丽亚姆没有停下来听老裁缝跟她说些什么。她答应塔比娜会刮一些土豆做午饭,也打算说话算话。而且,上次老裁缝跟她讲的事情让她很不安。她年纪够大了,还记得印巴分治后的那些年月,她身边很多人的生活都因为印度教徒和穆斯林之间爆发的暴力冲突而支离破碎,他们深爱的土地被划疆而治,她的穆斯林同胞也突然之间吸引了全世界的目光,就仿佛他们在边界上站错了边一样。

他们看到的,他们失去的,别人曾对他们或他们熟识的人做过的事情,或是他们对别人做过的事情,都遭到了怀疑;而最糟糕的,也许还是他们会因未曾做过的事情遭受怀疑。就仿佛所有人身上都有那个支离破碎的世界、那个早已不复存在的旧日世界的碎片。只需要有点儿关于潜伏在边界线上的恐怖分子(jonghi)的风言风语,突然之间,所有穆斯林就都会遭到怀疑。一想到村子里有警察来当暗探，或是动乱可能再次爆发，玛丽亚姆就感到不知所措。

"真主啊，什么时候才是个头啊？"玛丽亚姆喃喃自语，狠狠地注视着天空，不知道她问的到底是自己的生活，还是她手上的任务。

她继续沿着回家的路走去。咚……咚……啪！

一周后，拉尼盯着窗外朦朦胧胧的雨，在茶铺度过了又一个无精打采的下午。天色已经暗了下来，门口这条去镇上的路，车流也渐渐多了起来。那个戴着面纱的女人又一次站在法官的房子外面，耐心等待法官睡完午觉，起来裁决她的命运。这一个星期，她重新考虑了自己的决定，还是没有改变主意。

两拨人围着这个女人打转，就像几条狗在争抢一块不知道该归谁的肉。那些男人当中，有些来自她丈夫那边，也有一些来自她自己家里，而她这边的人形象更好，这几个人全都穿着一模一样的蓝色缠腰布和白色及膝长袍。法官终于现身了，看得出来他很是兴奋，那些人也开始为一大摞发黄的文件争执起来。法官逐页翻检着这些文件，把查完的放到一边，渐渐地，他脸上露出了不屑的表情。结婚证书的原件不见了。

丈夫那边的人勃然大怒，丈夫的父亲一巴掌拍在门框上，表示绝不会接受复印件。

"要是这个女的，"他吐出这个字眼的时候像是在骂人，"有一天转过背来说，从来没有谁批准过离婚，怎么办？"

他是怕这个女人还会从他们家捞取更多好处。毕竟，她的性格不是已经证明，她完全有能力做出这样的事情吗？

女人这边的人被激怒了。他们花了好多个小时，才在指定日期的指定时间来到这里。再说了，一开始就是她提出的要离婚，她又怎么会不承认离婚这件事呢？

两边剑拔弩张的拉锯战之后，法官不声不响地提出建议，要他们给点好处。只需要几百卢比，他就可以对结婚证原件丢失的事情视而不见，把他们的名字从婚姻登记册上划掉。那个年轻女人的父亲刚开始对这个提议很生气，但后来还是同意了，在那堆文件上放了两张已经卷边的钞票。他们的名字被从上面划掉了，这段婚姻也随之结束，现在摆在他们面前的，是各回各家、渐行渐远的两条分开的道路。

那女人的父亲勇敢地看着过路人的眼睛，跟他们对视着。那是一群明目张胆的围观者，对出现在村子里的陌生人总是充满警觉。他们盯着那个女人，那女人的面纱遮住了整张脸，在柏油路的另一侧缓步走着，手里紧紧抓着一个灰色的小行李箱，里面就是她的全副家当。余生都会伴随着她的耻辱和污名，要是也能像这样轻轻松松打包带走就好了。

茶铺里的电话是一部破旧的诺基亚手机，谁看店的时候就由谁保管，这时在木制柜台上震动起来。拉尼接起电话，听到她妈妈的咆哮声盖过了集市上的车流声。镇上的区政府办公室爆发了一场大战。有上万人前来领取洪水救助申请表，但只有两千份表格可供发放。意识到这个情况以后，本来安心等着的良民马上变成了又绝望又愤怒的暴民。人们大打出手,互相推搡着想挤出一条路来,好抢到一份他们贪求的表格,因为他们相信,这样一来他们的未来就有了某种程度的保障——从倒毙街头到存活于世,只隔着一张纸。在人们挤上前去的过程中,也有一些人被推倒在地。

"小心啊,姑娘(meye),"贝希拉提醒道,"他们很生气。"

夜幕降临,拉尼看到那些挂了彩的身影沿着大路一瘸一拐地走来,紫色的影子继续向前,回到更南边的村庄,最后那些身影慢慢消失在暮色中。

第四章

道　路

"女人这辈子就是一条必须时时刻刻都努力走成直线的道路,这条路的两边都潜伏着罪恶。踏出去的每一步,都代表着风险。"

声音扫过将演讲人和听众隔开的竹帘,听众也因为这道竹帘而不可能看到演讲人凝视的目光。在清真寺旁边这栋低矮的建筑里,空气里简直可以说有一股恶臭,星期天,女人们就是把这里当成伊斯兰女子学校在用。雨季终于开始有点消停了,变成只是偶尔来一场倾盆大雨,就仿佛天空在连续哭泣了好几个月之后发出的最后几次抽抽搭搭的呜咽。雨少了,酷热却再次出现,这个沉默的旁观者一直就在那里,并没有走远。人们用手在脸前扇动,把方形披巾(dupatta)也扔得远远的,免得皮肤没法散热。

这个星期天,这九个女人几乎全都来女子学校上课了,她们在房间后面松散地坐成一群,房间里除了她们,还有五十来人。卡利玛和罗西尼紧挨着坐在一起,不过两人的脸有意朝着不同的方向,无形的张力在她俩之间颤动。努拉交叉着腿坐着，因为有太多恼火的事而眉头紧锁，旁边是她的女儿拉齐娅——才四岁，没法久坐不动，也因为太小，没法让她坐在后面，所以只能坐在她旁边。

阿莉娅背靠墙坐着，一脸严肃，表情淡漠，目光锐利的绿色眼睛这时紧闭着。她旁边是玛丽亚姆，一把老骨头坐在水泥地上的破旧稻草垫上，怎么也找不到舒服的姿势。萨拉也在那里，但她会在这儿享受这场虔诚的表演，并非出于任何宗教信仰，倒不如说是出于无聊。她漠不关心地盯着天花板，她的女儿纳迪娅在和拉尼窃窃私语，两颗脑袋贴在一起形成一个拱形，她俩一看就是好闺蜜，但萨拉对这一幕浑然不觉。贝希拉和塔比娜则不见踪影。

讲道开始得很晚，额外多等这么半个小时，让闷热的房间变得令人越来越不舒服。除了最年长的那些女人，所有人都蒙着头，头巾、纱丽的一端和方形披巾等松散织物在她们松松垮垮的肩膀上形成了一道道柔和的涟漪。有人穿着蜡染印花长裙（jama-kapor）——每个星期都有人跟她们说，跟纱丽不一样，这才是适合虔诚的人穿的服装。另一些人穿着全黑的波卡罩袍坐在那里，有几个甚至还戴上了厚厚的黑色手套，穿着黑色袜子，就连她们的朋友、邻居和姐妹都完全看不见她们的任何一寸肌肤。不过到集会结束以后，女人们会在午后的阳光下除去层层包裹，露出皮肤好好晒一晒太阳，就像毛毛虫经历蜕变终于化茧成蝶后急切地破茧而出一样，这对表示虔诚的服装的传统用法来说，是一种不寻常的反叛。

演讲听起来很无聊。几乎可以肯定，演讲人是本村的，不是个外来人，因为外来陌生人的讲道，通常都会有因为熟练和新鲜感而产生的活力和微妙之处，更能吸引人。不出所料，讲道的重点是深闺制度（purdah）和端庄的仪态，尽管演讲人深知这些女人对纱丽有多热爱，他的讲道却没有坚定地支持她们。中央调查局的警察在村子里的出现很令人不安，演讲人也再次提及此事，让一些听众面面相觑，并开始担心地低声私语起来。演讲人关于孩子也说了很多：孩子是妈妈的责任；妈妈必须保证孩子们会成长为合格的穆斯林，成为穆斯林社群（Ummah）即泛全球化的穆斯林兄弟会的一分子；还有就是，孩子们的失败，从伊斯兰教的角度来看，这份重担也要由他们的母亲娇弱的肩膀来一力承担。"纳迪"（nadi）和"纳比"（Nabi）——大江和先知穆罕默德，愿真主保佑他平安——这两个词，在轻快的歌声中绕梁不绝。

卡利玛很无聊。她的一只粗糙的手在垫子上跳来跳去，去挠拉齐娅伸出来的脚，拉齐娅开心地尖叫起来，把腿缩回去，拼命躲到妈妈身后，尽管妈妈的表情很是嫌弃。于是卡利玛又去跟拉尼说起悄悄话，跟她讲谁谁睡着了，谁谁张大了嘴巴，谁谁的脸像鱼一样无精打采，想要把拉尼逗笑。漂亮的海军蓝纱丽和翠绿色的短衬衫裹住了卡利玛衰老的身体，让她在昏暗中闪闪发光，也让她的眼睛闪闪发亮。她的眼睛那么黑，简直会让人有些紧张。可以看出来她年轻的时候一定很美，尽管如今她乌黑的牙齿和嘴里散发出的酸臭气息让拉尼有些畏缩。

滚烫的四肢轻轻接触在一起，提醒着女人们她们之间的亲密有多没有界限,尽管未必所有人都愿意这么亲密无间。肩膀靠着肩膀,那些睡着了的人也被人轻轻戳醒了,开始用有力而急切的手指揉搓起睡得一阵阵发麻的肢体。有些时候,表示肯定的低语在人群中荡漾,就像在水面下打着旋儿的离岸流,把一个个身躯拉向同一个方向。人群发出一阵叹息,人们的思绪飞往盖着藤条的窗户外面,飞向各自家里,飞向成堆的碗碟(上面还有午饭留下的污迹,都已经干成硬壳了),飞向需要从田野里的板球比赛中抓回来的孩子们,他们只有早上去上学前被强摁着,才会在作业本前面魂不守舍地坐上一阵。

很难知道罗西尼在想什么。她的脸就像一面镜子,上面没有什么表情,任何跟她交谈的人都会在她脸上看到反射出的自己的感受。她穿着紫色的及膝长袍,一动不动地坐在那里,跟衣裙配套的头巾紧紧围着她的鹅蛋脸,从她那双洋娃娃一样的大眼睛里看不出来她是正在全神贯注地听人家讲道,还是跟很多人一样,思绪正在漫无边际地飘荡。

尽管脸没有朝着卡利玛,罗西尼还是能感受到婆婆的气息,这让她心里不知不觉地滋生出一种厌恶和羞愧的感觉来。她在座位上动了动,把一条腿完完整整地盘在另一条腿上——身体但凡没有她这么柔韧,都很难把这个姿势做得这么优雅。她总是穿一身及膝长袍——对二十二岁的她来说,也是对她的性情来说,这么穿着都很正常,倒并不一定要遵循伊斯兰传道会的指示。她七岁的女儿沙哈拉就坐在她旁边,穿着与她如出一辙,不过沙哈拉穿的是儿童款。对小女孩来说,模仿妈妈脊背挺直的静坐姿势很吃力,于是她转而专心去擦除就在几天前笨手笨脚地花了好几个小时涂上的指甲油来。

罗西尼对沉浸在自己思绪中的感觉并不陌生。要是有人搭话问她什么时候最快乐,她多半会回答说,就是她一个人的时候——在她和家人合住的只有一个房间的狭小棚屋里尽可能地独处的时候。她喜欢独处,因为那时没有任何人要求她去做点什么。卡利玛会大声命令她把桶装满或是刮些土豆,丈夫里亚齐会在月光下醉醺醺地回家,嘴里含糊不清地抱怨着他们居然会因为爱情这么变化无常的东西而结婚;而没有这些糟心事的时候,便是她的岁月静好。

她渴盼夜晚的时光,那时候里亚齐和孩子们都睡着了,她可以躺在黑暗中,开开心心地把脑子放空,盯着天花板,描摹着裂缝形成的图案。现在她也正享受着类似的宁静,把脑海里那些不请自来的念头轻轻推到一边。她并非没有信仰,更非对女人面对的挑战视而不见。她非常清楚自己要走的道路有多狭窄,有时候她步履维艰,两脚迈成直线都很困难。

努拉也在努力赶走那些让人不耐烦的念头,不过她那些思绪跟她的过去有关。讲道的重点是女人要走的道路变化无常,让她想起她父亲讲过的她叔祖父的一个故事。叔祖父是个心肠歹毒、心胸狭小的人,那时候有些男人会因为妻子做礼拜做得太频繁了而怀恨在心,尤其是家里还有那么多家务活要干的时候。而叔祖父的妻子是个特别虔诚的女人,尽管嫁了那样的丈夫,她还是会暗中挤出足够时间做礼拜,确保自己可以尽可能多地在真主面前祈祷。

有一天晚上,叔祖父从地里回到家,发现家里没人,妻子不在。他觉得有些反常,绕着房子找了一圈,找到后院才发现妻子跪在地上,正安安静静地祈祷着,前额贴在泥地上。他勃然大怒,因为妻子竟敢这么明目张胆地违抗自己。他一怒之下踢了妻子一脚,她摔倒在地,摔断了脖子,登时就毙命。三天后,叔祖父也突然在夜里一命呜呼。父亲告诉努拉,他们两人都下葬了以后,叔祖父妻子的坟墓得到了精心照料,经常有人去看她,不只是她家里的人,还有很多因为她的虔敬而深受感动的人。而叔祖父的坟前却无人问津,他的名字也被他们在礼拜中有意省略掉了。

努拉的父亲跟她讲这件事,是为了告诫她。这件事提醒人们注意,有些人会有多么残忍,这样的人会被自己根深蒂固的无知和无法控制的怒火蒙住双眼,结果便做出了这么不管不顾、无情无义的行为。这件事也很好地说明了为什么女人要始终遵从丈夫的意志。然而,努拉从这件事里看到的是别的含义。在她看来,这件事无可辩驳地证明,无论发生了什么都不重要——真主安拉早已洞悉一切。

讲道终于结束了,努拉被周围人的声音和动作唤回来,大家的脸都朝向西方,也就是圣城麦加的方向,祈祷起来。她把前额贴在垫子上,想感受到垫子下面水泥地板的寒意,享受着学校外面的生活再次主导她之前的最后一刻。

"道路"是这九个女人经常想到的,就连那些不怎么参加宗教学校集会的人也知道"道路"有多重要。这一概念来自伊斯兰传道会,这个组织的影响力已经在这些年里不知不觉地逐渐展现出来,如今像蜘蛛网一样包住了这些女人。她们大都一直到自己被紧紧缠住,才意识到蛛丝的存在。至于说自从改革派来了以后生活是变好了还是变糟了,那就见仁见智了——人们的意见产生分歧,倒也在意料之中。

有的人很喜欢宗教学校的集会,但也有一些人觉得这些集会很烦人,一个星期里他们只有这一天能稍微有点喘息的机会,现在却又多了一项义务。对于他们的村子现在出于某些原因被认为值得让有宗教信仰的外来人前来参观,所有人都有一种孩童般的自豪感,尽管也有一些人因为这些外人带来的新的理解和阐释而感到不安。这些令人烦恼的新的宗教信仰在女子学校集会几天后的一场活动中表现得最为突出,那就是伊斯兰传道会几年前带到村子里来的一年一度的宗教书市。

伊斯兰教书市(boi mela)会在九月初开市,现在每年都是如此,也就是人们希望雨季最糟糕的那几场雨已经下完了的时候。这一天,从周边地区以及更远的地方来的成百上千名伊斯兰传道会的信徒(jammati)会涌进村子,进行为期两天的祈祷和讲道。伊斯兰传道会之所以这么出名,就是因为有这种与民同乐的活动——重新定位穆斯林,以一种更古老、更简单的方式来呈现他们的信仰,其中,通过讨论和活生生的例子让穆斯林受到教育是重中之重。

宗教书籍和小册子会在书市上分发、出售,这样的书很受珍视,也得到了极大尊重;既有伊斯兰教的,也有从外面——岛外很远的地方——来到这里的。已经被买下的书就不会再展示出来了，他们会用袋子或布料把书包好，跟另一些最珍贵的物品一起小心存放在金属柜子或上了锁的橱柜里。

尽管女人们很热情，她们很大程度上还是被要求藏起来别让人看见。贝希拉对这样的要求置若罔闻，她在那整整两天时间里都会亲自照看茶铺，并为生意兴隆而兴高采烈。卡利玛志愿在家里接待了一些访客，收留他们在有顶棚的长廊里过夜，围着他们一阵忙乎。她年纪够大，而且有儿子们在场，所以能享受这样的自由，可以四处走来走去，跟这些远方来客聊天。

其他女人则是远远地、贪婪地享受着这种兴奋，并小心避开村子里那些她们认识的男人的审视。每当这个时候，熟悉的男人会变得陌生起来，他们从路边经过时不再跟熟识的女人打招呼，也不再对她们报以微笑。他们对女人视而不见，如果女人离书市活动太近，或在这些新的行为规范下有其他不得体的举止，他们还会不满地瞪着女人们。兄弟、儿子、父亲和丈夫，都在女人们眼前变了样，变成粗鲁生硬、毫无感情的形象，跟外面来的人一样穿着浅蓝色和白色的衣物，不再是她们熟悉得不能再熟悉的人。

不过萨拉不用感受丈夫身上的这种转变。村子里办书市的时候，汗甚至都没在村子里出现过，他对这个活动不感兴趣，也一点儿都不想参与。他要是刚好在家，还会偶尔参加一下乃玛孜，但除此之外，他对清真寺里发生的事情几乎不闻不问。他出身的家庭更看重政治而非宗教上的虔诚，他也很少穿伊斯兰教的服装，紧身裤和短袖衬衫会让他觉得舒服得多，这样一身打扮跟他的警服很像，自有一种不偏不倚的权威感在里面，让人觉得很舒适。

萨拉猜测，自己要是把在女子学校集会上听来的关于中央调查局暗探的风言风语说给汗听，汗多半会轻笑起来。她敢肯定，汗会告诉她别信这样的无稽之谈，就好像调查局除了监视这个一点儿都不重要的穷乡僻壤的居民之外没什么事好干了一样。不过那次集会后他们聊天的时候，萨拉忘了提这事儿。而在那之后的一周时间里，又有了绝对更看得见、摸得着的事情让村民警觉起来。

萨拉没有看到这一事件的文字报道，但她知道发生了什么事情，而在她看来，这属于更广泛的觉醒。那天，儿媳帕文正在准备晚饭，上完一天课的萨拉想要放松一下，便一边百无聊赖地浏览着电视频道，一边把一把把炒米花塞进嘴里，结果就在无意中看到了印度其他地方因反对吃牛肉的风俗而爆发的抗议活动。

"儿媳妇，快来看！"她喊了一声，催促帕文过来看看。帕文赶紧跑进来，看到电视屏幕上的景象时，她脸色一沉。

萨拉十来岁的时候在拉贾斯坦邦住过一小段时间，在如今这位引起纷争的印度总理上台前很久，那里就已经禁止屠宰牛了。但西孟加拉邦有所不同，至少大家都是这么以为的。然而最近，附近集市上的屠夫一大早高高兴兴地出摊做生意时，却发现铺子前面的地上涂了一行黄字："不要吃牛肉！"

她在电话里把地上写字的事情告诉了丈夫。汗没有说话，电话里能听到他用鼻子深吸了一口气。萨拉想象着，潮湿的空气被吸进他的鼻孔，让他的小胡子轻微颤动起来；他那一嘴浓密的小胡子，让他看起来更像宝莱坞的武打明星，而不是他真正的身份：穆斯林警察。他长出一口气，嗓音里带着笑，不屑地说这只不过是无聊透顶的年轻人干的蠢事一桩，因为他们除了惹麻烦，实在也没什么别的事情好做。

汗告诉萨拉，自己几天前才吃过牛肉。他在加尔各答对岸的豪拉（Howrah）轮班完，就跟同事们走过大桥，穿过水面宽阔、水流缓慢的胡格利河（Hooghly）去了市中心，想找个地方吃一顿让人馋涎欲滴的加尔各答牛肉卷饼（kathi），比如哈迪姆家、尼扎姆家或阿萨兰的店。这种卷饼的名字相当气派，回响着波斯语的词根，也辉映着帝王般的历史。她能想到，丈夫如何身处公园街的车水马龙中，尽管对这个地方，她只闻其名未见其面。大街上，大学生、偶尔前来的一些游客、一个个急切的家庭从她丈夫身边走过，他们沐浴在黄色的街灯下，充分利用着阵雨的间隙跑到大街上。

这些想法让萨拉莫名地难过。稍微了解她的人都非常清楚，她设想着自己会走上一条很不一样的道路，希望自己能离开村子，去外面生活。从这方面来讲，她跟诸多女人并没有多大不同；努拉也经常讲起自己想搬到桥边的镇上去，远离丈夫的家人，因为她跟他们之间的宿怨一直没完没了；拉尼孩子气地梦想着自己能生活在别的什么地方——任何地方都行，只要不跟想要决定她走上什么人生道路的家人在一块儿就行。然而萨拉实际上已经体验过很多人都未曾体验过的生活：岛屿之外的生活，这个地区以外的生活，甚至是这个邦以外的生活。她曾经逃离这个地方，前往拉贾斯坦邦的一所神学院学习，在那里英语学得相当不错。她见识过跟自己生长于其间的生活完全不同的生活。只是在那以后，她的轨迹就终止了。

村子里改宗的人不多，萨拉是其中之一。她真的转变成穆斯林了吗？她相信只有一个真神，也相信天堂对所有人都敞开大门，但她小时候的基督教信仰里也有这些内容。她并没有经历正式的改宗程序，没有测试过经文记诵，也没有让人精疲力竭的冗长仪式，一次次要求她证明自己皈依了新信仰。对她提出过的要求只不过是让她证明她有多爱一个穆斯林男人，甘愿接受这个男人的信仰，并确认这么做没有给她带来什么压力。这些条款被一板一眼地逐条列在结婚当天她签署的一份文件上。

她轻轻松松就融入了新生活，确实非常了不起，而伊斯兰教和汗的家人也以这么开放的心态容纳了她，这同样令人赞叹。不过她对他们来说倒也不是那么陌生，毕竟她的娘家离这个村子才一刻钟的路，就在柏油路的另一条岔路上。甚至在嫁到这个村子里以前，她就认识村里的一些人——因为上学，因为去集市上买东西，也因为在这么小的地方，他们的生活自然会有很多交集。

成为穆斯林的其他条件只有一个，就是改名字，但在她这里实际上从来没有真正执行。她始终觉得自己的改宗只是敷衍了事地走了个过场，尽管在一个姓名事关重大的地方，这事儿并不奇怪。在这个村子里，人们都非常熟悉一个人的名字会透露什么秘密：毫无疑问能告诉别人这个人的宗教信仰，但除此之外也会透露这个人的身份、种姓和阶级，他的经济状况，以及他是来自东南西北哪个地方。单单是她的新姓氏就足以表明她是穆斯林，但是这还不够。在她嫁为人妇的那天，她也正式成为萨莉哈·贝居姆（Saleha Begum），这是一个中规中矩的穆斯林名字，尽管所有人都还是继续叫她萨拉。大家仿佛无法接受这样的转变，很多人仍然把她当成基督徒，时时记着她不是他们中的一员，记着她跟他们不一样，尽管在最重要的那些方面，她跟他们并没有任何不同。她生下来就叫萨拉，而现在看起来，萨拉这个名字也还会一直叫下去。

跟萨拉不一样，阿莉娅在沉重的生活中并没有幻想着有朝一日能逃离这个村子。她知道，自己能走的每一条路都是个闭环，会引导她回到起点。她现在的生活只剩下工作：在缝纫架上度过无数个小时，在别人地里收割庄稼，或是跪在自己的作物中间，两手深深插入肥沃的泥土。在辛勤劳作的过程中，阿莉娅也会渴望两方面的变化，一个是村子得到发展、自己的生活得到改善，一个是女儿阿迈勒能得到她自己从未奢望过的发展机会。

书市过后那几天又下起雨来。天空是铅灰色的，乌云遮住了太阳，只在早上才散去了一会儿。尽管已经是午饭时间了，阿莉娅还是坐在煤气灯下干着活儿。她跟往常一样，坐在竹制缝纫架旁边，一块柑橘色的布料绷在缝纫架上，而她正往上面绣上一圈精致的金珠。繁忙的工作开始了，现在雨季终于要结束了，接下来是更凉爽的秋季月份，节日和婚礼也会纷至沓来。一天干上十六七个小时的活，她能挣一百卢比，要是阿迈勒或儿媳妇也搭把手，还能挣得更多。

阿莉娅一向很重视教育。她的六个孩子有四个还在上学的年纪，他们都很聪明，但也都学得很吃力。用英文授课的学校想都不用想，那学费他们根本出不起。而在公立学校要想名列前茅，就必须额外交学费报补习班。如今这也越来越成为他们无法承受的负担，她也只能眼睁睁地看着孩子们的成绩一路下滑。孩子们的成绩原本在班上数一数二，现在已经退步了很多，有时候甚至会成为倒数。她最小的儿子已经开始在学校生事，宁愿骑着一辆破破烂烂的自行车在大路两边房子后面的田地里瞎转悠，也不去上课。阿莉娅并不知道，孩子们因为只能用旧书，因为没有钱在午饭的时候买点零食而抬不起头。她同样不知道，阿迈勒把妈妈给她的钱全都存了起来，每周偷偷取出几卢比，这样弟弟们就可以暂时忘了家里的穷困。

大家都知道阿莉娅这个人非常务实，但是对于那些明明有机会提升自己却不求上进的人，她私底下是颇为诟病的。每次听到卡利玛抱怨自己的儿子里亚齐和阿萨德的工作没啥前途（他俩一个干临时工，一个胸有大志但也只开了辆厢式货车），她心里都有一股隐隐的怒火。要知道，卡利玛的丈夫以前在铁路上工作，完全有能力送孩子们去上英文授课的学校，但卡利玛没有那么做。尽管阿莉娅一直都很喜欢罗西尼，在看到罗西尼让沙哈拉和苏玛雅一次次逃课不去上学，跟另一群衣冠不整的逃学的人在旷野里跑来跑去时，她也同样会感到焦虑不安。罗西尼就没有从自己亲身犯下的错误里学到，上学是她们逆天改命的唯一机会吗？

如果有人给予阿莉娅能让她的人生大为改善的建议，她肯定会迫不及待地接受。但是，在她听说那些很难得到的、由政府出钱的工作机会时，比如清洁厕所、给学校做饭、在烈日暴晒下铺设路面等，这些人又在哪里呢？

现在她努力想把注意力集中在手里的金线上，这些焦虑的想法却一再让她分心。任何时候她都会紧张焦虑。在家道中落以前，他们家是大户，有大房子，有地，有牲口，还有菜园。到她的公公婆婆发现他们完全有能力给儿子卡比尔娶一房妻子的时候，那些菜园就成了阿莉娅的地盘。卡比尔不仅脾气好，还很擅长侍弄庄稼。阿莉娅来自大陆，那里人人都有这样一身本领，知道怎么让南瓜藤上打着卷儿的触须服服帖帖，怎么让绿叶菜（shaak）在严冬长出深绿色和紫红色的叶子，怎么安顿植株才能让上面结的西红柿整个上午都能好好晒太阳，下午热起来的时候又能享受到果树带来的阴凉。

尽管祖上曾经阔过，他们家现在的状况已经远远低于贫困线。现在他们人微言轻，也永远不可能重新富裕起来了。政府举行过公众会议，宣布了旨在帮助那些陷入贫困的人的新计划：修建厕所，为正在建造的砖房拨款，以及制定关于市政基建的方案，比如建造水泵以提供干净的饮用水、铺设砖路以取代一下雨就没法走的土路等。然而接下来什么都没发生。除非有人有钱行贿，否则就连被考虑纳入这种计划都是痴心妄想。名额是留给那些跟当权者最亲近的人，或是有足够的钱为自己铺路的人的。阿莉娅比任何人都了解这些事情，她以前也算得上是这两种人。

而就算有人上了名单，也还需要支付更多费用，填写无数表格，复印、提交无数文件。这一切全都要花钱：不得不塞进中间人手心里的钞票，花在复印机上面的硬币，以及被浪费的本来可以用来在别的地方挣大钱的时间。区政府办公室的官员在收到相关资金后会要求扣留一部分，用来推进案例，用来做跑腿的工作，好确保某人能进名单。她确信，努拉的丈夫肯定付了一大笔钱，才得以在他们的房子旁边新修了个水泥厕所，又用了他在修车铺挣的好多钱来补足这笔款项。失望压垮了阿莉娅的双肩，让她弯腰驼背；但至少，她为自己拥有的东西努力奋斗过。

起始于阿莉娅现在坐着的这道满是泥巴的门廊，曲曲折折地穿过菜地，又经过努拉家后面一直通到大路上的这条小路，是又一个例子。下大雨的那几个月，这条路简直没法走，路中间成了一条河，河里淌着灰色泥浆，路两边也成了烂泥滩，踩上去扑哧作响。为了避开烂泥，人们只能往路边草地上走，把路越走越宽。负责村内事务的村委会（panchayat）主任答应过在上个雨季结束的时候给这条路铺砖，那时候情况还没有这么糟糕，但是同样什么事都没发生。阿莉娅知道，要是她有钱行贿，这事儿明天就能办了。

最近这些年，她门口这条路成了政治谈判的筹码。在选举期间，她负责收集选票。这一选择是她在好几年前做出的，那时候她实在是走投无路了。她被招进了一个新成立的政党，领导是一个面容严肃但能给人留下深刻印象的女人。这项工作很简单：去说服所有那些需要走这条小路上大路的人。阿莉娅知道自己可以很有说服力，而且实际上这个新党派确实能提供很多东西，尤其是对她们女人来说。她同样也知道，政治上的忠诚不过是冥顽不灵的老古董，就像树上长的疙瘩，往往没有任何意义，却也不会被轻易抛弃。

党内的人告诉她，邻居们如果不同意，她可以威胁他们，不许他们走这条路，反正勿谓言之不预。阿莉娅说服了大家，但她从中没有获取任何形式的经济利益，只是得到了政治保护而已。她当然需要这样的保护。

悦耳的手机铃声打断了她阴沉沉的思绪。看到屏幕上显示的名字，她的肚子一下子抽搐起来。

"喂？你好。对……对。我没忘，但出了些事儿。是我儿子。他被绑架了……我知道，我正在努力……明白。钱到手了我就给你。"

那边挂断了电话。阿莉娅把电话放回地板上。她嘴里这么轻易就能溜出这么多谎话来，她自己也感到很惊讶。她儿子没被绑架，只是她没钱给那些放债的人。她自己算了一下，现在她欠了至少一万卢比。她眺望了一下菜园。早上那场雨的气息很是凝重，在空气里挥之不去，一切都在黯淡的光线下闪着光。她又拿起针，开始飞针走线。

第二部 秋天，秘密和谎言

第五章

流　言

对一个人来说，一生当中最美好的时光肯定已成过往，这样的情形令人黯然神伤。然而罗西尼就发现自己处于这种情形，她弯着腰在灶火旁，稻草烧出来的烟雾熏得眼睛生疼，她泪流不止，却一点都不想擦拭。里亚齐用泥巴和陶土给他们家建的露天泥灶很难用，掌握使用诀窍的过程又慢又令人沮丧，简直称得上是一场战斗。泥灶的性情"反复无常"，也完全没有能力应对多变且经常很恶劣的天气。

罗西尼的母亲在一个小城的郊区长大，一直是用煤气炉做饭，这跟村子里的很多人都不一样，大家更常用的是很难用的泥灶。尽管卡利玛更喜欢用露天泥灶，但她也有一个煤气炉，以便在雨季几乎没办法烧火的时候用。罗西尼很多时候都是在独自战斗，湿答答的稻草怎么也点不燃，而她用余光也能瞥见婆婆房子的门廊上跳动着自信的橙色火苗。她顽固地坚持着，但心底下也非常清楚，他们家今天要是想吃上一顿热腾腾的饭菜，她最后肯定还是得低头认输，找婆婆借用煤气炉。她讨厌向婆婆开口要任何东西，而且她深知，卡利玛很可能会找他们要几个卢比的煤气费。现在雨终于下完了，事情至少变得容易些了。

罗西尼在村里几乎没朋友。她冷漠的天性可能是部分原因，而这种出于深思熟虑、意在保护自己的冷漠，则是来自她确信别人会发现的她的过往。其他人也并不希望她过去的耻辱污染了大家都在极力保持的一尘不染的公众形象，这种不情愿倒是跟她的拘谨正好合拍。对那些几乎一无所有的人来说，名声也许可以算是他们最宝贵的财产。人人避之唯恐不及，是罗西尼为挑战传统、因爱情而结婚、突然又出乎所有人意料地来到村子里、被流言蜚语包围所付出的代价。

罗西尼完全可以想象村里人会怎么说她。因此她没有让自己迷失在跟别人的闲谈中，而是成了与孤独为伴的行家。她退回到自己的思绪里，以逃离当下的现实：夜晚的时光对她来说弥足珍贵，她可以把自己的脑子完全放空，仿佛仰面朝天漂浮在黑暗的海洋里；同样弥足珍贵的，还有她盯着灶火跳动的那些慢下来的时光。现在罗西尼做着午饭，赛义德在她旁边安安静静地玩耍着。她一边切开洋葱，用力把姜黄和大蒜捣成糊，一边想着婆婆。

节日就要到了。根据农历来算，开斋节过后再过两个月就到了古尔邦节（Eid al-Adha），又叫宰牲节、大节，是村子里人人翘首期盼的节日，一想到这一天能吃到新宰杀的肉，人们就垂涎三尺，肚子也咕咕直叫。尽管这个节日有诸多名称，人们还是常常称之为"献祭节"（Qurbani Eid），甚至直接简称为"献祭"。这个名称来自阿拉伯语，词根是 qurb，意为"接近",因为所有人都认为,这项特殊的任务是少数几个能让人接近真主的举动之一。理想情况下,所有穆斯林一生当中至少要进行一次朝觐(hajj),也就是一年一度的前往圣城麦加的朝圣活动。古尔邦节就在这个活动的最后一天,也是奉献的高潮。杀羊宰牛代表愿意献祭自己的孩子,那时候安拉也是在最后一刻用一只公羊换下了易卜拉欣的儿子易司马仪,随后割开了这只公羊柔软的喉咙。

让"献祭节"得名的献祭,既是经济活动也是情感活动。全村只有四五户人家买得起牲畜并能将其养大养肥,愿意献出来供人屠宰,还愿意把得到的肉分给其他村民。据说被献祭的牲畜身上的每一根毛发,都代表着向安拉又走近了一步。绝大部分村民都没有能力承担献祭的任务,于是转而向清真寺捐钱,这些钱汇总起来就可以以他们的名义买来牲畜,好确保肉足够多,所有人都能分到。一头母牛要两万卢比,一头水牛要四万卢比——这数目真是叫人眼泪汪汪——让很多人一边满怀嫉妒地窃窃私语一边猜测,那些交出牲畜的人眼里流下的泪水,也许更多是因为经济损失,而非与在他们精心照料下长大的牲畜之间临时形成的情感纽带。据说几年前在他们附近有个村子,甚至还有户人家献祭了一头骆驼。

罗西尼短暂的童年时光里最美好的记忆就发生在这个特殊的假期,那一天她美美地享用了一顿咖喱牛肉,一直吃到自己的小肚子都快要撑破了。像是太阳从西边出来一样,她们一家随后又踏上了前往加尔各答的旅程。在马戏团公园社区拥挤而狭窄的小巷里,一个以前从没来过这座城市的小女孩，瞪大眼睛看着这个躁动、忙碌、肮脏、喧闹的地方，尽情享受着。为了保护她，父亲把她从摩肩接踵的人群中一把抱起，让她坐在自己肩膀上，全家人也一起加入了一个逐渐扩大的圈子，中间是几个正准备表演的街头艺人。

魔术师的助手蒙着眼睛，像救世主（Messiah）一样站在那里，他张开双臂，裸露的身体上满是肿瘤一样的疙瘩。在推来搡去的昏暗中，罗西尼过了好几秒才意识到，那些疙瘩其实是土豆，整整齐齐地挂在他的无领衬衫上。魔术师抽出一把大刀，像个扬扬得意的小学生一样高高举起，闪闪发亮的刀锋令发出暖光的灯笼和照亮街道、嘶嘶作响的街灯都黯然失色，也令人倒吸一口凉气。接下来他又大手一挥，拿出一个厚厚的黑色眼罩，叫一名现场观众上来用眼罩紧紧蒙住他的双眼、完全挡住他的视线，这更是让罗西尼的心都提到了嗓子眼。

两人面对面站好以后，魔术师大喊一声安静，随后开始切削助手身上的土豆。他的动作一开始很慢、很精准，每一刀切完以后，他的刀都会停留一阵，仿佛在咂摸周围越来越炽烈的兴奋之情。随着拼命忍住的喘息声变成叫喊声，魔术师挥刀越来越快，刀锋舞得人眼花缭乱，围观者喝彩和跺脚的声音也越来越大。仿佛喝醉了酒，魔术师陶醉在周围人高涨的情绪中，他旋转起来，刀锋在空中闪亮地划过，猛地一下就把助手眼罩上的三个土豆全都削了下来。只剩下一个土豆了，就在助手的胸口上，这时那把大刀却失手了，没有命中目标，倒是借着那股势头向前推进，从助手的后背冒了出来，银色刀尖上挂着暗红色的血,清晰可见。魔术师伸着右臂一动不动地站在那里,仿佛站了好几个小时,才慢慢举起颤抖的左手,把眼睛上面的眼罩拉了下来。

人群鸦雀无声,又可以听见来往的车声、喇叭声了。人们定定地注视着,十分惊恐,不敢相信眼前的情景。就在罗西尼感到眼角的泪水正要奔涌而下、喉咙里正要爆发出一声哭喊的时候,助手伸出手来,从身上假做的伤口上扯下银色的三角刀尖,朝魔术师扔过去。魔术师收回手臂,疑惑地看了看自己右手中没了刀尖的刀,随后又耀武扬威地挥舞起左手里原先那把大刀来。他转了一圈,接受围观群众的喝彩,双臂高举在空中,敦促大家给予他应得的热烈掌声。

周围的人大声喝彩着,大家转过身兴奋不已地互相拥抱,因为这个令人难以置信的结果而松了口气,一边互相拍着后背,一边在口袋里摸索。一把把钢镚和零钱如雨点般朝表演者撒过去,就像色彩斑斓的导弹划过空中。有个硬币落在罗西尼膝盖上,她捡了起来,手指摩挲着硬币光滑的边缘。全家人慢慢走回车站,登上人满为患的火车一路向南,穿过夜幕下的城市前往坎宁镇。十多年过去了,她还是想不通魔术师是怎么做到的。

节日到来前那几天,罗西尼总是会回想起这段见闻,然而她并不知道,献祭节三天后会有一场杀戮——恶毒的流言带来了另一场完全不同的献祭。那种事情不会发生在这里,但会发生在数千公里外,在另一个邦的另一个村子里,在距离首都德里一小时路程的一个地方,一个法律允许吃牛肉但不允许屠宰牛的地方。

一天晚上，五十二岁的穆罕默德·阿赫拉克（Mohammed Akhlaq）的家被一群愤怒的暴徒包围了。他们指责阿赫拉克偷走并非法宰杀了一只牛犊，处理了牛头，并把骨架扔在离村子五十公里的地方，他家的小冰箱里还藏着十公斤牛肉。后来人们发现，所有的指控都是子虚乌有。

暴徒破门而入时，阿赫拉克还在睡觉。他们把他从房子里拖出来，活活打死了。他的儿子也遭到了毒打，只剩了半条命。他们家是这一片唯一的穆斯林家庭，尽管他们在这里已经生活了七十多年。造成这场灾难的，是他们的邻居、熟人，有些人甚至还是他们的朋友。阿赫拉克的死在整个印度开启了一种暴力模式，穆斯林在法外处决中被杀害，只留下"私刑处死"的名声。

在他们村子里，很多问题都没有答案。

谁为这起事件负责？……有任何人因此被捕吗？

为什么附近那家寺庙会声称，阿赫拉克宰杀了一只牛犊？

他家里有没有牛肉？就算有，别人就因此有权夺走他的性命吗？

聚在茶铺门廊下的人很快传起最近的流言，把相互矛盾的信息碎片拼凑起来，认真研读大家都在看的报纸，在有人从家里拿来的破旧不堪、嘶嘶作响的小收音机里正在讨论跟这件事有关的情形时愤怒地大吼着叫别人安静，推测着什么会发生，担心着什么不会发生。跟印度教的火神阿耆尼（Agni）一样，女人们也都有两副面孔，她们对这样的角色都已经熟悉到有些厌倦了：在孩子们面前轻松自在、正常得很，但在跟其他人谈论起她们在道路上临时碰到的一连串事情时又会非常急切。入夜以后，孩子们都睡了，他们的父母就会在灯光下窃窃私语，温暖的光芒掩盖了他们话语的分量，他们悄声估量着自己有多安全，但这种估量本身就不切实际。

罗西尼在黑暗中清醒地躺着。前几日欢宴过后的愉快心情已经被破坏，她又一次开始警觉起来。

穆罕默德·阿赫拉克被害十三天后，也是总理终于打破沉默、躲躲闪闪地呼吁全国的宗教团体团结起来却没有谴责这起凶杀案的五天后，村子里死了一个男人，所有人都在说这件事。对于这件事，大家的说法多种多样、各执一词，不过总算有些基本事实。所有这九个女人都一致认可，死者是个青年男子。他最近回到村子里的父亲家里，他生命里的最后三个月就是在那里度过的。回来之前他住在别的地方，但他似乎不是因为工作才离开家的——这事儿本身看起来就很不寻常。

所有人都知道他生病了。那些漫长、炎热的上午，大家干着活儿的时候，会看到这个人在四处闲逛，看起来常常是一副漫无目的的样子。他的皮肤看上去是病恹恹的黄色，大家都能看出来这是躯体在从内到外吞噬自己的标志。大家也都知道，他们家病急乱投医，到处找能治好他的办法，却一直劳而无功。他们去过公立医院，找过加尔各答的私人专家，花的钱都是抠抠搜搜的各路亲戚一点一点凑起来的。他们也去过一些乱糟糟的诊室,找顺势疗法的医生和巫医诊治他的病。他曾吞下大把大把的药片,喝下念过咒的水,还曾枕着《古兰经》的经文入眠。所有这些都没能让他无法逆转的死亡进程哪怕是放慢一些。一个星期四的早上,他去世了。

女人们的说法在说到他的猫的时候出现了分歧。

"那不是猫。"努拉言之凿凿地说。

"当然是猫!"卡利玛大喊,气得直摇头。

"要说是只猫的话也太大了,比狗还大……而且是纯白的。"努拉说着,扬起眉毛,抓起一根树枝在泥土地面上画了个图案。

"就是个长相有些奇怪的猫,肯定的,但怎么说也是只猫。"阿莉娅提出异议,想不明白这么明摆着的事她们怎么都能争起来。

那个年轻人走到哪儿,那只猫就跟到哪儿。年轻人去世的那天早上,在他的遗体被清洗过、用干净的白布包好后,哭丧的人聚在一起,开始悲歌。女人们紧紧地围着遗体,倾撒着她们的悲痛。为了盖住遗体的味道,空气里弥漫着浓烈的香料气味。她们的悲恸在遗体周围形成了一个保护圈,一直要到遗体被抬到清真寺以后才会散去。葬礼就在清真寺进行,人们会为逝者祷告,然后把遗体带到墓地安葬,所有这一切都必须在日落前完成。

就在这时,她们注意到了那只猫。那只猫不知何时穿过那些裹着纱丽的腿,偷偷溜进了她们的圈子,就站在她们面前,仿佛在研究发生了什么事情。随后,这只猫也开始哀嚎起来。

"它到底是不是在哀号,谁也说不清,但肯定是在发出一种很可怕的声音。"萨拉说。一想到这只令人毛骨悚然的奇怪的动物,她就惊骇莫名。

这时那只猫又开始哭起来,大颗大颗的泪珠从它眼里滚落,在它光滑的毛发中压出一道道闪亮的沟,在泥地上积成一摊水。

"泪珠?猫还会哭?"塔比娜嗤之以鼻。贝希拉也点了点头。

"闭嘴!你压根儿都不知道自己在说啥。"玛丽亚姆说。儿媳妇竟敢这么质疑神灵,她觉得很讨厌。

接下来那只猫走向年轻人的遗体,在他身边蜷成一团,死掉了。那只猫跟年轻人一同下葬了。

"那是个天使!"努拉脱口而出,仿佛无法控制从自己嘴里蹦出来的话。

"那是真主安拉的诏示。"罗西尼说着,拉了一下面纱,使之绕过肩膀。

"那人是个酒鬼,"贝希拉鄙夷地啐了一口唾沫,"大家都知道!"

"所以他才回他爸这里来住。所以他才生病了。所以他才会死。"塔比娜接下去说道。她对这事儿只是半心半意,更关心手掌上正在揉搓的一团烟草。

"但是那只猫又是怎么回事?"拉尼疑惑不解。

"猫就不能感受到爱意吗?"阿莉娅问道,"它肯定是因为伤心过度死掉的。"

死亡和道德败坏的事情同时发生时，就会流言四起。

还有另一些奇特的故事也在流传，在女人们私底下的悄悄话中沿着满是泥泞的道路传播开去，一直溜到微微有些咸味的池塘边，女人们就是在那里拎起红色、黄色和黑色的纱丽，丁零当啷地洗刷锅碗瓢盆，互相咬着耳朵低声软语的。

附近一个村子里有个女人，说是跟一个不是她丈夫的男人有了不正当关系。丈夫发现妻子的私情后，对妻子厉声咒骂，毒打了她一顿，威胁要杀了她，还祈请真主给她应得的惩罚。没过几天，他们家也出了人命。

那女人很快就被草草下葬了。没有人哀哭，只有孩子们无声的抽泣，他们年纪太小，不知道不应该为这种不值得的人悲痛万分；为她悲泣的还有她的家人，尽管他们知道不应该这样，但还是感到伤心。女人的尸身被破破烂烂的布条随便一裹，随随便便地扔进土坑，她的头朝着西边，被温暖的红色泥土盖了起来。村子里没有人聚集，也没有人为她祈祷。他们相信，这个堕落的女人身上的耻辱，已经随着她僵硬的身体一并被埋葬了，再也看不到了。

第二天早上，一声尖叫打破了村庄里的平静。人们从家里跑出来，看到那个女人的尸体被挖了出来。沾满泥土的裹尸布被放在坟坑旁边的地上，一只灰色的手从裹尸布里伸出来，破碎的指甲里满是泥土，仿佛是这具尸体自己从禁锢中挖出了一条路。女人又被潦潦草草地重新埋了起来，现在，她无法安息的尸体散发着双重禁忌带来的污染：不正当的关系，以及不正当的葬礼。然而到了第三天早上，她的尸体又一次暴露在人们面前。

日复一日,每一次埋下去后,第二天她的尸体都会重新出现。村民们越来越恐慌。男人们召开了紧急会议,女人们也赶紧发起了有力的祈祷,人们还去咨询了伊玛目和毛拉纳[1](maulana)。大家都认为,尽管他们以前听说过这样的事情,但也没有任何人能预料到,真神会这么坚定地拒绝让一个如此罪恶的女人入土为安,不允许她在坟墓里好好地化为泥土。这具尸体一次又一次地被暴露在光天化日之下,直到有一天早上,在第一缕阳光令人毛骨悚然的映照下,它被一群野狗撕成碎片,填进了肚子。

在献祭的季节,这样的流言在村子里以这么快的速度一传十十传百,也许并不奇怪。跟生活在他们身边的人有关的故事一直在传来传去,所有人都在某种程度上被流言蜚语的洪流包围着,从中溢出的,有同仇敌忾,有愤愤不平,也有知己私语。这样的交谈必然都是偷偷摸摸的,因为女人正在谈论的人跟她们是一辈子的邻居,而谈论流言通常都有一些目的——作为宣泄、例子或衡量自身的标尺。女人们从未幻想她们被要求做到的事情轻而易举;她们最早提出,自己的信仰十分坚定,并认为她们所信仰的宗教尽管被赋予了强大的力量,但还是需要大量献祭,需要付出大量牺牲。她们全都知道,追随真神的脚步,对女性来说尤其是一项令人忧虑、

---

[1] 类似于毛拉维(大毛拉)的一种尊称,在中亚和印度次大陆主要被放在受人尊敬的穆斯林领袖名字的前面,特别用来称呼那些毕业于伊斯兰学校或曾于其他伊斯兰学者门下学习的人。

充满艰险的事业，很多人都注定会失败。

还有一些流言，说的是谁做礼拜，谁不做礼拜；谁声称自己封斋了，但其实并没有；谁放纵自己的孩子，谁虐待公婆姻亲；谁浓妆艳抹、过于在意自己的外表，然而在他们这个地方，这么做并不合适。也有一些闲言碎语，说的是谁欠钱了，欠谁的；谁说谎，谁偷东西，谁喜欢嚼舌根；谁太多时间都在村子外面；谁在搞巫蛊之术。另外的流言讲的是谁家丈夫嗜酒如命，谁家丈夫喜欢打老婆，谁家丈夫没去清真寺，又或者是谁家丈夫赌博、跟人通奸。

最有攻击力的流言是那种尽管可能无法证实，然而大家都知道有一些事实根据的，就是那些人们发现过去确实发生了的事情，这样的流言造成了极大的破坏和痛苦，甚至都让人说不出口。阿莉娅家发生的事情，就是这种性质的。

不是只有她一个人。九个女人的生活全都会受到这种那种流言的影响，有些人受到的影响比别人更多。

贝希拉就是一个。

跟贝希拉有关的流言，萨拉全都知道。她也说不清是什么时候最早听到跟就在她家马路对面的女人，跟茶铺里那张熟悉、严肃的面孔有关的流言蜚语的。那些流言以人们相信贝希拉正在从事的另一种营生为中心，这是她老去镇上的另一个原因，也是她成功让她的家庭免于陷入贫困的另一个办法。

有人说她在集市上租了家小店，在漫长、炎热的上午和闷热的下午，她都会去那家店里。据说有男人到那儿找她，而让她真正挣到钱的，不是在村里经营茶铺取得的成功，而是她在那家店里从事的不可告人的工作。这个说法确实可以解释她为什么老不在村子里（让有些人很是不快），以及为什么没人愿意娶她女儿。

萨拉不知道那些说法到底是不是真的，但是跟所有最恶毒的流言蜚语一样，仅仅是暗示有这么回事就等于造成伤害了。有那么一两回，萨拉在隔壁村的学校教完课回家时决定跟踪贝希拉，便招手示意路过的三轮车载上她，或是拦下一辆她认识的人开的车，让人家捎上自己一程。到了集市上，萨拉会跟着贝希拉，找到她异常高挑的身影，看着她不紧不慢地穿过市场，直到在一个拐角，或是在一个人气特高的摊位周围的人群中，这身影突然之间消失不见。萨拉觉得自己也可以直接问贝希拉那些流言是不是真的，但就算是萨拉这样大胆、自信且家里还那么有权有势的人，都不敢真的开口去问。

不用说，萨拉孤单得很。她在有些塌陷的沙发上放松下来，享受着沙发有些不情不愿的拥抱，想把儿子哈桑房间里传来的嘟嘟囔囔的抱怨声隔绝在外，那是他们早些时候吵架的余波。度过了令人沮丧的漫漫长日回到家里，发现儿子懒洋洋地仰躺在他们房间的小床上，一只手拿着手机，另一只手的手指间漫不经心地抖动着一根没点燃的香烟，萨拉气不打一处来，把手提包丢在门口就冲上去抢手机。

"又这样？一整天就只知道干这个吗？起来！"

他们像往常一样因为他这么懒懒散散、胸无大志的样子而大吵了一架。哈桑上完学的时候成绩还算令人满意,但也说不上拔尖,之后那几年,他说起过要干点什么事业,说不定弄点果蔬,或者开一家提供电话服务的小商店。然而现在他就这么待在自己房间里,仍然是无所事事的样子。萨拉知道,他如果不在家,就会在茶铺里抽烟、打牌甚至喝酒,要不就是在村子后面的田野里跟朋友们一起散漫地打打板球。

萨拉从来没想过儿子会这么不争气。实际上,她儿媳帕文要讨人喜欢得多。帕文说话温柔、勤勤恳恳,是阿里安的好妈妈,而且学习也很努力,正在为获得她梦寐以求的公职护士职位而奋勇前行。明年她会去参加考试,而如果她考出必需的成绩,他们已经准备了一个拉克(lakh)——十万卢比的钱,用来贿赂该贿赂的人,好确保她最后能得到一份工作。除此之外,帕文也很顺从,即便在萨拉知道她可以强硬、不必通融的地方,她也会让步。尽管哈桑毫无希望的前景让人痛心,萨拉至少还能为选择帕文当哈桑的妻子而感到高兴。

停电了。村庄陷入黑暗,房子本身似乎也发生了变化,平时吱嘎作响的发电机和电视不再发出声音。黑暗中的萨拉独自坐在破旧的沙发上,感到自己被幽闭恐惧症包围,仿佛那几堵她只能勉强看清的墙壁正在慢慢朝她靠近,越来越近。她突然站了起来,右手扶着客厅光溜溜的墙,摸索着走到门口,走下前门的台阶,来到外面。

外面要亮一些。天空是深深浅浅的紫色,隐隐回应着太阳的光辉,而就在一小时前,太阳还在往大地上洒下红色和橙色的耀眼光芒。星星已经开始点缀广袤的墨色天空,夜间的空气中有一丝微凉的气息,仿佛在提醒人们,深秋的日子即将来临。

萨拉从室外厨房拖出一把红色塑料椅,放在铺了砖的路面上,坐下来,两腿伸开。过了一会儿,她听到身后传来轻轻的脚步声,一只手犹犹豫豫地搭在她肩上。是帕文,她把一个有缺口的瓷盘放在萨拉腿上,盘子里盛着切成片的黄瓜。萨拉轻轻捏了捏帕文的手臂以示感谢,随后又在那里坐了一阵,享受着加了盐的黄瓜片在舌头上的清爽味道,让夜晚的声音把自己包围起来。

最早也是因为流言四起,激起了无法抑制的贪婪,才驱使萨拉一家在这儿建了这栋房子。跟很多故事一样,关于他们家的流言也是从两兄弟开始的,他们因为各自做出的不同选择而走上了完全不同的道路。他们的父亲把自己的土地平分给兄弟俩,临终愿望是他们可以在自己的土地上想干什么就干什么。兄弟当中有一个像老黄牛一样勤勤恳恳,干起活来不知疲倦,也从不放过任何机会。他带领一家人摆脱了贫穷,直到积累了足够的财富和权力,几乎比村子里其他人都更富裕以后才感觉自己大功告成。但另一个兄弟就懒得很,只知道躺在阴凉地里睡觉,没做过任何能改变自己命运的事情。他把自己的土地租了出去,靠收上来的几卷皱巴巴的卢比勉强度日,一收到钱,他总是很快赌博输掉或是在酒垆里花掉,但他对这样的日子也心满意足。前一个人是汗的父亲,后一个是汗的叔叔。

汗才二十八岁的时候就失去了他唯一的兄弟,这对他们家来说不啻于晴天霹雳，他们家的麻烦也从这时候开始了。没过多久，他的父母也双双离世：父亲因为失去了最喜欢的儿子而五内俱焚，很快追随而去，母亲也于几年后因悲痛而撒手人寰。他们的遗骨免于被默默无闻地埋葬在村庄南缘的公用墓地里，而是被整整齐齐地安葬于他们家地块边上的三座坟中。父母留给汗的财富相当可观，但同时留给汗的，还有对三个叽叽喳喳、十分挑剔的妹妹的责任。

日子本应就这么平平安安地继续过下去，但长辈的死亡提醒了家族里的其他人，是谁腰缠万贯，是谁身无分文。流言四起，刚开始倒没什么恶意，就是在传汗从父亲那里到底继承了多少遗产。之后，汗的堂兄弟们突然之间全都强烈地意识到自己囊中有多羞涩，跟汗比起来他们的前景又是多么黯淡无光。他们有五个人，有着不同程度的懒散，但全都贪得无厌，而最重要的是，全都特别眼红他们辛劳一生的伯父留给汗的钱。没过多久，他们就开始闹了。

他们开始在晚上过来，沿着房子一侧走来走去，在卧室窗外吵吵闹闹，声音大得足以吵醒汗和家人，但又不会大到把住在附近的人吸引过来。汗家里也开始丢东西。毕竟他们的房子都是用泥土、竹子和铁皮盖的，院门敞着，门廊往外开着，厨房也在室外，这些地方的东西很容易被拿走。有时候被盗的物件过一阵又会重新出现，搞得萨拉和汗禁不住怀疑自己，但他们心底下深知，这是别人在耍他们。汗去城里工作的时候会长时间不在家，而家里还有两个年幼的孩子，孤身在家的萨拉也开始感到害怕。堂兄弟们就住在空地对面，在茂密的树林后边，跟他们家也就是一抬脚的距离。

有一次，他们的儿子哈桑（那时候还是个小男孩）独自在院子里玩耍，事态开始变得紧张起来。那五个人从把两家土地分隔开的密密层层的丛林里悄悄走出来，围成一圈，把哈桑围在中间。他们跟哈桑的接触刚开始看起来好像还挺友好，但很快就变成了哈哈大笑着发出的威胁。哈桑还小，后来让他回忆这些堂叔威胁会对他做什么时，他说得磕磕巴巴的，但他记得他们带着假笑发出的威胁让他有多害怕。

汗的反应相当迅速。他们家有一块地闲着没用，杂草丛生，村里的孩子们会上那儿踢球。他们很快就在那块地上建好了一栋砖房，水泥和砖块的构造十分牢固，展现出路人皆知的坚定意图。这样的房子可没那么容易攻破，能保护他们一家人不受恐吓。就以前来说，靠近大路、周围有好多别的人家，似乎会带来没人想要的不便，但现在，门口的车水马龙，其他人近在眼前的生活，都在提醒他们大家靠得有多近，他们也乐何如之。他们通过跟别人挤在一起找到了安全感。而且房子的墙也很厚。

萨拉始终不确定麻烦是如何被解决的，但在日子重新安稳下来后，她也听到了一些流言。她了解丈夫的性格，知道他绝不允许自己的儿子被人威胁了，发出威胁的人却什么事也没有。尽管汗绝对不会亲口跟她讲，她还是相信那个说法——汗去了那兄弟五人家里，之后所有的祸端就都消停了。

萨拉站起来，沿着门口的小路往上走到大路边上。路上几乎没有车了，只是偶尔会有一辆特别快的车打着橙色的光柱一闪而过，时不时也还会过几辆自行车，借着月光骑过她家门口。她看到马路对面洛哈尼家的茶铺已经点起了炉子，拉尼站在柜台后面，火光映衬出她的轮廓。

萨拉隔着马路喊了一声："你妈妈呢？"

"去阿利普尔（Alipore）了。"

"去那儿干啥？"

"在那儿有事。"

"啥事？"

拉尼顿了顿。"那你得问她。"

"成吧，回头问问。"萨拉喃喃自语。加尔各答南郊的阿利普尔是印度最富有的住宅区，不过那里的辉煌正在褪色，对他们这么遥远的村庄来说，那里只有两件事情会让他们感兴趣：其一是那个破败的动物园，里面生活着一群郁闷、憔悴的动物；其二是地区法院。萨拉大胆猜测，贝希拉去那里是上法院了。

那是大概一个星期前的一天，萨拉正跟帕文一起安安静静地做炒米花，把黄瓜和西红柿切成丁，把晒干的小扁豆荚撕成小段，享受着属于女人的静默，只偶尔零星交谈几句。那时候才刚到傍晚，白昼渐渐隐没在柔和的淡紫色雾霭中，路上车水马龙，全是行色匆匆的归人，夜晚的管弦乐也开始嗡嗡嘤嘤地准备起来。这时从外面传来一声刺耳的刹车声，然后是"砰"的一声，再然后是绝不会听错的尖声喊叫：是贝希拉。

萨拉跑到外面，看到她的对门邻居站在门口，她面前的柏油路上有个男孩四仰八叉地躺在那里，他的自行车就在旁边，车轮还在飞速旋转，仿佛并没有意识到自己已经陷入没人骑的困境。后来她才知道，贝希拉一直在等这个男生放学回家。一看到这个男生，贝希拉就大步流星走到路面上，把他从自行车上撞了下来，让他这么四仰八叉地摔在柏油路上。他学校里的玩伴都大惊失色，尖叫着急刹车停了下来，附近水泵那里排着队打水的女人和孩子也都震惊得倒吸了一口气。

"你！起来！"贝希拉大吼一声，像铁塔一样杵到他面前。"知道我是谁吗？你现在是个狠角色了？敢跟我女儿说那样的话？我来清理清理你这张臭嘴！"

围观的人纷纷厌弃地大摇其头，震惊于一个成年女人怎么会在大庭广众之下干出这种事，同时又好奇她为什么这么生气，而看到一个捣蛋鬼得到应有的惩罚，说不定还有点儿欣慰。

"要是你还敢跟我女儿说话，下回就不是把你从自行车上撞下来这么简单了！喂！听到了没？"

塔比娜站在贝希拉身后，轻轻把贝希拉往茶铺那边拉。

"行，这事儿搞完了。走吧。"

"这事儿没完！他要感到羞耻才对！又蠢又笨，没有担当的男生。"

没有谁说得清那个男生那天在学校对贝希拉的女儿鲁比娜说了什么，结果引起这么一场轩然大波。毕竟，鲁比娜也是个很让人头疼的女生，固执任性、脾气暴躁，跟她妈妈一模一样。而且围绕着她也有无数流言，这一点也像她妈妈。跟很多目睹了傍晚这场风波的人一样，萨拉猜测，恐怕是那个男生说鲁比娜是个婊子。

第六章

媒 人

终于到了十月,村里人"心爱的女儿"又要回家了。在九夜节(Navaratri)——整个印度都在庆祝正义战胜邪恶的九个夜晚——的第六天,这个"女儿"会从喜马拉雅山脉白雪皑皑的群峰上下来,而这个居所在梵语中的名字,强调了那是神居住的地方,是属于天界的雪屋。她把丈夫湿婆(Shiva)留在山上,自己从山上下来,降临到数十万个专门为她建造的临时住所中。在这些神棚里,她那四个天界的孩子围在她身边,她跨坐在一头狮子身上,安详地笑着,十只手臂向外伸出,挥舞着十种闪闪发光的武器。

女神杜尔迦归家,是一件很令人欢欣鼓舞的事情:人们会念诵祷文,交换礼物和糖果,还会准备大量最爱的食物,在备受期待的亲友重聚时刻拿出来分享,量大得怎么都吃不完。焚香的味道弥漫在空气中,大量的玫瑰、茉莉和康乃馨散发的香气直冲脑门,美丽的花环挂在神圣访客的脖子上,花环上的花瓣飘落下来,落在访客脚下,盖满大地,一片芬芳。人们穿上新衣服,载歌载舞,载笑载言,还会唱起老歌,唱起传奇故事的开头，直到夜深也不肯散去。而到了离别的时候，喜悦的泪水就会被即将离别的悲伤所取代。

邪恶被击败，世界得到了拯救，到第十天，杜尔迦的来访就结束了，女神再次离开人间回到雪山上，在那里再待上一年。被她留在身后的孤寂凄清、泪流满面的女人们，大声喊着她们熟悉的孟加拉语向她告别："再来啊（abarasbe）！"她们脸上涂着红丹粉（sindoor），表示她们希望自己的婚姻能像女神一样又幸福又让人满足。杜尔迦不只是女儿，也是一位母亲，渴盼着能最后摸到一次她的脚、她脸上精致的曲线的孩子们，会在她身边急不可耐地扭打起来。在庄严的鼓声中，男人们用肩膀扛起她那些数量惊人的临时造像，带到水边，一个个慢慢沉入水底，直到消失。这样的一幕，在胡格利河、恒河、亚穆纳河（Yamuna）、阿拉伯海和孟加拉湾都可以看到。

胜利女神在岛上也备受期待。女神的到来会促使很多访客涌上这座岛屿，他们想要充分利用这超长的十九天公共假期，离开自己的城镇乃至省份，乘坐人满为患的火车、公共汽车和三轮车来到这些尘土飞扬的村庄，寻找他们以前扔下的渴盼一聚的家人。岛上本身也会有些变化，数十座临时建筑在岛上错错落落，上面闪烁的灯光召唤着那些极为勇敢或极为莽撞的人在夜里走过那些险象环生的道路。这些建筑由弱不禁风的篱笆围成，入口挂着破破烂烂的帘子，进去就能看到包括女神造像在内的诸神像威严地坐在那里，等待着人类访客的到来以及供奉，阴燃的香冒出的烟在神像周身缭绕。

节日期间，拉尼发现自己处于享乐的交界点，因为她还小，节日对她来说仍然非常迷人。尽管杜尔迦是印度教女神，因此并不是拉尼自己的宗教生活和信仰的一部分，但她还是觉得这位女神值得顶礼膜拜，因为她有着极为强大、极为勇敢的名声。为杜尔迦女神临时搭建的大帐篷叫作神棚，装饰华丽得令人叹为观止，它的出现和消失也都快得迅雷不及掩耳。晚上坐着叔叔的三轮车前往神棚，拉尼同样感到激动不已。拉尼非常珍惜天黑后还能出村的机会，因为天黑以后，女人原本就只能待在家里，这样就不会有遇到暴力事件和被疑神疑鬼的危险。在家里大人承诺的出门到来之前好几天，拉尼一直都很激动，可以说孩子气十足，但她其实早就过了至少对女孩子来说夜晚会成为敌人的年纪。

出门的那个晚上，拉尼和姐姐鲁比娜、萨拉的女儿纳迪娅以及其他几个女孩子，再加上她们的年长女伴，一起挤进她叔叔的三轮车，沿着漆黑的道路出发了。大家一整晚都放着跳动的音乐，声音特别大，车上那台老旧的扬声器也因为重压而噼啪直响。人群在神棚入口外面兜着圈子，等着轮到自己进去看看，周围总有卖气球、冷饮和加汁小脆球（pani puri）的小贩上来搭话，排队的人对他们的到来要么求之不得，要么就是不耐烦地挥挥手，叫他们走开。

神棚里面有好多制作精美的神像，通常都是杜尔迦，但也有很多别的神。有些神像被布置成很大胆的造型，但也有一些只是坐在那里，戴着花环，脚下还有空间用来让信徒进献供品。上了年纪的人对今年的神像颇有些不敢相信，还会情不自禁地说起前些年做出来的神像有多上等。女孩子们成群结队，笑着闹着互相推来挤去，随后又摆出一副庄重严肃的样子，在神像面前不苟言笑地拍起照来。神像被涂成彩色的眼睛定定地看着一个方向，从里面能看到女孩子们有多天真无邪，但不知道为什么，那眼神里也有些挑衅的味道。拉尼知道，在即将到来的那几天里，这些神也会泥菩萨过河自身难保，会被扔进岛屿周围上涨的水域中，那里潜伏着鳄鱼和鲨鱼，就在不久前，有个抓螃蟹的渔夫还在岸边被老虎叼走了。

节日当天，拉尼家里的紧张气氛令人欣慰地得到了一个喘息的机会，家里气氛紧张是因为有个深受喜爱却又桀骜不驯的女儿在制造事端。姐姐鲁比娜又开始逃学了，她骑着自行车去了村庄之间荒凉的原野。拉尼想象着，她在那里一边用她那个小手机疯狂地发短信，一边抽着烟——她曾经看到鲁比娜从茶铺后面的架子上偷烟。拉尼很讨厌姐姐不在家，以及因为她不在而落到自己身上的重担。她没有跟姐姐一起回家，面对她们为什么没在一块儿的问题，她只能结结巴巴地闪烁其词，说什么她们不同班，放学的时候学校里太乱了，所以还是没碰到她，等等。

鲁比娜逃学必然还是会被发现的。贝希拉得知此事后，把她拽到他们家房子中央的院子里，怒火中烧地大声威胁着她，希望能让她好歹恢复一点理智。然而鲁比娜对这些不屑一顾，不但吼了回去，还在胜利的尖叫中挣脱了母亲那死死抓着她以至于被掐出瘀痕的手，跳上自行车，疯狂地踩着踏板离开了村子，直到傍晚才回来。就连她都知道，天黑了最好不要待在外面。

家里的氛围很让人不安，以前也曾经是这个样子。到了晚上，拉尼被打发到屋子里面的一个房间里，跟她一块儿的还有鲁比娜，她们的嫂子米拉和米拉的两个年幼的孩子，而她们的爸妈、哥哥法拉克、伯母塔比娜、伯父马菲兹一起召开了夜间紧急会议，她们的奶奶玛丽亚姆默默地在旁边看着。鲁比娜面带愠色地坐在房间的一个角落，拉尼低声叫她，想把她从自己的世界里拉出来，但她充耳不闻，只顾着在自己周围竖起一道看不见的围栏，在她上次惹麻烦之后，这样一道围栏花了好长时间才慢慢拆除。

有些事情拉尼知道，有些事情拉尼不知道，还有很多事情尽管她知道，但实际上她不应该知道。可以确定的事情仍然是，鲁比娜需要找个婆家了。

尽管法定结婚年龄是十八岁，但可悲的实际情况是，大家根本不相信女孩子可以如期嫁出去。对女孩子家里来说，婚姻意味着的事情太多了：意味着一项重大支出，它往往会摧毁一个家庭的经济；意味着令人发愁的讨价还价，意味着无法挽回地失去一个女儿，这个女儿会永远离开生养自己的父母，搬去另一个村庄、另一户人家，往往距离这里不知道多少个小时的路程。婚姻也是一种预防策略，是在姑娘们有可能毁掉自己的前程之前可以采取的行动。

所有女孩子家里都很害怕爱情。为人父母的都很担心女儿会在上学的时候爱上随便什么人，无视种姓、阶级的严格限制，有时候甚至还会无视宗教信仰，让她们的父母家人蒙羞，也白白浪费了她们来之不易的自行选择婚配对象的权利。因为没有女校，村子里的女孩子多半会在悲剧有可能发生之前就被迫退学，尽管她们会含泪申辩说，她们是去念书的，别的什么事都不会做。然而即便有替代方案存在，例如城里的私立女校，村里人也无论如何都不可能负担得起相应的费用。

就算是那些把时间都花在女红和家务上，等待着必将降临的姻缘来临的女孩子，也不是没有任何风险。拉尼知道村子里有那么几起很是轰动的"拨错号恋情"，这几个故事中的女孩子通过电话跟从来没见过的男人建立了关系。在她家马路对面，往破破烂烂的村学走，路边有一户人家的女孩子刚刚在一个星期前许了人。那女孩的爸妈并不知道，这桩亲事对女儿的伤害不是因为要夺去童贞，也不是因为他们给她选的丈夫不怎么样，而是因为她爱上了一个在喀拉拉邦（Kerala）一家箱包厂工作的男孩子。今年春天的某一天，这个男孩子偶然拨通了她的电话，因为想听到从他想象的紧贴着话筒的双唇中发出的温软的孟加拉方言。岛上另一个村子里还有一对恋人，是在这里的高中认识的，前不久刚一起私奔去了孟买，身无分文地去了那么庞大的国际大都市，除了彼此和爱情，他们什么都没有。

那些为了爱情而抗争的人身上有反抗的勇气，但也会遇到不可避免的困难。拉尼跟所有人一样很清楚，卡利玛之所以不喜欢儿媳罗西尼，是因为他们两口子是因为爱情结的婚。就连拉尼自己的嫂子米拉——一个又安静又温驯的女孩子，肚子里的胎儿在早上总是会很不安分——她跟法拉克也是因为爱情而结合的。尽管勉勉强强，贝希拉最后还是同意了这桩亲事，这让他们所有人都大感意外。而贝希拉同意的原因，是她看到儿子选择的良伴身上有着她自己也会认可的品质。米拉也许并不完美，但贝希拉明白，两个人一旦一见钟情、坠入爱河，那就是神仙也拉不回来了。

正是因为对这种无法逃避的未来充满焦虑，拉尼才对婚姻丝毫不感兴趣。塔比娜幸灾乐祸地挖苦说什么时候轮到她的时候，她都会假装无视，但她脸上的红潮还是暴露了她又羞又恼的心理。实际上，她下定决心要当警察，每天晚上都会央求父亲允许她去马路对面的萨拉家看电视，到了那儿又会央求他们关掉"世界摔角娱乐"（WWE）的摔角比赛，观看所有频道里能找到的任何刑侦类节目。这也是为什么尽管才十四岁，她就已经开始攒钱了，她把做缝纫、刺绣挣到的每一个卢比都存了起来，而且想挣得更多——她也确实需要更多。

跟拉尼一样，阿莉娅也不赞成女孩子不到年龄就结婚。对于那些急着把年纪轻轻的女儿嫁出去的人家，她非常讨厌，尽管她也明白，对于很多陷入贫困无法脱身的父母来说，把女儿早早嫁出去是个简单易行的减轻负担的方法。阿莉娅有九个兄弟姐妹，她是家里最大的孩子，也知道就自己的情形来说，尽管她学习成绩优异，她的父母还是别无选择，只能在她才十四岁的时候就逼着她离开学校嫁了人。这么多年过去了，尽管她理解父母的举动，但她的痛苦并没有减弱几分。她那自私自利的父母不再担心得那么厉害，晚上睡得更好了，因为知道钱存下来了或借来了，昂贵的嫁妆已置办好，他们最宝贵的财产也会得到悉心呵护，知道这些让他们备觉安心。即便女儿得不到善待，至少她也不会再有机会丢他们的脸，或是反抗他们了。

阿莉娅的女儿阿迈勒就不用面对这样的命运。她已经十八岁，正在上十二年级。有好多场重要考试迫在眉睫，她为这些考试刻苦学习了好久。尽管做缝纫活是家里唯一稳定的收入来源，妈妈却并不要求她帮忙。阿莉娅经常会瞥一眼女儿，很明显女儿正在一边费劲地把光滑的珠子穿到针上，一边在想着别的事情。阿莉娅会轻声告诉女儿去学习，尽管她知道对女儿这么仁慈意味着自己要独自工作一个漫长的夜晚，只有影子和线轴陪伴着她。阿迈勒特别想读完高中后还能继续念书，一直在构想怎么上大学，在大学里如何学习孟加拉语、艺术乃至哲学。她每天都会友好而坚定地跟母亲提起自己的梦想，阿莉娅爱莫能助，只能微笑。上哪里才能筹到让女儿实现愿望的钱，她也不知道。

邻居们也会经常溜到阿莉娅做缝纫的门廊上，脸上带着做作的关心，装出一副同甘共苦的样子。

"大妹子，咋样啊最近？阿迈勒的学习怎么样？都十八岁啦……都快成嫁不出去的老姑娘了！你该赶紧想想这事儿了，唉？结个婚花老多钱了，而且还摊上她这么个爹……"

芳邻们示意了一下阿莉娅的丈夫卡比尔所在的房间，卡比尔正俯卧在房间里的床上。

"不过这样一来,你就少了一张嘴要养活了……"

"我们不会那么做。我们有我们的方式。"阿莉娅语气坚定,不管是谁说的这番话,她都会用冷冰冰的目光盯着主动提出这种建议的人。她下定决心,要在他们家建立起新传统,这个新传统,她也会大大方方地应用在丈夫身上——用我们的方式。

阿莉娅并不介意跟别人不一样。过去七年,她做出了很多其他人会加以质疑或难以理解的决定。尽管毫无疑问她是在按自己的方式行事,然而别人对她的坚韧,对她一直以来处变不惊的态度,却也挑不出毛病来。阿莉娅是个领航员,总是在观察周围人的一举一动,在心里好好权衡一番之后,才会制定自己的行动方针。她不八卦,没时间对别人的生活说三道四或加以刺探,但她能吸取经验教训。她比任何人都清楚,尽管他们家以前又有钱又安逸,现在他们的生活道路却已经变窄了。她一步也不能行差踏错。

卡利玛一家的经历是她之所以这么谨慎的重要原因。卡利玛把二女儿匆匆忙忙地嫁给了城里一个非常不合适的男人,造成了非常可怕且持续很久的后果。过了几年,二女儿的婚姻开始破裂。那个男的是个酒鬼,还很暴力。男方的家人也对这桩婚事感到失望,但他们还算亲切友善,在他们和卡利玛的支持下,二女儿离婚了,带着她的女儿伊法特回到娘家,就住在卡利玛家里。

如果说还没嫁出去的女儿让人操心,那么对离了婚的女儿要操的心就更多了。卡利玛好不容易才给二女儿又安排了一桩婚事，对方是个她们都不认识但很虔诚的男人，一个住在穆尔希达巴德（Murshidbad）的毛拉纳，他住的地方离这里有好多个小时的路，不可能会有关于她女儿是二婚之类的八卦传过去。然而要做到这一点还有一个条件，而且这种情形并不少见，就是二女儿头婚生的女儿只能留下来。阿莉娅一直很可怜这个看起来又悲伤、又焦虑的小女孩，在远离亲生母亲好几百公里的村子里，阿莉娅也一直漫不经心但又不失慈爱地照顾着她。

也许对吾家有女初长成的父母来说，最大的困难还是置办嫁妆。尽管索要嫁妆从1961年开始在印度就已经非法了——这是一个独立的非神权政府下决心想要实现性别平等时采取的理想主义措施——但送嫁妆仍然是私底下普遍存在的做法。实际上，索要嫁妆甚至都不是穆斯林习俗，而是印度教习俗。但对养儿子的家庭来说，得到一大笔财产的诱惑太大了，根本没法抗拒，因而嫁妆现在已经一步步变成了谁也绕不开的要求。

"闺女都是赔钱货！"小清真寺的伊玛目看着小女儿们在院子里的树荫下玩耍，微笑着抱怨道。这句怨言大家都听惯了，村里所有不幸生了个女儿的人家都会这么说，有的人家还有两三个女儿，而女子学校那位年事已高的老师甚至有七个——对于这种程度的不幸，随便换一个人肯定都会再也不信神了。养女儿太花钱了。

嫁妆所需的规模究竟是怎么商定下来的，没有人知道，这仿佛是莫可名状、难以捉摸的天机，同时又事关重大。目前岛上普遍认可的数目是一个拉卡，也就是十万卢比左右。有时候这笔资产有一部分是直接给现金，而更多的是男方家里经过缜密思考列出来的诸多物品：玻璃柜、厨具、煤气炉、一张新床、被子、塑料椅和陶器。这些东西到了男方家里，基本上都逃不掉从此束之高阁的命运。嫁妆里会有给男方家的女眷准备的纱丽和珠宝，给男人准备的手表、金链子和量身定做的服装。对更有钱的人家提出的要求还会更加奢华——像冰箱、电视机、自行车和摩托车这样的物件，都会榜上有名。而对于那些深陷贫困阴影的家庭来说，嫁妆是他们期待已久的意外之财。

阿莉娅很庆幸，自己六个孩子中只有两个是女儿。阿迈勒的姐姐两年前就在十九岁的时候嫁人了，婚礼并没有大操大办。这桩亲事是阿莉娅自己安排的，在给大女儿选择未来夫婿时，她优先考虑的是聪明和善良这两种品质——她觉得在人身上，这两种品质最为重要。在问过很多亲戚后，阿莉娅终于找到了一个在离她们村差不多两小时的镇子上利用业余时间学习护理和医学操作的人，后来这人在一家疗养院成功地找到了一份很体面的工作。他们家比较好说话，了解到阿莉娅家的经济状况后，对于嫁妆并没有提什么高要求。现在只有阿迈勒还要花钱了。

给儿子娶媳妇需要考虑的就是另一些问题了。她的大儿子不在村子里，而是在钻石港镇（Diamond Harbour）工作，在破破烂烂的乡间小路上颠簸三个小时才能到他那儿，他很少回家，除非工作允许。这就意味着他妻子更多时间是跟阿莉娅一起坐在缝纫架旁而不是陪在丈夫身边，因此阿莉娅比儿子更需要对这个媳妇负责。对，两人刚开始相处时都有些傻里傻气的，但把刚开始的磕磕碰碰理顺以后，她们也享受起温暖而简单的婆媳关系来。现在阿莉娅想抱孙子了，于是也开始逗儿媳妇说，肯定是时候让另一个小生命来到这个家了。

在杜尔迦普加节疯狂的庆祝活动结束后，日子又变得空虚起来，而这时另一位访客来到了村子里。洛哈尼家茶铺前面的木头长凳上坐着一个高高大大的男人，双手捧着一个裂了口子的陶杯。他找了个最舒服的地方，背靠在支撑着铁皮屋顶的柱子上，伸开两条大长腿。他身穿棕色短袖衬衫和一条熨烫过但有些褪色的蓝色裤子，从他平淡的神情看，他已经习惯了别人拿他当陌生人。这人是个做媒的，来这儿是为了鲁比娜。

他在长凳下面的地面上放了一个皮制小背包和一个破旧的公文包。这两个不起眼的包里装着他在路上的生活所需要的一切：小背包里装的是过夜的个人必需品，公文包里装的是一些文档资料。这个人来自另一个岛上的什么地方，尽管他会苦笑着坦承自己很少在家。实际上，过去三十年他一直都在路上奔波，从一个村子到另一个村子，一个城镇到另一个城镇，寻找需要婚配的女孩子。

他最早以做建筑工人谋生，干这份工作的时候也享受着类似的流动性。他不像别的临时工一样一大早挤在雾蒙蒙的路边等着被人挑中，而是跑去挨家挨户地询问谁家有没有什么小活儿或是需要维修的东西。不知不觉中，他编织起一张错综复杂的关系网，这也正是他开启新事业所必需的。做媒是他干的第二份营生，他干了很久而且颇有成果，这么些年来他奔忙了好几千公里，最远甚至到过北方邦（Uttar Pradesh），成功为三千多个女孩子找到了婆家。

大家管他叫"媒人"（ghatak），他面相和善，看不出来他对婚配游戏中什么合适什么不合适的强烈态度。但一个女孩要是被他判定为"不够好"，比如说过去跟别人谈过恋爱，他就绝对不会出手给她牵红线。他不会建议门不当户不对的人成为终身伴侣，这么多年来他都在努力磨炼要促成天长地久的佳偶必须具备的能力，在这样的亲事中，外貌、受教育程度、技能、家庭环境和背景全都有自己的权重，看不见摸不着但又极为精确。他不会冒险，因为他在这一行的名声靠的就是这个。

他计划那天晚上住在附近一个亲戚家里，第二天早上再继续前往坎宁镇，前往加尔各答西南郊，然后再去哪儿就说不准了。他可能会接受邀请去什么地方探访，有时候也会有别的机会出现，把他拉向不同的方向。他脑子里那些渴望结亲的人形成了一张复杂的网络，由他随身携带的一页页记录和一张张照片支撑着，记录的都是一个个女孩子对婚姻的渴望。要预定他的服务，媒人会要求女孩子家里预先支付300卢比，这是他在路上的开销、车马费、吃饭以及偶尔住店需要花的钱，只有这样才能为所有人都找到天作之合。

他把陶土杯子放在木头长凳上，拿起地上那两个包，沿着茶铺旁边的小路往后面洛哈尼家的院子走去。在破败的土墙屋中间围起来的院子里，并排放着四张塑料椅，依次坐着一个男孩、男孩的姐夫和他们的一个朋友，媒人坐在了最后一把椅子上。男孩子英俊、自信，旁边的人在亲切地交谈着，他的目光却在空地上扫视，把周围的一切都纳入眼底。

主屋一间狭小的房间里，鲁比娜站在地板中央，她的样子让人感觉像是匆忙拼凑出来的什么装饰。她那条亮红色、黄色和绿色相间的薄薄的纱丽，是塔比娜和米拉关注的焦点。她们整了整她身上的无领衬衫，仔仔细细地重新折了折纱丽上的褶皱，然后身体后仰，以品评的目光好好看了看她们手工打造的杰作。鲁比娜两只脚局促地来回交换着重心，两只胳膊笨拙地向身体两侧伸出，因为她的伯母正在往她的手臂上戴手镯。贝希拉面无表情，把女儿卷曲的头发从脸前拨开，在脖子后面挽了个并不常见的巨大的发髻。米拉七岁的女儿站在床上，也在整理自己的衣服，通过挂在土墙上的已经过期了的日历旁边开裂的镜子欣赏着自己的形象。拉尼在她旁边，低头盯着自己因为紧张而不停扭动的手指。

法拉克出现在院子里，端着个托盘摇摇晃晃地给客人上茶，托盘上还有两盘碎饼干，上面的糖晶在傍晚最后一抹阳光中熠熠生辉。贝希拉接着从屋子里走出来，想看看事情进行得顺不顺利。她脸上挂着微笑，用很少见的柔和的语气恳请那个男孩子跟她到旁边去一下。到了空地另一侧，他们低声交谈起来，她用做作的轻松口吻来掩饰自己的不耐烦，对这个她可能会把闺女嫁给他的男人,她想要了解更多信息。那个男孩很是镇静,举手投足很是轻松,透着一种优哉游哉的性情。他身上的蓝黑格子衬衫很时髦,不过在这种轻松随意的氛围中也并没有显得格格不入。塔比娜透过窗户偷偷看了一眼,宣称这个男孩很有魅力,屋子里的人便嬉笑着你推我挤起来。

鲁比娜终于现身了。妈妈认认真真地把纱丽搭在她肩上,遮住了她大部分脸。她慢慢走着,因为穿着不常穿的衣服而显得有些笨拙,两眼盯着在地上挨挨擦擦的双脚,双手捧着一个白色的盘子,里面装着精心折叠的槟榔叶包。比她年长的女人也都跟着她来到了屋子外面,塔比娜把鲁比娜轻轻推到那个男孩对面的椅子上,米拉则从鲁比娜腿上拿起盘子,放到那一排椅子前面的地面上。媒人拿起盘子,在男人中间传了一圈,又放回地上。大家沉默了一会儿,便开始问问题了。

她叫什么名字?

她爸是做什么的?

她上哪所学校?

几年级?

会做饭吗?

她做礼拜吗?

对每个问题,鲁比娜都会马上给出一个简短的回答:鲁比娜;三轮车夫;镇上的学校;十年级;会;做的。贝希拉站在鲁比娜身后,时不时地为这些短促的答案提供一些附加说明,就仿佛一位有些沮丧的艺术家在用彩色和阴影补救一幅极为简单的草图。后来,那个男孩离开以后,在重要讨论开始之前,塔比娜开始模仿鲁比娜,而全家人都被她逗得大笑不止。鲁比娜在整个过程中都是摇摇晃晃地坐在椅子边沿上,答案从她嘴里像子弹一样蹦出来,而她看起来像是随时都会一跃而起逃之夭夭。

问题一个个问完之后,男人们低声商量起来。那个男孩似乎对她的回答很满意,站起来走过尘土飞扬的院子,一只手伸进口袋,掏出一小卷钞票递给鲁比娜。他遵照习俗,把那卷钞票小心翼翼地放在鲁比娜像杯子一样合起来的手掌里,没有让他们的手指互相接触。鲁比娜双手放在胸前,微微颔首表示感谢,随后从椅子上起身,转身走回屋子里。她的目光一次也没有离开过地面。

鲁比娜一走,气氛明显松快了一大截。那男孩的姐夫和贝希拉一边翻阅着贝希拉一直捧在手里的皱巴巴的柯达影集,一边小声交谈起来。这些照片有些是在附近镇上的照相馆里照的,还有一些则是在米拉和法拉克婚礼那天照的,照片上的人酷肖他刚刚遇到的这个女孩。贝希拉不露声色地强调着女儿身上最好的品质——这张照片上她肤色白皙,那张照片上她稳稳当当地抱着自己的侄女,毫无疑问,她会成为美丽的妻子,成为懂得呵护他人的母亲。

她的丈夫阿里·塔里克在整个过程中都出奇地安静,他站在空地边上,偶尔会走开一下,看看茶铺里是不是来了什么顾客在等着。他可能是准备把自己的意见留到晚上,到时候在灯下,家里的长辈会聚在一起,决定要不要让鲁比娜嫁给这个男孩。

无论是下午的相亲会还是晚上的讨论,玛丽亚姆都以洞察一切的目光看到了孙女身边发生的一切。她已经上了年纪,也就是说她的观点在家庭政治纷争中不再具有多大的影响力。无论有没有问她,她都乐于发表意见,但她说出来的话就像泥牛入海。很久以前她就已经对孙女失去了耐心,每回出了什么事让她觉得有其母必有其女,觉得贝希拉会成为一个不称职的母亲时,她都会对贝希拉大发雷霆。尽管鲁比娜的名声毫无疑问是她自己搞坏的,但家里人的污点也是她脖子上的另一双破鞋:法拉克的事故,阿里·塔里克因为酒驾被禁止开车,关于贝希拉不在村子里的时候在干什么的流言蜚语。尽管大家全都认为玛丽亚姆年纪太大了且不晓世事,应该不会知道人们对她儿媳的评价,但他们全都错了:玛丽亚姆什么都知道,她什么都看见了。

她看着贝希拉,能看出来贝希拉喜欢这个男孩子,因为贝希拉平时粗哑的声音里有无法掩饰的沸腾的热情,也因为贝希拉的眼睛里再次燃起了微弱的希望之光。她同样知道她的儿子儿媳不可能置办得起男孩一家所要求的嫁妆,她听说要有一张带床垫的大床、几个金戒指,另外还要一大笔现金。玛丽亚姆仅插了几次话,都是为了强调自己因为无法在经济上帮助他们而觉得很伤心。她也完全知道儿媳妇会嘟嘟囔囔地抗议,说她坐在钱堆上,把钱一捆一捆缝在床垫里或是藏在什么地方了——实际上她现在只有两条破破烂烂的纱丽,还需要在村子周围的林子里找吃的,以补偿她在塔比娜家里吃到的寒酸的一日三餐。

夜晚的凉意开始笼罩空地,玛丽亚姆从讨论中退出,摇摇晃晃地走向通往她的单间小屋的破碎的台阶。那个小屋子以前是仓库,现在成了她的住处。她站在屋子下面,眯起眼看向黑暗,能勉强认出她那两只光滑白净的鸭子身上的羽毛反射出的光,它们将脖子盘成一圈,好像在拥抱自己温暖的身躯。她以前还养鸡,但现在都已经死了——她怀疑它们是被毒死的,但到底是谁干的,恨意满腔的她也说不上来。

玛丽亚姆开始拖着脚步往上爬,拐杖在每一级台阶上都要拄一下。爬到最后一级台阶时,她笨手笨脚地解开白天用来拴住那扇弱不禁风的门的绳子,将其缠在旁边的木钩上。郁积在屋里的空气像被小屋无声的叹息呼出来一样涌过她身边,给她带来一股暖意。她弯下腰找到煤气灯,费劲地点燃。微弱的灯光终于照亮了房间,玛丽亚姆把拐杖放在墙角,猛地关上门。她用一只手扶住光溜溜的土墙,缓缓下蹲,坐到地上,两腿伸开,满意地咕哝了一声,因为双脚终于可以放松一会儿了。

玛丽亚姆自己结婚已经是好几十年前的事了,不过一想起父亲为她要求了什么样的彩礼,她还是会微笑起来;那时候结个婚,可比现在简单多了。首先,可以向另一方提出要求的是女方而不是男方,他们不像现在的人这么贪婪,可能也想不到还可以提那么奢侈的要求。她父亲的要求很简单,就是迎亲时带二十斤牛奶豆蔻糕交给新娘家,用来在接下来几天的婚礼上分发给宾朋。

她未来的丈夫及其男性亲属们在婚礼前一天过来的时候，很显然是打着空手的。牛奶豆蔻糕呢？父亲问道，无法抑制声音中满怀期望的颤抖。

来客先是声称岛上那个小小的本地集市上所有的米什蒂糖果都卖完了，这倒并非完全不可想象，毕竟这是个很偏僻的小岛。但父亲没有被说服。他们总能买到点什么东西吧？

来客们迅速交换了一下眼神，继而承认道，对，还有些米什蒂糖果，他们也很幸运买到了，但是他们缓缓渡过第一条河来到这些岛上时，船很颠簸，那包糖掉在水里，卷进旋涡不见了，只能成为送给水下生灵的一份甜蜜的礼物。

玛丽亚姆的父亲仍然不大相信。他怀疑（后来也知道了确实如此），在长达十四个小时的漫漫长途中，来客们渐渐饿了。随着时间流逝，他确信他们要么是自己吃掉了那些糕点，要么是急不可耐地拿糕点换了水或是饭食。他用审视的目光打量着这群疲惫不堪的来客，他们垂头丧气地坐在他面前，在他们的胡须和束腰外衣上，他几乎可以肯定自己看到了极为细小的白色碎屑。

来客们这么自我辩解一番后，发现主人并没有迅速拿出好客的架势招待他们，最后只好问道，有没有可能给他们来点茶，他们走了这么远的路，实在是需要点茶来解解渴。玛丽亚姆的父亲只是扬了扬眉毛，说："哦，抱歉啊，我们这里不兴喝茶！"

想起这些，玛丽亚姆双眼充满了泪水：她对父亲无礼的举止感到好笑，这么多年过去了，她一想起此事还是禁不住嘴角上扬；而尽管父亲很多年前就已经过世，但这个陈年的悲剧到现在也还在她心里残留着一丝悲伤。父亲也一直会提醒女婿他们不大顺利的开端，每回见面都跟他开玩笑，说那回他们大概是把米什蒂糖果藏在什么地方了。玛丽亚姆坐在阴影里，想到自己的人生现在恐怕就要结束了——就跟父亲一样。同时她也觉得，生死并不是自己多么看重的事情了。下面的院子里，那些人还在低声讨论着。她吹灭了灯。

第七章

过　往

贝希拉坐在一张矮木凳上，背靠着茶铺的墙。她闭着眼睛，脑袋靠在裸露的砖墙上，几缕粗粝的黑发映衬着她粗糙的轮廓。在周遭的一片混乱中，在她从肚子里的绞痛感觉到的即将到来的战斗中，她让自己喘息了片刻。她知道，谁都不可能战胜过往。她心满意足地叹了口气，用坚实的手掌擦了擦脸，把注意力再次集中到眼前的文件上。

一沓又一沓文件在她面前摊开，她在里面急切地翻找时，偶尔会有一张散页从井然有序的纸堆里飘出来落在地上。跟村子里很多女人一样，贝希拉几乎不识字，更不认识那些她们几乎都没听过的英文，但她也想出了一个办法来解决这个问题。她会看文件上的日期，因为数字她还是很容易认出来的，另外就是看官方文件上加盖的戳记：蓝色的来自警察局，紫色的来自法院。

"大姐！有茶吗？"有人在柜台外面喊道。

"你说呢！"贝希拉吼了一声，在凳子上挪了一下，伸长脖子看是谁打断了她。"没看我正忙着呢吗？！过一刻钟再来！"

贝希拉低头看向自己的双手，将两只手掌翻过来捧成杯子状，这个熟悉的姿势让她感到些许安慰。棕褐色的蛇形线条穿过掌心上暗淡的米黄色，就像泥泞的河流穿过田野。对于这双手，她总是觉得有些难为情——倒不是说她跟谁聊过这双手的什么事情。她早就学会了把所有软弱的征象隐藏起来，压实所有脆弱的东西，就像压实院子里的泥土：她刚学会走路就不得不开始在院子里干活，所以对这一套熟悉得很。不知道为什么，她双手感觉有些粗笨，很像男人的手，就仿佛不怎么属于她的身体一样。为了把这种感觉压下去，她有意留长了指甲，还把长指甲锉成了挑衅般戳在她指尖上的椭圆形，用嚼出来的槟榔汁将其染成了淡红色。

贝希拉看不上眼的事情非常多。把她喜欢的东西全列出来，比把她不喜欢的东西列出来要容易得多。她真正享受的事情并不多，这里可以说几个例子：用后槽牙磨碎槟榔时，坚果在口腔里跳动的感觉；一个精彩的故事；去吓唬一个可怜的官员，让他办到贝希拉想让他办的事。跟所有当妈妈的人一样，她也会对自己孩子取得的成就感到极为自豪，尽管最近很少有这样的机会了。今天没有任何一件事有可能让她高兴起来，反倒是有两件她最讨厌的事情肯定会发生：对她们家的批评，以及屈从他人。

虽然她对这一天会是什么样子有一些预感，但还是无法完全想象真正经历这一天究竟会是什么感觉：到陌生人家里去，把过去呈现出来供人检视。这次他们之所以这么安排，是为了防止流言蜚语在他们还没来得及解释的时候就先跑到别人耳朵里。在他们家无法控制的大庭广众之下重新痛苦地讲述一遍过去，她无法预料这么做究竟会发生什么，尽管她已经带着愤恨学会了忍受可能再次浮现出来的耻辱。

她不确定是否在文件里找到了自己想要的东西，就算找到了，那也不过是些站不住脚的材料。她一边把这些文件整理好收起来，一边忍不住想到，这些东西起不到什么作用，因为如果她是个正在给自己儿子找媳妇的妈妈，对这些干巴巴的官方文件里语焉不详的内容，她也基本上不会采信。

媒人曾带来与鲁比娜相亲的第一个男孩子，他的叔叔就直接拒绝了这桩亲事。贝希拉猜测，这个叔叔肯定四下里打听过，听说了她女儿的那些事情，因为那些事情几乎不费吹灰之力就能发掘出来，造成的损害却是无法挽回的。反正他得知的事情让他马上打了退堂鼓，就像手从可能会把人烫伤的东西上本能地缩回来一样。然后就是几个星期前来过家里的那个男孩——那个穿着蓝黑格子衬衣、冷静自信的男孩，她还傻傻地对他抱了那么大的希望——他甚至都没考虑一下她女儿。

因而今天的碰面是另一场相亲。他们不得不再试一次。这个新介绍的男孩没怎么念过书，就偶尔打打散工，没有正式工作，而且家里穷得叮当响，不过媒人说，这样的条件会让他们家里更愿意忽略其他事情。他当然知道贝希拉家是什么情况，或者说听过人们跟他讲过的版本，完整的真相在这个家里只有少数几个人知道，他们将其深埋在心底，秘不示人。

阿里·塔里克在茶铺门口向里张望，看到妻子坐在地上那些成堆的纸质文件中时，他的眼神充满了怜悯，露出的表情与其说是微笑，还不如说是抱歉。

"好了，"他轻声说，"走吧。"贝希拉支起身子，把一叠文件夹到一只胳膊下面，抚了抚头发，飞快地瞥了一眼挂在茶铺后面墙上的已经发黑的镜子。她扶正眉心点（bindi）[1]上的首饰，掸了掸已经开始渗进眼睛周围皱纹里的眼影粉。

"好了。"她答道。他们准备好了。

船在河坛那里等着，三轮车停下来的时候，可以看到船在棕色的旋涡上轻轻摇晃。阿里·塔里克下了车，点了根烟，走到驾驶座跟弟弟说了几句话。跟在他身后的是媒人、贝希拉、法拉克，然后是法拉克的小女儿，她跳下车，冲过来拉住奶奶的手。贝希拉带着大家往船那边走去，大声招呼着船夫。船夫穿着已经褪色的短袖衬衫，身材瘦削。在他们快得听不清的交谈中突然爆发出一阵笑声，贝希拉转过身，提醒大家在登上这艘摇摇晃晃的船的时候注意脚下，特别留意了她的孙女。小女孩蹦蹦跳跳地进到船里，绕过破旧的汽油桶和盘起来的长绳，坐到靠近船头的理想位置。

开船了。船缓缓离开岸边，发动机开始轰鸣，向空气中喷出黑色的柴油烟雾，而空气本身已经因为热浪而蒸腾闪烁

---

[1] 印度女性和小孩子额头上的眉心点，既可以是点染上去的，也可以是贴上去的装饰亮片，此处及后文写到的眉心点都是贴上去的。

起来。太阳正稳稳地升向天空的最高处,阳光照在浑浊的河水上,抚平了水面,乘客的倒影在水上跳动、变形。船夫很放松,但明显也非常专注。岛屿之间的河道非常变幻莫测,淤满泥沙的浅滩会往开阔水域延伸很远,有时也会突然出现在快速流动的湍流中间,就像一个个不可靠的标点符号,使不熟悉水情的人很容易陷入危险。

这群人在河对岸下了船。阿里·塔里克留在不大结实的木制码头上,跟船夫商定了一个稍后再来接他们的时间。泥泞的河岸上等着另一辆车,司机是贝希拉的远房亲戚,贝希拉用大家熟悉的粗哑的声音跟他打了声招呼:"喂!"脸上绽放出轻松的笑容。他们聊起天来,是那种远亲之间因为众多关联而可以进行的轻轻松松、无关紧要的闲天。

"你好啊!这得多久没见啦?"

"好久了!一直这样!我们好着呢,谢谢你,大姐。你呢?"

"哦,你知道的,反正没啥好抱怨的。跟我讲讲,你大闺女找婆家了没?"

"找啦,去年冬天嫁的人,现在都要生娃啦。"

"真不错!别人呢?你叔叔咋样?身体不大好的那个。"

司机骑着一辆有年头的红色摩托车,后面加装了一个木制车斗,上面可以坐人,贝希拉一行坐了进去。阿里·塔里克也停止交谈,过来和司机打招呼,然后才特意说道:"我们不希望迟到。"

司机点点头,然后把脑袋往后一扬,示意贝希拉坐到车斗边上,这样他们可以继续聊天。贝希拉站起身理好纱丽,随后他们便出发了,沿着弯弯曲曲的砖路颠簸着离开了河边。

这是个比他们自己的村庄更小、更平和宁静的小村落,房子坐落得更加稀疏,相互的间隔就像被充气胀大了一样。贝希拉想,这样也许就能显得人们还有些隐私,倒是让人心安。他们看到了一些在家的村民——专心致志地打扫着庭院、筛着一捧捧谷子的女人,感觉到访客的目光落在她们背上,于是停下手里的动作,转过身来凝视着这些来客。

小路尽头是一座泥土建造的院落,由于暴晒在日光下,地面变得又白又脆。院落周围基本上都是麦田,午饭时间的微风吹起浅浅的麦浪,仿佛在向来客点头致意。开放式庭院的两侧是几栋低矮的建筑,他们可以看到院子里摆了一圈塑料椅,旁边还有一张沉重的木制长凳,以便可以多坐几个人,可以想见来参加这场相亲的人不会少。就在司机满怀信心地领着他们走向空地的时候,有个小男孩从房子里面冲出来,跳上这条小路,然后脚跟一转又冲了回去,大喊道:"爸爸,他们已经到了!"

各方有些局促地聚到一起,动作因为害羞和拘谨而变得僵硬,甚至对他们自己来说都显得奇怪。有个看起来很有钱的年轻女人穿着茄紫色的纱丽走上前来,紧张地转动着自己丰满手腕上的手镯,用叮咚泉水般动听的声音急切地恳请来客们坐下。毕竟,这么热的天,他们又是远道而来。司机作为跟双方都有关联的人,而且也是这场会面中最不会损失什么的人,踌躇满志地在一把椅子上率先落座。他踢掉凉鞋,吁一口气，双手双脚都伸展开来，让四肢的关节都放松一下。其他人也慢慢在这圈椅子里找到位置坐下了。

院子进来左手边是个露天厨房，熊熊燃烧的炉火上，有几口锅在吱吱作响，三个女人正在那里挥汗如雨、着急忙慌地做午饭，已经快做好了。其中一个女人，后来介绍说就是那个男孩的母亲。没过多久，土墙中间就拉起了一件被炊烟熏黑了的粉红色和绿色相间的旧纱丽，这道临时屏风既能为厨娘们挡住炎炎日晒，也让她们在完成那些难看的任务（比如端起死沉的深煮锅，或是把味道浓烈的肉汁倒进盘子里）时不用操心还有陌生人在看着她们。进门正对着的是正房，很快就有另一个穿着万寿菊花色纱丽的年轻女人从那里出来，端出来一杯杯浑浊的米什蒂饮料款待来客。发完饮料，她很快躲回房子里，过了一会儿又出现了，这回是用几个锡碗盛了些油炸薯片和不大新鲜的炸土豆丝（aloo bhuja）。

大家并没有介绍各自的名字。在场所有人都很清楚，凭借无形的规矩和习俗，很容易就能辨别出每个人的身份。那个男孩本人并不在场，他的两个已经结了婚的姐姐一边观察着来客，一边不时焦急地看一眼他们身后那栋建筑的门口，发挥着她们的新作用：在相亲场景里充当协调者，而非孤苦伶仃、恭顺温良的木头人。她们的丈夫坐在洛哈尼一家人对面的那圈椅子里，男孩的父亲和另外几个年轻人也跟他们坐在一起，媒人介绍说，那些年轻人是男孩在村子里的朋友。

过了一段时间，谈话慢慢变少了，开始出现一时说不出话的有些尴尬的沉默，这时那个男孩才终于从里面的一个房间里溜出来。他个子很高,看起来很温和,穿着一件黑红相间的马球衫,是用闪闪发亮的合成材料做的。他两眼一直盯着自己跟前的地面,端着一盘槟榔低头走向院子里这群人,突然紧张地低声冒出来一句:"祝你们平安。(Salaam alaikum.)"他把盘子递到阿里·塔里克手里,塔里克一脸感激地接过来,点点头,回道:"祝你平安。"随后把盘子在来客中间传了一圈。男孩一落座,司机就感到贝希拉在看着自己,他点了点头,动作轻得几乎让人无法察觉。在这之后,盘问便开始了。

盘问的过程就好像一场排演得很糟糕的话剧:动作是大家都知道的,严格按照脚本进行,然而表演出来颇有陌生、生硬的感觉。问题跟鲁比娜几个星期前被问到的那些一模一样:你是做什么的?在哪儿工作?在学校的时候成绩怎么样?男孩的回答同样没有任何细节;就做做临时工;有时候在加尔各答;不知道——无论是他父亲还是两个姐姐都没有给他提词,他的话语就这么生硬地戳在空气里。

过了一会儿,有人拿出一张纸片,叫男孩把名字用英语和孟加拉语写下来。他握住笔,露出一副不习惯把这么细长的东西捏在手里的样子,他粗大的手指肯定还是更习惯铲子和绳索。他慢吞吞地用两种文字描下自己的名字,对没练过的笔画会停下来犹豫一阵,最后几笔写得相当潦草,因为他急于回到自己擅长的领域。来客们站起来,围着男孩站成半圈,越过男孩的肩膀看他写下的字样,同时小心翼翼地克制着脸上的表情,不让别人看出来自己有什么想法。

比如，贝希拉就正想起阿里·塔里克前一天晚上有些担心的断言，说这个男孩太普通了，要贝希拉不要抱那么大期望。这个男孩肯定跟之前那个完全不一样，贝希拉很喜欢之前那个，跟他聊天也轻松愉快；他跟那个很有魅力的运动服装厂工人也不一样，那个人娶了她大女儿，两人一起去了德里，现在已经生了个女儿。贝希拉真的能想象出来，鲁比娜嫁给这个人会是什么样子吗？她有选择吗？

问话自然而然地中断了，那个穿金色衣服的姐姐有些羞赧地提议大家到河边走走，活动活动腿脚，然后再回来吃午饭。于是大家沿着来时路又向河边走去，他们对这里的安静感到惊讶不已，跟这里宁静的田野比起来，他们村简直都可以算大城市了。那条河仿佛环抱着这座岛屿，它的一条支流在田野边缘重新出现，缓慢流动着。浅滩里可以看到闪闪发光的小鱼，头顶上鸟儿的影子仿佛在提醒它们要躲在深深的浑水里，不要冒头。一股热风拂过田野，卷起小路上的尘土，在他们的脚边打转。

午饭大家是分开吃的：男人们在有阴凉的门廊那里，坐在铺好的垫子上，女人们则只能待在屋子里面一个闷热的房间中，为了让她们坐得舒服些，靠墙放了些枕头和靠垫。贝希拉对这个主意暗地里很是赞赏，她戳戳那些枕头，想看看里面的填充物有多软和，惊讶于就算把相当大一部分体重压上去，枕头的形状都还是保持得很好，这跟他们家里那些一压就塌、一想起就来气的枕头截然不同。

主人家奉上的食物，量非常足：又脆又油的炸茄子，咖喱土豆烧鱼，浇着微辣肉汁的鸡，还有一碗碗热腾腾、堆得冒尖的米饭。贝希拉吃得津津有味——到别人家里做客吃饭就得这样——尽管她和往常一样，对于别人准备的食物总是不大放心。所有女人都会对不认识的人做的饭有些挑剔。她们这辈子花了那么多时间在做饭上，对于不认识的人做的饭，以及其中油、辣、香料用法的些许不同，她们很容易就能辨别出来。

吃完午饭消停下来，大家又走到院子里。媒人低声跟贝希拉商量了一下，把手机拿了出来，因为他手机上有相机。那个男孩按照父母的指示，也是在那些嬉笑的朋友指引下，靠墙边摆好姿势，两位姐姐赶紧抻了抻他的衣服。他的眼睛不情愿地看着镜头，似乎更愿意看着院子外面的田野。他的父母紧张地微笑着，甚至可以说有点绝望，你推我我推你地来到贝希拉和阿里·塔里克旁边，轻柔的话音既像在说给他们听，也好像是在说给自己听。他们说，他们的儿子是个好孩子——简单、率真，他们对他挑不出什么毛病来的。

大家挪回各自的座位，男人们剔起牙来，贝希拉和男孩的父亲客套了几句，这时，阿里·塔里克站起来开始说话了。他仿佛不大想让大家注意到他在说话，但很快大家就都明白了，他的话意义重大。他的话语透着沉稳自信，院子里很快安静下来。

贝希拉转身看着丈夫，就仿佛在今天才第一次好好打量他一样：他那粉蓝相间的格子衬衫格外漂亮，深灰色西裤在脚踝那里卷了起来，他留着浓密的小胡子，特制的眼镜镜片在烈日照射下颜色变得很深。贝希拉一直看着丈夫，一边听着自己的心跳，一边认真听着他的话，而他俩也都知道，这些话一旦说出来，就再也收不回来了。

"我们想对你们表示感谢。我们非常喜欢这个孩子，他看起来很理智，也很镇静。我们很高兴能来到这里，认识你们所有人，看到你们生活的地方，也知道我们的女儿在这里会非常开心，非常舒服。但是，还有一件事情我想说一说。这件事情我们本来也可以不讲。但是，如果这桩亲事能成，"他顿了顿，看了一眼贝希拉，"我们俩都希望能成——如果你们家有一天会去我们村子里，你们可能会听到一些说法、一些流言。你们可能会听到有人讲跟我们女儿有关的事情，跟你们说她不是个好女孩儿，说她以前做过什么什么之类的。你们也知道的，总有人爱嚼舌根。"

男孩家里的人急匆匆地互相看了看，脸上的笑容凝固了，神情变得紧张起来。

"那样对我们两家都没有好处。"阿里·塔里克继续说道，"所以我决定现在说出来。去年，我们的女儿鲁比娜被拐走过一次。你们也都知道，现在总会有这样的事情——好多坏人在那儿想占便宜。一天下午，她在放学的时候被逼着坐进一辆汽车去了坎宁镇，又从坎宁镇坐火车去了加尔各答的塞尔达站（Sealdah），然后是豪拉站（Howrah），最后一直到了比哈尔邦（Bihar）。到了比哈尔邦，她终于设法联系到我们，告诉我们她出了什么事。那天她放学没回家，我们就已经报警了，悲哀得很，警察对这种事情简直司空见惯，所以在她给我们打来电话之后,我们才在警察的帮助下追踪了电话信号,确定了她的位置。我们村的警察给比哈尔邦的警察通了电话,她也马上就被解救出来了。她第一天被带走,第二天就回来了。"

阿里·塔里克停了下来,贝希拉紧紧咬住嘴唇,生怕自己会无法控制自己的想法,让真相从她嘴里蹦出来。"五天",这是她脑海里正在反复出现的字眼。她消失了五天。有五天时间,他们不知道她在哪里,更不知道是死是活。要是让人知道了是五天,会引发很多疑问,要是有那么长的时间,别人可能就会开始东想西想。五天里能发生的事情太多了。

一片寂静。大家互相交换着眼神。媒人先开口了。

"我们都知道,像这样的事情总会有的。我很熟悉这样的情形,也见过好几个。最重要的是,女方家长很诚实,我想我们可以一致同意,这样做很值得尊敬。这件不幸的事情不应该剥夺这个女孩子嫁人的机会,我也相信,他们还是可以成为一对佳偶的。"

那个男孩的姐姐很快开口了。

"我婆家那片儿也发生过类似的事情。但我想明确一下,你们女儿到底失踪了几天?有没有警方出具的什么报告可以给我们看一看?"

贝希拉向媒人点头示意。媒人从公文包里掏出一沓文件,沿着圈子传阅,他们急急火火地伸手抢过那些文件,表情严肃地细读起来。

那个姐姐的丈夫以不容置疑的口气说道:"我们也非常

高兴认识你们,从我们已经看到的来说,我们也非常喜欢你们的女儿。现在我们需要花点时间认真考虑一下再做决定。我想你们能理解的,对吧?"

那个男孩一直面无表情,不知道他到底是心思不在这儿,不关心这个事情,还是有意保持沉默。

接下来发生的事情好像静音了一样,这在贝希拉看来非常奇特,就仿佛她是在水面下听着看着这一切。她笨手笨脚地跟着周围的人一起,站起身对主人家的款待表示感谢,笨重地移动着,就好像是在水里。他们沿着来时的小路走向那辆车,转身向主人家缓缓挥手,而那家人一起站在院落边上,双手抱胸,看着来客离去。他们身后正在西沉的太阳让他们变成了鲜明的剪影,贝希拉看不清他们脸上的表情。

在河坛那里等着船夫来接他们回去的时候,贝希拉站在河边拉着孙女的手,另一只手拎着一个袋子,手指不停地在袋子上细小的布条间绕来绕去。她低头盯着面前的河水,在傍晚的光照下,那河水越来越暗。

过了几天,贝希拉接到媒人的电话。男方回绝了这门亲事。

整座岛都已经开始为新的节日做准备了。他们生活在女神统治的土地上,这片土地在印度以狂热崇拜这些女性形象而闻名。印度教徒刚刚在几个星期前跟他们心爱的女儿杜尔迦道了别,现在又开始忙着为迎接另一位神灵的到来做准备。这位神灵的名字里总带着跟母亲有关的字眼,代表着她那恐怕不会被颂扬的狂暴而忠诚的母亲形象,这就是迦梨女神(Ma

Kali，或 Kali Ma）。

人们描绘出来的迦梨女神的形象，几乎总是青面獠牙，双目圆睁，一头长发乱糟糟的，腰间围着一串手臂，脖子上挂着一串人头，除此之外，她身上未着寸缕。她是边缘女神，也是战场、毁灭之地和荒凉空间的女神。很久以来人们都认为迦梨女神很爱护子民，她现在已经取代邦比比，成为很多去岛屿南边的那些森林里探险的人想要一路平安时召唤的对象，一个更传统、造成的问题也更少的保护者。她也是愤怒的化身，凶猛地跳跃着，吊着红色的舌头，很多人将这个形象错误地解读为渴望复仇的嗜血呐喊——尽管实际上这只是由于惊讶而大喊，因为她没发现自己的丈夫湿婆正脸朝下躺在她的必经之路上。毕竟，无论是谁，不是每天都有一脚踩在一个神明身上的机会。

迎接迦梨普加节到来的是印度教家庭：敲钟声，高低起伏的原始的嚎叫声，还有海螺壳爆发出来的响声，模仿着人们认为的宇宙中最早的声音：神圣的、无处不在的"唵"（Aum）。尽管迎接迦梨女神是在早上，但对这位黑暗女神的庆祝活动要到天黑以后才真正开始。恰逢排灯节（Diwali），也叫光明节，夜晚因为鞭炮吐信、花火绽放而鲜活起来，星星谦逊地把天空让给烟花，陶土灯盏里装满煤油，弯曲的灯芯上的灯火在窗台上摇曳，照亮了一条条小路、一户户人家门口，为每一个夜归人指引着方向。

作为穆斯林，村子里的女人不会庆祝迦梨女神的到来，但她们还是热切盼望着其他人回家：在别的地方工作的丈夫、兄弟、儿子会利用这个公共假期回家探亲，而他们对此同样期待已久。尽管现在可能还不赞成伊斯兰教以外的其他宗教的节日，还是有很多村民为这个节日带来的消息——正义战胜邪恶——悄悄地向他们自己的神真主安拉祈祷。

迦梨普加节过去一个半星期后，有件事让萨拉回想起过去。村子里很少有谁过生日。实际上，很多人甚至都不知道自己究竟哪天出生，在需要填写某种政府表格的时候就随便填个日期了事。生日是什么时候，以及过生日这回事，是英国文化输入的内容，它看起来很奇怪，只有那些住在加尔各答或镇上的过得起生日的人，才会考虑这些。不过，萨拉当然跟村子里其他人不一样。

今年她的生日刚好是个周六，她为这天晚上安排了一个小型的生日聚会。她丈夫汗会从加尔各答回来，周日也在家里陪伴家人，到周一早上再走。她也叫了汗的妹妹、妹夫，他们住在村子边上，他们的儿子、儿媳和两人早熟的独生子也会一起来。他们的儿媳很让人恼火，很多人都受不了她，但又很难把她丢在一边。萨拉买了支新口红，还订了个蛋糕准备早上去取，上面会撒上细碎的糖衣，裱上绿色和橙色的环状图案，还会用打着卷的花体字写上祝她"生日快乐"。要是有人问起，她会带着自己也知道很迷人的微笑，说她要满三十九岁了。但是看看她的出生证明就会发现，她不但已经四十三岁了，而且还挺擅长撒谎。

这天晚上的聚会很圆满。萨拉整个白天都在做饭，花了好多时间做她最爱吃的咖喱饺（shingara），慢悠悠地享受着炸洋葱、煮土豆、烤肉末，然后把这些配料倒进她精心制作的油酥糕点壳里，拿滚烫的油煎得脆脆的。她准备了味道辛辣的罗望子水，用来配最辣的加汁小脆球吃，空心的油酥糕点壳里面会填上土豆泥、洋葱、辣椒和香料粉（masala），再浇上汤汁——口感和味道都很炸裂，除了一口闷别无选择。萨拉热爱食物，喜欢让自己如饥似渴地沉浸在各种各样的味道中，这种如饥似渴里既有讨人喜欢的孩子气，也有轻声嘟哝的其他渴望。

这天晚上他们笑得很开心，汗的妹夫把妻子在当地区政府办公室当领导时向别人索贿的事情拿出来说，逗得大家乐不可支。电视机开着当背景，孩子们坐在一边看摔角比赛，鼻尖都几乎贴在屏幕上了，时不时还会兴奋得尖叫起来。萨拉斜躺在沙发上，汗用胳膊搂着她，他抽烟吐出的烟雾也在她周身缭绕，让她觉得挺幸福。

她回想起第一次见到丈夫的时候。那时也是秋天，天气一天比一天凉快，无数节日和漫长的公共假期也正在到来。就是在这样一个假期里，她禁不住故乡的诱惑，从拉贾斯坦邦酷热的沙漠里回到家，回到岛上父亲的村子里，享受着这里的绿树成荫、宾至如归。在集市上，她几乎一眼就看到了汗。他身材高大，肩膀很宽，脊背挺拔，身上的制服传达出纪律和威严，很引人注目。他浓密的头发和粗黑的小胡子可以说是相得益彰。他可能有点儿太严肃了，简直叫人望而生畏，直到萨拉看到他脸上突然绽放出那么温暖、那么欣喜的笑容，让她也都忍不住要微笑起来。她感到自己心跳加快了。

说实话，那时候她并不知道这个人是个穆斯林。无论是他的外貌还是衣着，都叫人完全看不出来。但是即使知道了他的宗教信仰，改宗对萨拉来说也完全不成问题。基督教和伊斯兰教都有很容易辨认的先知和大家耳熟能详的故事，这个跨度似乎也并不怎么让人望而却步。而且，她也一直很喜欢爱穿克米兹连身裙，喜欢收集金饰、银饰和任何闪闪发光的东西的穆斯林女人。

可能直到现在，她才明白自己那时候放弃的到底是什么。她突然之间终止了学业，没有留在上学的地方，也没有搬去别处，而是回到岛上嫁为人妻。实际上她的学历已经很高了，而且更重要的是，她的姻亲当中颇有些政治关系，这些条件让她几乎不费吹灰之力就得到了一个小学教师的职位。她并不怎么想做这份工作，就算现在也说不上有多喜欢，她感觉，自己的职业有时候令人高兴，但多数时候都让人深感挫败。这么多年过去，她的英语也有些荒废了，她发现自己再也记不起有些单词，无法把单词正确组合到一起，也无法好好运用她曾经引以为傲的重要能力。萨拉跟周围的人不一样，但是也跟加尔各答的中产阶级妇女不一样，现在的她处于尴尬的中间地带，两头不靠。

随着晚上的生日聚会接近尾声，客人们也开始提出要走了，萨拉的思绪飘到了马路对面那户人家里。她听说了鲁比娜两次相亲都失败了的事情，也并不感到意外；村里所有人多多少少都知道一些这个女孩子给家里造成的麻烦。由于她们两家门对门，两家的女儿又是最要好的朋友，通过这样无心插柳的亲密关系，萨拉比大部分人都更了解洛哈尼家的麻烦。

萨拉算过，鲁比娜之前已经结过三次婚了。每次她都会很快回到村子里，而她们家也马上会出来说，是因为男方有家暴或其他形式的虐待行为，宣告婚姻无效并提起诉讼，要求男方家庭赔偿。

第一任丈夫是鲁比娜在学校爱上的一个印度教男孩，两人悄悄结了婚。那男孩家庭条件很好，但是因为宗教信仰不同被阿里·塔里克和贝希拉强烈拒绝。萨拉知道，现在他们两口子会非常愿意忽略这事儿，只要他们家愿意重新收下这个儿媳。第二任是附近一个村子里的穆斯林男孩，两人是通过父母之命、媒妁之言在一起的。鲁比娜嫁过去只待了一个晚上，洛哈尼家的人后来声称，那个男孩精神状态不稳定，不过平时看不大出来。

最后一任就是跟鲁比娜一起私奔的那个男孩，鲁比娜觉得自己是为了爱情铤而走险，但实际上是受到了引诱，掉进了一个尽管老掉牙但并没有失去任何效力的陷阱。她在比哈尔邦失踪了将近一个星期，后来才被警察救出来送回村里，回到她狂乱、绝望的家人身边。

媒人当然也是对的：很遗憾，这种事情并非闻所未闻。这些事情都符合一种大家熟知的模式，最原始的欲望催生出令人麻痹的天真，然后事情就发生了。这些男孩锁定一个女孩子，追求她，迷住她，温柔地哄骗她，让她做出匪夷所思的事情。女孩子跟他们私奔，结果却发现自己其实并非被人爱慕，不过是一个待交易、待售卖的对象罢了。有的女孩子就此消失，再也没有回到家人身边。而那些被解救回来的女孩子，也再也回不到从前了。

萨拉强烈怀疑，洛哈尼家面临的问题比他们愿意承认的要大，没有了陌生人在周围提供给人安慰的缓冲，最近这些问题都直接摆到了贝希拉面前。那天下班后，萨拉一个人待在屋子里享受着片刻的宁静，这时她听到前门有人在用很微弱、低沉的声音呼唤。结果这人是贝希拉，她没好气地邀请贝希拉进屋，但贝希拉一直站在门口不想进门，萨拉也只好不情愿地朝贝希拉走过去。萨拉在水泥台阶上坐下来，贝希拉则蹲在门口那条小路上，跟她离得不远。

这些女人说不上是朋友，也很少有聊着闲天打发时间的时候，反正她们俩之间肯定是不会漫无边际地随便瞎聊的。所以没过多久，贝希拉就开口向萨拉借钱了。

"你也知道的，我们很困难。我在铺子里想尽了一切办法，但这些事情吧，需要时间。我只需要很小一笔钱，五千卢比就够了，这样我就能给我们家买个煤气炉了。"

"你们家的露天炉灶出啥问题了？很多人家有露天炉灶就够用了啊？"

"你知道用露天炉灶做饭是什么样子不？"贝希拉顿了顿，拼命压住讽刺的调调，"恐怕你不知道，但是露天炉灶用起来可费劲了，而且要花很长时间，尤其是现在我们的孙子孙女也长大了，也要跟我们一起吃饭。"

"我给不了你五千卢比，好姐妹。太多钱了，而且我怎么知道你是不是拿去买炉子了呢？"

贝希拉直视着萨拉的眼睛，嘴角撇过一丝怒火。"我也不喜欢开口找人借钱。"

萨拉盯了回去。"我也不想拒绝你，但这次我实在帮不了你。"

"我会还给你的。"

"怎么还？"萨拉飞快地问道，眼中闪过一丝残忍。

她们就这样你来我往了好几分钟，直到贝希拉意识到自己是借不到钱的，她才终于放弃。她猛地站起身，俯视着萨拉，朝尘土飞扬的地上吐了口唾沫，然后目不斜视地大踏步沿着那条小路往回走，穿过马路，消失在茶铺后面，回到自己家院子里。萨拉轻轻悄悄地走回屋子，快速走进卧室，背靠着水泥墙，感受着上面的凉意，那坚实的墙壁让她能感觉到手掌上的血管在跳动。

他们家在村子里是最有钱的人家之一，向来不乏借钱的人，不过萨拉也知道，贝希拉有多讨厌向她开口。她肯定已经想尽了所有办法，这也足以表明他们有多么走投无路。尽管没有帮贝希拉的忙，萨拉并非不同情她——像她一样身为母亲的贝希拉，因为对孩子们失望至极，也对过去失望至极而困苦不堪。就要到年底了，冬天也马上就到了，萨拉跟所有人一样，觉得鲁比娜今年是找不到婆家了。

第八章

旅　程

村里人的生活，都依附于这片土地，也都深陷于这个地方同样的时光变迁中，他们劳作时也往往步调一致，一片和谐，实在是很让人赞叹。秋天在岛上只是擦肩而过，那金色的气息先是把人们吹进节日的怀抱，随后又引领着他们进入让人心满意足的丰收季节。在一个天气总是从一个极端走向另一个极端的地方，在一个酷热的旱季和苦水的雨季总是逗留得超出人们预期的地方，秋天是一段平衡期，甚至可以说是一个奇迹。

尽管白天仍然温暖宜人，到了夜里，天气还是明显凉了起来。芳香的花朵陆续盛放，清晨的大地上铺满厚重的露珠，那些睡眼惺忪地走在路上、走到水泵那里耐心等着轮到自己打水的人，也任由露水打湿了鞋底。杜尔迦普加节和迦梨普加节一共将近三周的公共假期结束时，人们又恢复了活力：要筹划婚事，要收割稻谷，要赶在冬天的寒雾降临之前，趁着天气还算舒服的时候踏上旅程。

那条柏油碎石路上总有岛民来来往往，在有这条路之前，没法想象这种繁忙的景象。十年间，这个村庄已经从一个天高皇帝远的世外桃源，变成了一个跟外界有了诸多杂乱关联的地方。每周二早上，伊斯兰传道会的人会从加尔各答或别的村子来到这里，在这里待上一天，做礼拜、跟人谈话，晚上就在某几户人家或伊斯兰学校凑合一夜，第二天一早离开。村里有几个人现在在加尔各答工作，当裁缝或是在建筑工地上打工，一周就在星期天回一次家，如果工作和经济条件不允许的话，就两周回一次。

纱丽贩子——那些靠剥削女人们的劳动赚得盆满钵满的人——会骑着在一捆捆绑得紧紧的布匹重压下剧烈抖动的摩托车，优哉游哉地在村里来回穿行。这些纱丽会送到某个地方的中间商那里，比如说巴鲁伊布尔（Baruipur），也可能一直送到更远的加尔各答，直接送到那里的集市上，人们在那里会就纱丽的价格和质量展开激烈交锋。纱丽贩子卖一条纱丽差不多能挣五六百卢比，是他们给女人们的收购价的五六倍。有几个女人也尝试过自己卖，但她们很少有离开这座岛的时候。

对女人们来说，出门的机会少得可怜。偶尔可能有出门野餐的机会，而最幸运的那些人也许还能有机会去趟加尔各答或是海边，比如钻石港，那个地方脏兮兮的，唯一能算上景点的就是一条混凝土木板路，走在上面能看到宽阔、平缓的恒河在旁边流过。女人们来到村里或离开村子的唯一原因，就是婚嫁。

所有人都梦寐以求的终极旅程，就是前往麦加的朝圣之旅，这也是伊斯兰教的"五功"[1]之一，所有穆斯林一生当中都必须至少完成一次，尽管实际上只有少数人完成了这个壮举。村子里还没有人去过麦加，尽管几乎谁都有个什么远房亲戚，或是朋友，或是朋友的朋友，说是去过麦加。而对女人们来说，这个梦想就更加遥不可及了。就算因为某个极为偶然的意外之喜而有了去麦加的钱，走这趟旅程的也毫无疑问会是她们的丈夫。

然而，"朝觐"这个词却是来自一个女人的名字，她就是哈哲尔[2]（Hajar），易卜拉欣的妻子，易司马仪的母亲。哈哲尔和她刚出生的儿子被遗弃在沙漠里之后，她坚信神会给他们水。她在两座山之间来回奔走找水，越来越狂躁，也越来越绝望，直到真主安拉终于对她发话，对她的信仰表示赞许，并让一股美丽、清澈的泉水从地下涌出。朝觐就是在重走她的旅程：让坚定的信仰拂过沙漠。

卡利玛这辈子最想做的事情就是完成一次朝觐，尽管她知道，时间和金钱都让她不可能去完成这样的壮举。不过，有一个星期一的早上，天气很凉爽，她在黎明时分完成了另一段短一些、也没那么叫人满意的旅程，回到村子里。她的

---

[1] 也叫"五大纲领"，"功"原意"基础""支柱"，"五功"是伊斯兰教五项基本实践功课的总称，包括念、礼、斋、课、朝，其中"朝"即朝觐。
[2] 《古兰经》人物，原为易卜拉欣之妻萨莱的女仆，因萨莱不育，被送与易卜拉欣为妻，生子易司马仪。后萨莱又逼易卜拉欣将母子二人赶走，哈哲尔在麦加为寻找水源在萨法与麦尔沃两山之间奔跑七次，易司马仪因干渴而啼哭，他脚蹬沙石，地面涌出泉水，后来伊斯兰教便把在两地之间奔跑七次作为朝拜圣地的宗教仪式。很多学者认为哈哲尔就是《旧约》中的埃及人夏甲。

额头已经爬满深深的皱纹，肩膀也在背包的重压下疲倦地耷拉下来。这个时候她本应感到高兴才对：她的大女儿鲁帕两天前刚生了孩子，是个备受期待的小男孩，一双眼睛蓝莹莹的，极为动人。但是在医院有些事闹得很不愉快，卡利玛又惊又怒地离开那里，也把这满腔愤怒一路带回了家。

这事儿是从上周五早上的一通电话开始的，电话里说，鲁帕开始阵痛了。虽然鲁帕不是头一回生小孩，但她一个劲儿恳求着，加上她声音里泛出的那股恐惧的味道，还是很快让卡利玛从睡梦中清醒过来并答应过去。她匆匆收拾好一个小包，大喊大叫着指点罗西尼在自己不在的时候如何照管家里，然后走到马路边，成功拦下一辆刚好也往那个方向去的机动三轮车。车上已经挤满了人，但司机很同情这个在路边急得跳脚的小老太太，他叫已经很不舒服的乘客们再挤挤，给她挤了个位置出来。

卡利玛在坎宁镇等了一小时，才坐上前往马戏团公园社区的汽车，又过了曲里拐弯、晕头转向的三个小时后，她在熙来攘往的梦幻般的大街上下了车，来到加尔各答的伊斯兰社区繁华的中心地带。绿色的新月旗在房子上飘扬，鳞次栉比的屋顶上面探出一个个宣礼楼。尽管现在她又一次成了城市里的陌生人，她在这里却毫无疑问地感到宾至如归。她从这里出发走了十分钟去医院，中间停下来问了几次路，但只不过是为了有机会说说她从小到大都在说的抑扬顿挫的乌尔都语，这些句子从她嘴里出来，仍然是熟悉的味道。

到医院后，她发现情况跟她想的不大一样。鲁帕的宫缩减轻了,她不在产房,而是在挤满了人的候诊室,很平静地讲述着到现在为止发生了什么。最后,鲁帕被叫去做了个检查。卡利玛觉得医生很年轻,但他还是以令人安心的高效率浏览了鲁帕的病历,拿起脖子上挂着的听诊器听了听鲁帕的心脏,然后又把那个圆溜溜、亮闪闪的东西贴在鲁帕肚子上,寻找着里面那个小家伙发出的快速嘭嘭声。听完以后,医生直起身子,显然对一切安好感到很满意,他对卡利玛说:"您知道的,阿姨,一切都非常好,但是我估计,至少还要三天这孩子才会出来。要不你们先回家歇息一阵,等到要生了的时候再来?"

卡利玛可不是个喜欢由别人来告诉自己该怎么做的人。刚开始,她顽固地拒绝了医生的建议。但随着一小时又一小时过去,候诊室也越来越安静了,什么事情都没发生,卡利玛开始觉得那位医生周到的建议是值得考虑的。他们在医院等着孩子出生的时候,她住哪儿?谁给她的小儿子阿萨德做饭?谁给外孙女伊法特做饭?跟阿萨德不一样,伊法特还太小,肯定还没法自己弄到吃的。

长夜将尽,黎明即将到来,女儿女婿已经困得东倒西歪。卡利玛决定先回去。她转身穿过回荡着自己脚步声的走廊,走进这座城市粉红色的黎明,原路返回马戏团公园,坐上汽车往群岛的方向走,摆脱城市的灯光、噪声和高楼大厦,重新进入辽阔的田野。她又一次在坎宁镇下车,找地方快速享用了一杯茶,这才登上回岛的汽车。她回到正在慢慢醒来的村庄,爬到床上在外孙女身边躺下,想要再睡一会儿,就在这时电话响了，给她带来鲁帕生了的消息。

卡利玛脑子都要炸了，这样舟车劳顿下来，她很难再想出一个条理清楚的应对方案。她应该留在医院的，按照习俗，女儿生孩子时，当妈的要在旁边，而她也确实很想守在那里。还有就是要给妈妈和新生儿买礼物，要做家务活，要照料这边的家人，还亟须找到时间补几个小时的瞌睡。外孙女在她身边动了动。卡利玛迅速决定了——泡个茶，喂一下家里的牲畜，一到店铺开门的时间就去集上买礼物，回家给大家做午饭，然后出发往加尔各答赶路，那样还能在天黑前赶到医院。一切基本上都在按计划进行，她在集上找到一床很漂亮的深绿色毯子，是用很柔软的人造羊毛做的，马上就冬天了，这对新生儿来说再合适不过了。吃完午饭，她也收拾好了东西，做好了出发的准备，又决定躺两分钟再上路。

下午五点，宣礼的声音缓慢地飘过池塘，在村子里回荡，卡利玛猛地醒了过来。她大声骂着居然让她睡着了的家里人，也马上意识到已经太晚，今晚肯定没法回到医院了，只能第二天一早再走。但第二天是星期天，他们这里大部分人一周当中就这一天会想办法休息一下。村里那条马路上的车会减少，能碰到的车也未必就是朝着她要去的地方走的。星期天晚上，卡利玛终于赶到医院时，鲁帕已经气急败坏，卡利玛到来前一直在她舌尖翻滚的那些恶意满满的詈骂，现在反而说不出来了。

她们的争吵时断时续。到了周一早上，看起来两人之间的怨怼是不可能止息了。卡利玛最后还是表现了一下善意，拿出了给外孙的礼物。外孙那双蓝眼睛十分明亮，让她想起夏天万里无云的晴空。送完礼物，卡利玛按照要求离开了。现在，母女俩话都不讲了，而卡利玛也已经累得不在乎了。

卡利玛几乎没有时间去想家里人的恩怨。接下来的星期天，她还要展开另一趟旅程，那是又一次离开这个她深爱的岛屿的机会，而离开这里也不过是再次让她知道，她有多离不开自己的家。这是每年都要进行一次的参拜，卡利玛对此也非常期待——因为新鲜事物会带来的兴奋之情，也因为归来后有机会把她远涉他乡的历险故事讲给任何会被她逮到的人，让他们乐和乐和。

之所以会有这么一趟旅程，是因为官僚系统实在太过愚蠢，那是一种散发着无能而傲慢的臭气的殖民主义体系，最近几十年来，这种体系甚至越发根深蒂固，也变得随处可见。她丈夫生前在遥远的中央邦（Madhya Pradesh）铁路局工作，作为遗孀，卡利玛必须每年亲自去提交领取家庭退休金所需的文件，才能领到钱。这个要求尽管过分，但并没有让她觉得很麻烦，毕竟她丈夫临终时，铁路局还曾要求她提供遗体照片，好证明她有权领取丈夫的退休金。跟那么冷冰冰的要求比起来，每年跑这么一趟根本算不上什么。

卡利玛永远不会忘记那些画面。丈夫安详、苍白的身体已经毫无生命迹象，而她原本认识了那么久的男人，不知怎么就完全变了样。死亡改变了所有人本来的样貌。她仍然留着那些照片，藏在一个帆布包里的信封里，外面还套着个塑料袋，收在一边，免得还有需要用到的一天。打开锁起来的箱子，有时能从盖子后面摸到这个袋子，卡利玛这时会愧悔地喃喃低语，这反映了她心灵最深处的宗教和道德信念。尽管她也知道给死者拍照在印度教中很常见，但对穆斯林来说，这么做完全无法接受。

她有免费火车票，路上不用花钱，而到了那里，她可以住在这些年来认识的朋友家。那个城市破破烂烂，丑陋不堪，最出名的事情是那场造成人们肺部窒息、肢体残疾的可怕的工业灾难[1]——成千上万人死亡，还有数十万人受伤、毁容，建筑物因污染变成黑色，又因为年久而颓败。卡利玛不介意这些。她想到的是热情的款待，朋友们为迎接她的到来而准备的辛辣荤菜，还有坐下来聊聊闲天的机会，没有任何人会对她提任何要求。她带了一个小布袋子，装着她为数不多的随身物品，此外就是她在出这趟门的前几周攒起来的一大袋青椰子。中央邦的人吃不到这么新鲜的椰子。

卡利玛离开坚硬的柏油碎石路，沿着土路往家里走去时，又在一户人家门口稍微停了一下，他们正在规划更永久的旅程，要去的也是更远的地方。在完全接受儿子即将离开的消息后，努拉就发展出了猎物般的警觉，尽管这一次丈夫关注的焦点并不是她。努拉的长子哈法兹在他们狭小的家里走来走去，看看装早饭的锅（里面的米饭泡了一夜，变成了满满

---

[1] 指1984年12月3日发生在中央邦首府博帕尔的毒气泄漏事件，事发地是美国一家开设在博帕尔的农药厂，共造成五十余万人受伤，近四万人严重和永久残疾，约两万人死亡，有评论称之为世界上最严重的工业事故。

一锅），以十几岁的人特有的低效慢吞吞地收拾着上学的东西，努拉的眼睛一直没离开过他。她以痛苦、渴望的眼神看着他，就像马上要失去这个钟爱的儿子一样。

马希尔是个很会算计得失的人。别人可能会说他很聪明，他可能也确实算得上聪明，但就努拉认识他二十年的经验来说，她觉得他首先还是会算计得失。他有能力让自己一边敏锐地审视当下，一边又将目光投向未来，永远都在想着在他面前呈现出来并重新排列的极其微小的策略转变和机会。马希尔受金钱驱动，赚钱的效率很高，这方面的能力让村里很多男人都望尘莫及，尽管他做出的选择总是很冷血，并不替他人考虑。

一天晚上他回到家里，脸上洋溢着由下定决心带来的满足感，跟他的机灵劲儿相得益彰。他一边走上通往小小门廊的土质台阶，一边踢掉脚上穿着的凉鞋，宣称现在要跟妻子和长子一块儿好好谈谈。马希尔是那种在实施暴力前总会这么轻声细语一阵的人，努拉见状，赶紧把三个年纪还小的孩子赶到屋子里面的房间去，后来他们也就在那个房间里横七竖八地睡着了。以前也有过这种性质的谈话，不过并不是相互交谈，而是权威、强势的那一方的单方面训话，而通过这些训话，努拉会得知自己的命运要走向何方。

哈法兹已经到了不需要上学的年龄，像他这个年纪的孩子，继续上学已经没什么用处了。他们这种人不可能找到白领工作，再多上几年学去读无聊透顶的孟加拉语课本或是多解几个方程，也不会有任何帮助。搬砖、按图样剪裁布料、喝着茶吃着零食在站台上巡逻，都不需要会什么修辞，懂什么数学符号。尽管已经十八岁了，哈法兹还要过几个月才能参加十年级的考试——这是他理应在两年前就完成的。在一个老师经常缺课或是没兴趣教书的地方，一个几乎没什么资源、父母也往往都是文盲的地方，一个学校破破烂烂的围墙外面那个世界的压力经常会侵入学校生活、让孩子们无法安宁的地方，这种情况倒也不在少数。

"但是我的伊斯兰教法学习怎么办？"哈法兹看着父亲的眼睛小声问道。

"我知道你喜欢去伊斯兰学校，学学阿拉伯语什么的，但学了有什么用呢？这个国家在变，这么学下去以后会没有立足之地，也挣不到钱。你也到了学门手艺的时候了，学点有用的东西。就像我一样。"

克什米尔山脉在遥远的北方，那里有层层迷雾，时局也动荡不安。然而近些年，村里有些人开始踏上前往这个山长水远的地方的旅程，他们从潮湿的海岸线上出发，穿过广阔的平原，到达金色果园和深不见底的荷塘，那里凉爽宜人。一到那里，他们就会开始学习如何使用黄金，跟着有史以来就一直从事这门手艺的人家学技术，跟那些语言不同、文化不同但宗教信仰相同的人生活在一起。印度各地的穆斯林社群经常满是著名的能工巧匠：瓦拉纳西（Varanasi）的纺织工人、德里和海得拉巴（Hyderabad）的扎里（zari）刺绣工、克什米尔的金匠——这些人在悄无声息又无比复杂的艺术中寻求安稳。谜底揭晓，这就是马希尔给哈法兹安排的规划。

明年春天考完试以后,哈法兹就要去克什米尔了。对于一个最远只到过加尔各答、无法想象下雪是什么感觉的男孩来说,避开苦寒的冬天肯定是必需的。到了那里,他会花六个月时间做学徒,秋天回到西孟加拉邦,兴许能在加尔各答的某家珠宝商那里找到一份薪水微薄的工作干上几年。马希尔想着,有一天哈法兹有了足够好的条件,就可以在他们本地的集市上开一家定制黄金首饰的铺子。这样的铺子现在还没有,哈法兹开的会成为岛上的第一家。

努拉知道,自己只能默不作声地接受丈夫披露的这些安排,而在小心翼翼地这么接受下来后,努拉发现自己接下来几天都充满了焦虑、自豪和大失所望交织着的情绪。她对安拉的杰作从来没有过丝毫怀疑,但也从来没想过将世间所有的俗事都委托给这样一位神。她一直都很清楚辛勤劳动的价值,也知道谁要是想吃顿好的,可不会有别人的双手来给他,或是为他精心准备这么一餐。她很敬佩马希尔,然而也会时不时地觉得自己仿佛一直活在未来,被马希尔专心致志的计划推动着,被迫离开当下的舒适生活往前走。她爱所有的孩子,但尤其喜欢最大的和最小的。哈法兹即将出门远行,这让努拉觉得生活又有一部分脱离了自己的掌控,她的世界又缩水了一厘米。

她也想知道她是不是做错了。她看着儿子穿上洗了很多次以至于变成淡紫色的校服,看着他在跟弟弟为了书包扭打起来的时候开玩笑地给了弟弟一耳光,努拉心里始终存有的罪恶感几乎要冲出喉咙。毕竟她确实告诉过马希尔,自己开始感到担心了,也觉得费心去保守他以后总会发现的秘密并不值当。而且他们现在也担心那些开始从男孩子们嘴里流露出来的想法,以及那些外人偷偷摸摸地种在他们脑子里的想法。

这事儿是从夏天开始的,就在斋月之前。那是炎热的一天,努拉正在清理一条鱼准备用来做午饭,汗水不住地流到眼睛里,弄得眼睛生疼。从鱼身上刮下的银色鱼鳞,在泥地上积成了一堆,在阳光的照射下变得五彩斑斓。"孩子们。"她叫了一声。他们压低了声音,但还是在说话。她又提高音量喊道:"孩子们,过来!"慢慢出现了两个高挑的身影,是她那两个已经十几岁的儿子:哈法兹,沉着冷静、体贴周到的中学生;优素福,容易激动的愣头青,上唇已经长出了稀稀拉拉的小胡子。他们的弟弟易卜拉欣年纪还小,对他们的谈话不感兴趣,这会儿也没看到他在哪儿。

"你们这都跟哪儿听来的?"她问道。

两人沉默了一会儿。"听到什么?"

"刚才你们在屋子里聊的事情……说什么女人没有男人陪同就不能外出,这个国家不适合穆斯林生活之类的?"

哈法兹看着优素福,悄悄示意他说出来,尽管弟弟明显希望保守住这个秘密。过了好一会儿,他才终于决定和盘托出。

"那个毛拉纳——你知道的,从拉马勒布尔(Ramalpur)来,卖书的那个?有一回他路过我们家,那会儿您去店里了,我们跟他聊天了。"

兄弟俩互相看了一眼。

"他跟我们讲了讲沙特阿拉伯的一些事情。"

第八章 旅程

当时努拉只是觉得有些疑惑。"要成为合格的穆斯林，没有必要非得生活在沙特阿拉伯不可，不是吗？看看咱们周围，在这个房子里，我们也是合格的穆斯林。"

"是，妈妈，您当然是对的。"哈法兹说着，回到里面的房间内，表示谈话到此为止。从优素福那里，她得到的则是令人不安的沉默。

只有在几个星期之后，努拉有足够的时间好好检查检查自己的思绪时，她才开始对孩子们说的话感到担心。随之而来的还有另一些事情，一些让她开始认真考虑的细微迹象：他们喜欢的是伊斯兰教的课程而不是公立学校的功课，宣称他们以前从中得到乐趣的追求是不道德的，还有就是开始温和地指出妈妈有哪些地方没有遵从伊斯兰教教义。努拉心想，更严格地遵照神的话语行事并没有错，但他们身处的国家正在变化，变得越来越残酷。表达出这样的思想，尤其是年轻人表露这样的思想，要是让不该听到的人无意中听到，也许会让无辜的穆斯林和他们的家人陷入巨大麻烦。她把一切都告诉了马希尔，他们俩也决定要保持警惕。而现在，她的儿子要被送走了。

努拉知道，自己永远不可能得到允许去探望他。路上要花好多钱，而她丈夫甚至不会开口同意让她离开村子，更别说离开这个岛了。在宣布这个决定的前几天，马希尔已经禁止女儿拉齐娅去家里的汽修店。拉齐娅还小，没法自己待着，所以这也就意味着努拉再也不可能去店里消磨一个下午，看看她喜欢的肥皂剧。她只能时不时地去店里看上一段，要跟上复杂的情节非常困难，因而在看不到电视的时候，她会在脑子里搬演电视剧里的故事，同时期待着什么时候能去看下一集。这是她仅有的娱乐，也是她唯一能逃离现实、得到喘息的机会。

马希尔不允许在家里看电视，因为他认为，这会让儿子们没法专心写作业，也会让妻子无法专心做家务——在他们得知邻居阿莉娅的女儿阿迈勒因为在隔壁卡利玛家那台小小的黑白电视上浪费了太多时间，最近有三门模拟考试科目不及格后，马希尔宣称这就可以证明他的担心是有道理的。这个地方坏事传千里，谁家有什么不好的事都是藏不住的。

他的理由很简单。每回努拉带着拉齐娅去店里消磨漫长的下午时，努拉都是目不转睛地盯着震天价响的电视，拉齐娅不久就会失去兴趣，于是会一直拉扯着努拉的纱丽或马希尔的裤腿，坚持要从隔壁茶铺挤满人的柜台后面要一杯微热的橙汁。一瓶橙汁要花五十卢比，而且拉齐娅从来连半瓶都喝不完，她喝的时候，橙汁会顺着她的胳膊流成一道黏黏的小溪，流到她已经褪色的粉色裙子上，还会把一圈衣领也弄脏，最后喝不完的就扔掉了。这笔钱实在是花得冤枉，马希尔也已经受够了，所以不再允许母女俩去店里。有了这个随意做出的决定，马希尔断绝了努拉离开家的唯一借口，她也就这样被困在家里，再也出不了门。

她渴望听到外面那个世界的故事，这种渴望在她心里燃烧。那天一大早，卡利玛路过她家，跟她讲了自己是怎么和女儿吵嘴的，努拉听得很过瘾，从卡利玛的叙述中，她既能了解到鸡飞狗跳的家长里短,也能瞥见城市生活的模样。努拉以前也在城里住过,那是在德里,她刚结婚的头一年,当时她才十二岁。她对那段生活的记忆笼罩着一层孩子气的阴影,也基本上局限于他们在一个毫无生气的街区租住的小房间里,丈夫出门上班时,她就一个人留在那里。也就是在她独处的时候,开始出现一些离奇的事情。

在那些最黑暗的时刻,努拉总试图提醒自己,不要对命运感到不满。她有四个健健康康的孩子,她有能力给他们吃、给他们穿、送他们上学,做到这一点已经非常了不起了,要知道,村子里还有那么多人每天都在这些看起来无法克服的困难面前苦苦挣扎。马希尔干活很卖力,也干得挺好,更让努拉开心的是,她几乎看不到他。他经常在第一遍宣礼的时候就起床了,清晨六点出门,好及时开门做早上的生意。他偶尔会回家吃午饭,回家的时间也很短,更多时候他都喜欢早上带饭去店里,中午就在店里休息,下午重新开门忙晚些时候的业务,直到夜里很晚才回家。

马希尔晚上回家后可能会揍她。有时候,努拉知道自己为什么挨揍,因为马希尔会在动手前或揍完了以后跟她说,比如那天有件什么事做错了,饭烧得不好,哪个孩子考试不及格了,地板脏了,等等。但也有些时候她不知道自己为什么挨揍,只能在熄灯之后躺在床上不敢言语,感受着周围的死寂,听着躺在她身边的丈夫平静的呼吸声。渐渐地,随着孩子们越来越大,她挨揍的次数也越来越少,现在哈法兹已经差不多算是个成年男子了,努拉也几乎完全不用挨揍了。

儿子们已经到了有能力护住妈妈的最宝贵的年纪，但又还没到会相信家暴理所应当的年龄。

努拉知道，她不是一个人。当地区政府工作人员的妻子——一个在村子里举目无亲的女人，眼睛很亮，说话快得感觉舌头都会打卷——她告诉努拉，每天晚上都有女人来找她丈夫，她们从暗夜里走出来，嘴唇破裂，脸上带着瘀伤，眼眶乌青，向她丈夫寻求建议。努拉不知道，她的大儿子，也是她的保护人，启程前往千里迢迢之外的克什米尔以后，家里会是什么情形。想到十三年前她姐姐是怎么被人害死的，她就对男人能暴虐到什么程度一清二楚了。

第三部 脆弱的冬天

第九章

疼 痛

薄雾低垂，笼罩着岛屿。太阳稍微露一下脸之后就转去了别处，几乎可以忽略它的存在，还有很多日子天空乌云密布，完全看不到太阳。也有些日子天空万里无云，大地在冬日微弱的阳光下也有了光彩照人的感觉，但这么晴朗的日子并不会持续很久。现在的夜晚总是很长，而且跟闷热潮湿、难以入睡的夏夜不一样，村里几乎所有人都会在夜深以前入睡，早上也会睡到很晚，不愿意贸然出门去呼吸清冷的空气。

跟冬天相伴而来的寒冷，让所有人对自己的身体都有了更多的感知。他们感觉到的，不是酷热或潮湿带来的微小但无法治愈的痛苦，不是发痒、起疹子、蚊虫叮咬，也不是由真菌引起的皮癣之类，而是更深重的痼疾：肌肉和骨骼酸痛，关节僵硬，干咳，发冷。

孟加拉人对身体及所患疾病非常着迷。每天早上，他们通常都会先实事求是地检查一下身体，看看有没有什么新的病征出现，如果发现已有的病征有消退的迹象，就会非常庆幸。

很少有什么事情带来的快乐能比得上这几件事情：把自

己得的很隐私的病讲给别人听，不辞劳苦地探究和评判迄今为止采用过的治疗方法，就替代方案欣然提出各种建议。饮食尤其会得到重点关注：米饭吃得太多或是太少了，吃了冷食而非热食，多吃点或少吃点水果，别吃洋葱，别吃大蒜，多吃姜黄少吃盐免得体内太偏酸性，吃点绿辣椒和芥末油好让神经系统更有活力，等等，再不就是所有上述方案及更多类似方案的组合，用来应对可怕的无所不包的病征——全身疼痛。

至少在这座岛上，人们同样不够了解身体。大多数人最多也就是对生物学有一点粗浅的认识，他们笨头笨脑地学到的那一点点知识，和经常降临到他们身上的复杂病痛之间，有着巨大的鸿沟。就连他们去找的医生，即便会不厌其烦地跟病人解释"脑卒中"，给出的医学诊断也乱七八糟。在岛上那家破破烂烂的公立医院工作的人，在给病人开他们负担得起的合适的药方时，很可能会推荐最古老的疗法，就是祷告。很多人在第一次给病人做检查时都会问他们是否足够明智，有没有先去看看别的什么疗法。

因此，有三种治疗体系在岛上并行不悖，其路径就像三枚滚落的硬币，时有交叉重叠。其一为西医，最早是从镇上那些资质不够也不受监管的医生的诊所开始的，那儿的医生会给病人草草检查一下，随便开点止痛片、抗生素什么的。对于更严重的疾病，还可以去当地的医院，那里人满为患，也是个没有希望的地方，但凡还有别的办法，能在家里碰碰运气，谁也不想踏进那里一步。有时候这样的治疗无法避免，不过在真正迫切需要的时候，只要有可能，人们总是会试着去加尔各答设施更好的医院看看。

其二是传统医学：顺势疗法，阿育吠陀（Ayurveda），自然疗法，草药，瑜伽，尤纳尼（Unani），悉达（Siddha）。几乎每个镇子都会有一家这样的小药铺，里面的执业者精通上述一种或多种学问，这人会坐在木制柜台前，柜台上放着沉甸甸的、翻得很旧的账本，秤，捣药的杵和研钵，而柜台后面是满满一墙的玻璃罐，里面装着粉末、干枯的草药和药片。城市里比较大的诊所里，病人会在一片祥和的接待区等候——那里有吱嘎作响的空调，有嘈杂的背景音乐——等着轮到自己去消过毒的私人诊室。

最后还有一种治疗体系。村里很多人都对伊斯兰教非常虔诚，也对超自然的力量非常感兴趣，因而也会去尝试穆斯林的传统疗法"贡比达"（gunbidda）。这是一种独一无二的治疗方法，用的是一些已经被人遗忘的技艺——书写、复诵、采集野生植物并将其酿制成饮品、在特定位置佩戴护身符、使用带有病人精魂的物品、偶尔的献祭，等等。这种疗法解决问题的方式其他疗法都做不到，就是直接找到最开始的病因。贡比达疗法很清楚，邪恶的一瞥、喃喃的诅咒、隐藏的不满以及超自然的存在中都有怎样的力量，会考虑如何去平衡这些支配人们生活的强大的作用力。

虽然很多人都对这种疗法有一定了解，但他们不会管自己叫"贡宁"（gunnin），这个词只能用来称呼对这种疗法特别精通的人。贡宁所有的工作时间都在一间特定的"诊疗室"

里，而这种古老的治疗方法也成了他们唯一从事的职业。要找到他们，人们必须离开村庄，穿过整座岛屿，沿着犬牙交错的砖砌小路和崎岖不平的羊肠小道，来到另一个村子最外围的一圈房子里，那些房子里挤满了人，都在耐心等待着轮到自己去见治疗师。贡宁全都是穆斯林，通常也是男性，但所有人都会去找他们看病。

这次，玛丽亚姆想用西药来缓解折磨着她的背痛。有一股火沿着她的脊柱上下蹿动，仿佛她的骨头抗拒任何最轻微的移动。尽管她通常都会避开现代医学，但痛苦一直搅扰着她，让她无法安眠。失眠整整一夜之后，尽管百般不情愿，她还是服用了两片塔比娜帮她从当地医生那里弄来的白色药片。她自己是买不起药的，配给卡的问题还没解决，她也只能瞒着家里人，偷偷摸摸地从缝在冬被里的那点救命钱中取出一张皱巴巴的五十卢比纸币。

尽管还是有些不舒服，现在她至少不会一站起来就疼得龇牙咧嘴了。她一瘸一拐地走到外面，在早晨明亮的阳光下缩成一团。她放下拐杖，一只手扶着身后冰冷、龟裂的土墙缓缓下蹲，小心翼翼地坐到最上面一级台阶上，身子往后一靠，放松下来，叹了口气，享受着阳光照在脸上的些微暖意。但她也知道，要不了多会儿她就又得站起来，颤颤巍巍地走下台阶去找杯热茶喝喝。

"还疼吗？"

她睁开眼睛，看到塔比娜站在台阶底下，肩上松松垮垮地挎着一个空的帆布包。正在她那条亮黄色纱丽里面找自己的烟草罐。

"医生给我的药,我吃了两片。"玛丽亚姆答道,费劲地变换了一下姿势,努力挺直身子。"现在好多了。"她随口撒了个谎。

她最不希望的事情就是儿媳妇可怜她。

塔比娜动了动,踢了一脚下面泥泞的台阶上的一根稻草,又轻蔑地看了那根稻草一眼,这才坐下来。塔比娜身材并不纤弱,实际上她又矮又壮;尽管多年来饱经风霜,她的身体移动起来还是带着一种强大的自信,头脑的运转也同样有着这种自信。她扬起头,狐疑地仰视着玛丽亚姆,就像等着死尸碎片的食腐动物。

"你知道,他们说贾法尔(Jafar)快死了。"塔比娜一边说,一边把烟草和槟榔混合物捏成楔形,敏捷地塞到牙床后面的空隙里。

"谁?"

"得啦——贾法尔,哈桑的爸爸,哈桑就是娶了我姐姐普里蒂(Priti)的女儿的那个人。"

玛丽亚姆慢慢点了下头。她对儿媳的亲戚不感兴趣,但是对于跟死亡有关的故事总是非常着迷。"哦对。是出了什么事儿?"

"我在那边待了半个晚上。我猜今天早上我甚至比你现在这个样子看起来还要累。他们想在他临终前举行'科托姆'(kotom)仪式。我们三十个女人全都在他旁边围成一圈,在他的身体上来回移动硬币,然后一边祈祷一边把硬币从他身上拿下来。把十一个硬币放到他身体上,再把这十一个硬币拿开,然后再来一遍——这期间也一直在祈祷他能得到救赎。他这阵子一天比一天瘦……他一直在吃,但再怎么吃都只会越来越瘦。他还没那么老,而且名下有两台拖拉机、几十亩地。无论如何,我知道他不会死的。"

有什么东西触动了玛丽亚姆的好奇心。她忍耐了一阵,最后还是忍不住问道:"你怎么知道的?"

"他鼻梁直挺挺的,很清晰地指向外面的世界,就像那样!快要死的人看起来可不是那个样子。真的马上就要归西了的话,人的一切都会皱缩、变软。尤其是鼻子,会歪向一边。"

玛丽亚姆当然相信这样的迹象,也信从这种对世界的理解,觉得这些东西比现代的科学解释接受起来要容易得多。尽管如此,当这些事情由这位"信使"说出来时,玛丽亚姆还是不那么愿意接受。塔比娜能感觉到玛丽亚姆强烈的厌恶。

"这些事情我都懂!我开过三次刀。你不记得那个身体里有刀片的女的了吗?"

玛丽亚姆不情愿地点了点头。就在几年前,有个女的在当地医院做了手术之后,感染非常严重,谁都不知道是什么引起的。塔比娜比大多数人都更了解动手术的事儿,那时候她就直截了当地说,他们肯定是在缝合的时候把什么东西留在那女的体内了。几天后,从那个女人的腹部取出来一块小小的刀片,证明塔比娜是对的。

"想想看!那个男的,好歹还是个备受敬重的名医!"

说完这些,塔比娜站起身来,头也不回地穿过空地朝马路走去，眼睛已经开始搜寻去镇上的汽车。玛丽亚姆想，她肯定是嗅到了什么新的机会；塔比娜对一切都了如指掌。

几个月前，本地学校的老师给孩子们打错了疫苗，结果好多学生都病了，有个学生甚至因此不幸去世。那天晚上，这些老师发现自己被包围了，这个局面倒也可以想见。一群愤怒的家长包围了学校，人群鱼龙混杂的边缘地带开始出现一些暴力摩擦。塔比娜跟这事儿没有直接关系——她最小的儿子都已经十八岁了，而且根本不在这个学校上学——但她还是毫不费力地装成忧心忡忡的家长，悄悄溜了进去。她非常熟悉学校里的建筑，知道哪些地方没有灯光。她把几个老师偷偷从后面带了出去，远远离开前面的人群，她丈夫则开着三轮车把他们送到了安全的地方，也就是大桥那头的镇子上。那些老师每人付了她二百卢比当作逃命的费用。

玛丽亚姆坐在台阶上，直到确定塔比娜已经走远，不可能见到自己费劲地站起来的样子，这才起身。她想，这可不就是老了：不舒服的时候紧接着就需要喘口气，直到意志最终被击垮，无法忍受那恶劣的、摇摆不定的天气。

新的一年开始了。玛丽亚姆见证过很多年份的开端，并不是说她对新的一年究竟什么时候开始有精确的概念，知道一个日期溜走了，另一个日期取而代之时的微妙变化。她不识字，就连数字都不认识，也无法辨认某些重要的单词，而她后面那一代女人大都能做到这些。皇历，看不懂；日子，无关紧要。她用事情来记时间，有当地的，也有更远的地方的，比如一个特别热的夏天，一次大丰收，一棵她心爱的椰子树在一场凶猛的暴风雨中倒下了,有人出生了,还有就是西孟加拉在一场血腥的解放战争中击败了东巴基斯坦的消息传到他们这里的时候。

尽管她也不知道自己确切的年纪,但一旦有人问起,玛丽亚姆都会说自己现在肯定七十往上了,因为自己见证过印度独立——shadinota这个词,在孟加拉语里跟"自由"几乎没法区分。诚然,那时候她还是个小女孩,没有嫁为人妇,小小年纪也还无法完全理解远隔重洋的一支笔在纸上划拉那么两下的分量——居然就能让解放的光辉时刻载入史册,同时也促成了无法想象的悲剧。暴力并没有波及她父亲住的村子,但他们都听说了加尔各答、德里和拉合尔(Lahore)发生的事情。随着惊慌失措的印度教徒纷纷跨过新的国界线,涌进这些城市,同样的恐惧和绝望也驱使很多穆斯林离开那里,南下来到群岛之间,寻找一个能活下来的地方:在这里,想办法活下来足以让他们无暇他顾,不再关心那些不同信仰的人之间的杀伐。

玛丽亚姆摇了摇头,一缕缕灰色掺杂在她曾经闪闪发亮、又浓又密的黑发里。在反复回忆、细细品味过去时,为了能更深入地进行个人思考,她摒弃了通常的规则,这种方式令她觉得舒心。她从来不会卡在一个地方想,在某个特定的时候自己在做什么,因为她记得起来的只有那些对她来说非常特别的时刻。她的回忆并没有什么强制性,她本人就是她的历史,这也让她感到满足。她的儿媳也非常清楚这一点,这也让她成了一个可怕的对手。

从雨季到秋天,她辛辛苦苦修补好了房子的墙壁,为这几个寒冷的月份做好了准备。到了冬天,人们希望房子能给他们提供更多的服务,比如留住火和熟睡的身体散发出的热量,阻止酷寒的空气从墙缝里偷偷溜进来。人们跟居住的房屋之间的关系有可能会令人忧虑,尽管玛丽亚姆的房子十分古老,她也对这间房子极为熟悉。她知道,早在英迪拉·甘地(Indira Gandhi)被刺杀以前,这房子就已经在这儿了。

直到第二天早上,英迪拉·甘地遇刺的消息才传到村子里,玛丽亚姆还记得,当时他们一家人聚在院子里,她的婆婆哭泣着,她的丈夫、公公和家里其他成年男性展开了紧急讨论,在社会最底层的其他族裔成为目标时,所有少数族裔都会十分害怕,而他们也因为这样的恐惧而惴惴不安。如果锡克教徒受到了攻击,为什么不会轮到穆斯林?她想起来自己从这些充满焦躁的车轱辘话中溜走的情形,伸出手掌扶住拐杖,让自己保持平衡——现在她小心翼翼地站起来时,还是会用个小物件撑住自己。

玛丽亚姆拄着拐杖,颤颤巍巍地走下台阶时,她的重孙海德正跌跌撞撞地走过,海德的妈妈米拉在空地对面看着他。这孩子的身体似乎总是在给他造成诸多麻烦,他们家也经常带他去看各路医生,但他们很难负担这样的开销。玛丽亚姆担心,这个两岁的重孙实在是太小了,身体会吃不消这些疾病的侵扰。她猜测,海德这么体弱多病是因为他出生的方式——在当地医院剖腹产,他妈妈身体不好,哪个孩子都不是顺产。在玛丽亚姆看来,不能相信这些现代的、跟以往不同的治疗方式——就像她儿媳塔比娜卵巢上的肿瘤，玛丽亚姆确信，塔比娜是因为吃避孕药才得的病。任何时候只要有人问起，塔比娜都会大大方方地承认自己在吃这种药。

玛丽亚姆所有孩子都是在家里生的。她已经想不起来，那些时候自己有没有感到焦虑和疼痛，虽然在她的想象中，这两种感觉她全都经历过。那个年代，这样的情绪几乎没有立足之地。那时候，像她这样的女人都是在家里一堆女眷中间，而不是在令人安心的医生或其他陌生人的安抚下生孩子的。在熟悉的房子里，她们蹲坐在泥地上，只能用熊熊的炉火上烧着的热水来减轻疼痛，知道在她们以前已经有无数女人就这么把孩子生下来了，也算是一种安慰。

她至今仍然能感觉到的痛苦来自夭折了的孩子——那些只存活了两三个月的孩子。那样的孩子有好些个，五十年过去了，她都已经没法肯定到底是四个、五个还是六个了。在村子边上的墓地里安葬好他们小小的躯体以后，玛丽亚姆就把他们从心里抹掉了，只关心活下来的那些孩子。那时候，这座岛屿还与世隔绝，不通公路，没有电话，医院里破败不堪，也没什么设备，小孩子夭折的事情实在是司空见惯：每四五个孩子当中就有一个会在襁褓中离开这个世界。

失去过孩子是她和儿媳贝希拉的一个共同之处。无论谁说起这婆媳俩，都会说她们非常坚强，意志也非常坚定，但玛丽亚姆知道，也正因此，她们才那么容易遭受攻击——她们都有敌人。女人怀孕以后会变得很脆弱，会被其他的事情分心，不再去关心自己的生存问题。这种疏忽让怀着孩子的人身边聚集起来的恶意有了可乘之机,让她们的行动磕磕绊绊,无法完成最简单但也很危险的事情。跟生活中所有最宝贵的东西一样,孩子是她们不想关心却又不得不去关心的对象。

努拉也同样知道,要小心被邪眼(evil eye)盯上。在一月份那些雾蒙蒙的早上,她又开始感觉到,好像有一道不受欢迎的目光落在了她的家人身上。前一天晚上,玛丽亚姆在地上不舒服地辗转反侧的时候,努拉也处于疼痛中,她刚刚在镇上的牙医那里拔了一颗牙。那颗牙一直让她非常痛苦,刚开始只是轻微但一直持续的不适,最后变成一阵突如其来的剧痛,让她喘不过气来,疼得双手抓脸。把这颗牙拔了以后,她用牙医给她的一张脏兮兮的小镜子看了看自己的样子,开玩笑说她前面的牙齿看起来还是挺不错的,而后面的反正也没人能看到。她的舌头一直在寻找那个缺了口子的地方,在人类探求未知、不假思索的好奇心驱使下,总是不由自主地就顶在了那个柔软的位置上。牙医说没必要把这个缺口补上,而努拉也知道,就算她开口,丈夫也不会出这个钱的。

太阳已经出来了,但时间还早,空气仍然很清冽。天气很冷,她女儿拉齐娅却只穿了一条褪色的黄色短裤站在那儿。她为自己被脱光衣服,还要被兜头浇下从池塘里舀起的一桶冰冷、浑浊的水而大声抗议,尖叫着想要挣脱妈妈的手,好穿过空地冲回屋里,钻到床底下去——床底下的缝隙很小,只有她能钻进去。努拉用一条旧纱丽草草擦干女儿已经起了鸡皮疙瘩的身体,对她的抽泣充耳不闻,打开一小瓶琥珀色的油,在她的小身板上疯狂地揉搓起来。她每一个动作都很

第九章 疼痛 171

坚定，给女儿内八字的腿和隆起的肚子带来了温暖，尽管女儿毫无疑问还在表达孩子气的抗议。

空气中弥漫着芥末油的酸味。在孟加拉地区，所有人家几乎每天都会用这种辛辣的油来煎炸、煨炖食品。冬天往身上涂芥末油的做法很古老，是想用芥末里火辣辣的热量和活力祛除寒意，否则寒意会钻进身体，在胸前挥之不去。但这一瓶又有不同。这瓶芥末油由村里也会贡比达疗法的毛拉纳念过咒语，拉齐娅一直胃疼，给她抹这个油有望治好她的病。

拉齐娅一直很挑食。孟加拉地区的婴儿吃第一口固体食物的仪式叫"头口米"（mukhe bhaat），在这个仪式上，人们会把第一口大米和牛奶试探性地放进婴儿嘴巴里。拉齐娅在这个仪式上拒绝了这种主食，而村里大部分人就算不是一天三顿，也至少有两顿要吃米。妈妈鼓励她试着尝尝别的很简单也很实在的食物，用一点面粉或谷物，加一些水，烹制一下就行，做起来不花什么钱，但拉齐娅很固执地拒绝了，反而要求吃大路边上的茶铺里卖的糖果和点心。拉齐娅喜欢吃鱼，虽然只吃最好的；以她喜欢的方式做出来的某几种蔬菜她也会吃，比如切成圆片炸得脆脆的、呈奶油紫色的茄子，还有她妈妈做的干烧咖喱土豆。当然，她对肉总是会大快朵颐，每到周日，他们家都会花一笔钱尽情享受一番。

这么挑食实在是让人伤透脑筋，也是穷人家的女孩子无福消受的奢侈。努拉的左邻右舍和马希尔的家人对此都颇有微词，说拉齐娅不舒服可能就是因为她的饮食习惯太特别了。但努拉暗地里怀疑，这姑娘的情形有些特殊。她猜测女儿可能受到了某种攻击，被人施了法，她去问了村里的毛拉纳，毛拉纳证实了她担心的事情。

努拉去找的那个人年纪很大。他最为村里所知的事情是，为了扩建大清真寺而把自己所有的土地都让出来了。等到他有三个女儿待字闺中，又没有钱给她们准备嫁妆时，他才对当年的这个决定追悔不已。据说有了这个义举，他就算在这辈子得不到什么，下辈子也会得到奖赏。努拉曾经见过他站在他家破破烂烂的房子旁边的清真寺后面，往地上一把把地撒着树叶，这些树叶在太阳底下晒干后，可以当成柴草做饭用。他现在的生活就是这么个情形，靠着曾经很肥沃的土地勉强维持生计，而随着村子越来越大，这片土地也已经渐渐变得贫瘠了。

贡比达疗法总是从询问来者何意开始，这位毛拉纳也是如此。跟所有会贡比达疗法的人一样，他也相信好的法术和坏的法术是有区别的。好的法术为所有人的利益着想，要解决关系问题，要治病疗伤，再不就是给生活带来积极的改变。这种法术是《古兰经》允许的，负责准备的人通常也可以收取少量费用。

他同样知道有人会用坏的法术，意在对别人造成伤害：破坏婚姻，结束一段关系，让某人身体不适，或是诅咒人家遭受其他不幸。《古兰经》严格禁止这种做法，而那些足够残忍或愚蠢到家了的人一定要这么做的话，需要给施法的人很大一笔钱。而为了抵御这种做法，就必然产生了第三种法术，也就是意在保护的法术：保护他们不受邪眼的伤害，让人有力量面对妖魔鬼怪，在出现更恶毒的东西时将其祛除，而在最极端的情况下，还可以将其完全排出。邪恶的力量越强，用来对抗的法术也要越厉害才行。

这些治疗手法堪称艺术，需要的不只是情愿或不情愿的参与者，还有一些物品。例如一瓶瓶油或水，治疗师会在上面低声念诵《古兰经》经文、吹气，用喃喃诵出的咒语加持，把这些小瓶子变成效力强劲的"圣水"（phukertel，或 phuker jol），既可以小口喝下去，或者抹在身体上，也可以用来加固门窗以驱邪，或是绕着房子周围想象出来的边界洒上一圈。还有塔比孜（tabizi）护身符，就是村里大部分人脖子上或大臂上都能看到的，用黑色粗绳系着的色泽黯淡、子弹形状的一块金属，里面严严实实地包着一卷纸，就像缩在壳里的蜗牛，纸上工工整整地抄写着《古兰经》经文。有时候还需要用到另一些物品，不过就没那么常见了。有一种特别残暴的法术，可能需要一角衣服、几根头发或动物的血什么的。

努拉把那瓶芥末油用纱丽仔仔细细包好，塞回床垫底下。必须以应有的敬意来对待这些物品。她如释重负，就好像有了新的使命感，也拥有了因为采取必要措施保护家人而获得的力量。她知道，最近去找那位毛拉纳询问这种治疗方法的人，不是只有她一个。她去找毛拉纳时，发现他看起来坐立不安，甚至可以说非常警觉，尽管同时好像也有一种顺势而为的感觉，因为知道像努拉这样的人总是会来的。

以前卡利玛也去找过这位毛拉纳。他们小时候一起长大，他家的地就在大清真寺后面，离卡利玛家的地界不远。卡利玛找过所有类型的治疗师，她很喜欢去看医生，就像她也很喜欢去看顺势疗法治疗师和贡宁一样。她非常喜欢讨论身体，也很喜欢人体解剖，总是会很快提出自己的病征以供考虑，也很愿意开诚布公地谈论别人的病情。她脖子上总是戴着护身符，现在戴的是一位特别神通的贡宁给她的。那位贡宁住在胡格利河岸边，而这个护身符的力量就直接来自恒河母亲。

卡利玛刚刚从前往中央邦的那趟旅程中恢复过来，坐了那么久的火车，又在她不熟悉的环境中，在别人家里住了那么些日子，这段经历让她这把老骨头都快散架了。见到那些老朋友，吃到他们准备的美味佳肴，磕磕绊绊地说起小时候说的印地语而不去管自己有多久没说过、有多生疏了，这些都让她非常高兴。他们还送了她一条新纱丽，老朋友们带着敬意，送得非常隆重，让她既感到受宠若惊，又觉得有些惭愧。

但往返的路途特别令人厌倦。她脑子里总想着可能会有人偷她的行李，所以回加尔各答的时候，她几乎一路没睡。年久失修的火车在弯弯曲曲、吱嘎作响的铁轨上摇摇晃晃地前进，车厢的每一次晃动都会把她惊醒。她根据自己的喜好想办法订了一个过道上的位子，但这样还算奢侈的条件也并没有让火车之旅变得更轻松些。她几乎没法休息，同时也以一种沮丧的自知之明意识到，因年老而产生的某种令人疲惫的焦虑感已经开始在不知不觉中出现了。以前她最讨厌看到别人身上有这种脆弱，但现在也只能拼命忍受这样的脆弱在自己身上出现。

卡利玛整个冬天都在生病。实际上她很少介意炎热和潮湿，也感觉自己几乎不需要打开摇来摇去的风扇来稍微减轻一点痛苦。她就在这里长大，比大部分人都更能适应岛上不同季节的特性，适应在时间周而复始、令人欣慰的循环中空气里的细微变化。但是她发现冬天越来越难熬了，她怀疑这是因为一些外在的变化，而不是因为自己身上出现了什么问题。她发现自己无论多么努力都没法暖和起来，不管做多少繁重的家务，她都没法积聚起足够的热量让自己舒服些。不过，随着一个个酷寒的夜晚席卷村庄，她也因最近取得的一些成就和即将到来的庆祝活动而心满意足、容光焕发：她的儿子阿萨德终于娶上媳妇了。

尽管自己年事已高，也没有丈夫和族长按照习俗来监督整个过程，卡利玛还是单枪匹马给最小的儿子促成了一段良缘，她也为此非常兴奋。她听说洛哈尼家那个麻烦缠身的女儿还没找到婆家，她家跟他们不一样，她不需要去找媒人来执柯作伐，也就不需要额外花钱，更不用让自己和儿子被陌生人评头品足。尽管她衰弱的身体才刚刚恢复，她脸上的表情却非常放松，从定下亲事以来，她一直都是一脸高兴和轻松的样子。她到底还是得到了一个亲手挑选儿媳的神圣机会，而不是只能接受一个强加给他们家的女孩。

那天她说（声音大得足以让周围的人都听到）："终于有人来帮我做饭、做所有这些家务了。哦，天哪，我好累啊！我太老了，没法一个人把这么多活儿全干完。"她心里想，这是她亲自挑选出来的儿媳妇，甚至可能会跟她成为好朋友。

她的儿媳罗西尼在她大声打的无数通电话里，以及跟路过他们家表示祝贺的邻居的交谈中多次听到这句话，听得耳朵都要起茧子了。定亲消息传出去的那些日子里，罗西尼的脸上也挂着笑容。卡利玛的这句话表达了一种简洁明了、心照不宣的期望。罗西尼想知道，这次圆满的婚配，这个新的儿媳，会不会成为修复她和卡利玛之间关系的润滑剂，这么多年过去了，卡利玛对罗西尼和里亚齐仍然怀着积怨。罗西尼明白，如果说身体会有病痛，超自然法术会带来病痛，那么心灵同样也会有病痛，那就是心病。

第十章

夜 行

阿莉娅把双手放在暖烘烘的锅旁边,享受着那里的暖意。她并不觉得冬天有什么大不了的,由于一整天都在为晚上的庆祝活动做准备,她一直都没停下来休息。但是她没钱买更暖和的套衫,也没钱置办更厚的被子,只能就着她从记事起就在用的破旧的毯子和衣服勉强过日子,在这样的情形下,冬天的夜晚就很难熬了。她脑子里浮现出一些她听说过的事情,在傍晚的寂静中,这些事情让她想起了另一些类似的故事。

她以前就知道村里有个女孩失踪过一阵子。尽管那户人家住在村子最北边,那里只有零零星星的几户人家,在周围寂静的田野和丛林中,不仔细看都发现不了他们,但她还是听说过他们家的事情。在这种地方,小道消息传起来总是飞快,尤其是那些不好听的事情。

即便按照村里的标准,这户人家也可以说很穷。父亲是个打短工的,有时候能在建筑工地上找到事做,有时候就开着个三轮车,随便找点碰上的零碎活儿做做。女孩的母亲跟很多女人一样,很久以前就开始接刺绣的活计了,想着能多挣几个卢比。这位母亲很擅长勒紧裤腰带过日子：将旧衣服缝缝补补，或是用烂布片做成新衣服；在他们家右边随风摇曳的草坡上割下干草编成篮子；在集上找到要价最低的小贩，他们卖的米里面掺着小石子。尽管她才四十出头，但三十年的婚姻，八个孩子，以及一直受到贫穷的重压，已经将她的面孔磋磨得果决坚毅。

失踪的那个女孩跟阿莉娅的女儿差不多年纪。跟阿迈勒一样，她都十七岁了还在上学，还没找婆家，村里这样的女孩屈指可数。她很害羞，衣着和举止看起来透着矜持、谦逊和虔诚。她要是没有埋头看书或跟妈妈一起参加星期天的伊斯兰女子学校集会，那就多半是在照顾家里五个小的，都是男孩——妈妈先是生了三个女儿，让家里人大失所望，接下来一下子交了好运，一连串生了五个儿子。那女孩看起来很坦诚，跟她妈妈一模一样，跟人对话时就好像在对对方做出亲密而坚定的评价。阿莉娅心想，所有这些都让后来发生的那件事情更加出人意料。

那件事发生在大概一年半以前。那天早上，家里人起床时发现女孩不见了，她通常睡觉的那个角落是空的，只有一张皱巴巴的毯子表明她曾经在那个地方睡过。弟弟们在房子前面的院子里乱跑的时候，父母想尽了各种可能性，就是不想承认她是离家出走了。

她可能只是去水泵那儿打水去了。

她也许在茶铺。

她可能一早就去学校了。

要不就是去同村的朋友家玩儿去了。

可能这样，可能那样。

弟弟们终于磨磨蹭蹭地洗漱完、穿好衣服，一个接一个出门走上通往学校的小路后，女孩的母亲才从凌乱不堪的架子上把电话拿下来——电话一向都放在那个高高的架子上。她颤抖着手，接连拨通了大女儿和二女儿的电话。她坐在那里，拼命压住心里的恐慌，听着电话铃声里沉闷的颤音，终于等到她们先后接起电话。她们熟悉的声音暂时给了妈妈些许安慰，但在听到她们确认的消息后，那一丝安慰马上就被撕碎了：就像她翻腾不已的胃已经告诉她的那样，妹妹没有跟她们在一起，她们也没有她的任何消息。

这个女孩到中午也还是没现身，之前一直拼命压制着的恐惧到这时汹涌而来，淹没了母亲。他们已经找过学校，她不在，也问过他们知道的她的几个朋友，都没有跟她在一起。她的妈妈飞快地走来走去，跌跌撞撞地穿过村子，在因下雨而无比泥泞的小路上奔跑，翻遍每一片田野，一头扎进林子里。连着下了那么久的雨又那么闷热，林子比以前更茂密，也更难钻进去。她上气不接下气，呼喊了那么多次却得不到回应，嗓子也哑了。

他们也打电话报了警，警察询问了他们的详细情况和对女儿的描述，告诉他们说，以他们的经验，她很快就会重新出现，而现阶段除了等着，别无他法。他们还问了她是个什么样的女孩，而母亲又痛苦又震惊地发现，她这辈子头一回不知道该怎么回答这个问题。

到下午，女孩的妈妈开始采取其他措施。她丈夫对其他方式一直很轻蔑，他沉默寡言，但也很挑剔，对那些涉足超自然现象的人都不屑一顾。女孩的妈妈双膝着地求他，这才让他松了口。算是部分被说服，再加上另外一些想法，他借来一辆小摩托车，带着妻子沿着满是裂缝、非常颠簸的红砖小路去了岛上最有名、最灵验的贡宁那里。到那儿他们只能先等着，听排在他们前面的人跟那位贡宁讲述困扰他们的疾病和困境，好久才叫到女孩的母亲。贡宁耐心地听母亲介绍了情况，偶尔拽拽他披在亮白色过膝无领衬衫和休闲裤外面的厚厚的棕色披风，把肩膀罩住。母亲讲完女儿失踪的经过，情绪十分激动，而那位贡宁则忙着做起准备来。他翻动厚厚的经书，用一支刚削好的铅笔在《古兰经》里寻章摘句，对着一瓶水念念有词，让他们带回去洒在房子周围，又对着裹得紧紧的小纸卷低声念起咒语，要他们带回去用麻绳固定在房子的四角——靠这些法术就能把女孩带回来。

女孩的母亲坐在房子前面泥泞的台阶上守了一整夜，嘴里不断念诵着狂乱的祷词，到天亮的时候，她看到清晨的薄雾中有人朝她走了过来。她的女儿出现了，神情木然，脸上诡异地看不出任何感情，仿佛处于灵魂出窍的状态，在她脸上狠狠地扇一巴掌也没能把她拉回来。她开始说话时，对发生的事情没有任何记忆，也说不出来自己去了哪里。意识到在她自己毫不知情的情况下发生了什么事情以后，她也越来越觉得后怕。过了几个小时，女孩终于睡着了，她的父母明白了，这事儿肯定是某个精尼干的，并认定他们必须提高警惕。

她从学校退了学,现在每天都待在母亲眼皮子底下,直到他们能给她找个婆家,换成她丈夫来监视她。

很多故事都是这么个走向。有人离奇地失踪了,有人得了病因不明或无法治疗的病,有人遭遇了无妄之灾,内心深处的不安在古怪的、有时甚至算得上暴力的行为中显现出来——这些都被认为是精尼干的好事。精尼是一种看不见的存在,村子里几乎所有人都对它们非常熟悉,只有那些偶尔路过村子的外人不了解这种生灵,也意识不到它们的存在;从这个邦其他地方远嫁而来的新娘,由于娘家没有"精尼"这个概念,也可能会对这种生灵一无所知。

每个人都有故事——一次遭遇,一件发生在自己、邻居或家人身上的离奇的事情。走在路上,突然觉得有什么东西跟在你后面,转身一看却发现什么都没有,你有没有过这样的时候?说起精尼,就是这种样子。

女人们都知道,精尼是伊斯兰教的一部分,无论那些据称有现代信仰的伊斯兰传道会信徒是否愿意承认。精尼是真主安拉用无烟之火创造出来的,就像他用泥土创造了人类(insan),用光创造了天使一样。尽管跟人类生活在一起,它们的寿命却比人类要长,它们的一生也更加离奇。精尼有能力以惊人的速度移动,也有能力完成需要巨大的力量或勇气才能完成的惊人壮举。然而在很多方面,精尼都与跟它们生活在一起的人类极为相似。跟它们的人类同伴一样,精尼也会出生、长大、成婚、生育、抚养孩子,最后也会死去。也跟人类一样,所有的精尼死后都会受到审判。

虽然人类看不到精尼,精尼却可以观察我们。大家都知道,精尼会在晚上出来,沿着蜿蜒穿过村庄的尘土飞扬的土路前行,在月光下汇聚成曲曲折折的银色溪流,悄悄走向空无一人的清真寺,到了那里便在黑暗中祈祷起来。精尼同样礼敬安拉,至少那些善良的精尼是这样。和人类一样,它们也可以分成善良的和邪恶的两种。

精尼也可以抓住一个人,附在他身上。村里人会采取措施,不让这种不幸的事情发生。几乎所有人都戴着某种护身符,或是遵照一些禁忌规定行事,这样的行为非常简单,因而让人几乎想不到是在防着精尼使坏:把长发盘起,这样就不会有什么东西偷偷钻进去,在发辫之间缠结起来;天黑以后出门要小心,保证自己远远避开了那些荒凉、废弃的地方,大家都知道精尼就住在那里。谈论起这些时,大家会带着一种不得已而为之的玩笑口吻,但也都认为这是件非常严肃的事情。这跟婚姻没什么不同,阿莉娅想。

这个女孩身上发生的事情很奇怪,但并不让人觉得意外——还有很多人也是像她这样,失踪了然后又回来了。所有人都知道,在岛上他们村附近的一个小村落,有个男孩失踪了。他失踪了得有一年,然后又突然不声不响地回来了,对于大家的大惊小怪非常困惑,而且似乎变得会说六种语言了。在精尼现身之前忘了有精尼这回事,这也是正常的现象,就像那些从遥远的南边水流湍急的河口涉水到齐腰深的地方来捕虾籽的人,会选择忘记那些地方有鲨鱼或鳄鱼在深处的淤泥中巡行,因为这些野兽只是偶尔才发动一次攻击。

阿莉娅听说，这家人现在正千方百计给这个失踪过的女孩子找婆家。像这样的传闻一传十十传百，吓跑了追求者，也毁掉了女孩的未来，尽管实际上遇到精尼的事情并不罕见，尤其是在女人当中。在她们的身心也许很脆弱的时候，情形还会更糟：青春期，结婚后，怀孕时，生孩子的时候，奶孩子的时候，心里记挂着孩子的时候——从有女初长成的年华到孩子终于离开母亲的怀抱、不再是妈妈的责任，这是女性独有的无尽循环。

阿莉娅知道，就算是上了年纪的女人也不会幸免。她的邻居卡利玛自认为对跟精尼有关的所有事情都门儿清，而就这一点来说，阿莉娅恐怕得承认她很可能是对的。除了所有人都知道的明摆着的事情，卡利玛对于精尼的生活中一些不大寻常的方面也同样很了解。是卡利玛最早提醒阿莉娅，精尼喜欢潜藏在有新生儿的人家外面，它们偏好某些种类的食物，还跟她描述过它们御风而行的能力。也是卡利玛有一天晚上路过她家时停下来告诉她，跟人类一样，精尼也会因为犯下的罪行而受到真主安拉的惩罚。

就在几天前，卡利玛还跟阿莉娅讲了一件好玩的事情，但那段经历让人感到惴惴不安。有一天晚上她半夜醒来，特别尿急，于是偷偷溜到她家房子后面茂密的丛林里，蹲在冬天干枯的树叶上，释放出一股热流。突然一声巨响，让她猛然惊觉原来她蹲下来的地方属于精尼。她吓坏了，马上祈祷起来，并在黑暗中慌不择路地跑回家，一路被看不见的树枝抽打，直到回到床上在孙女身边躺下。这天晚上剩下的时间她都无比清醒地躺在那里，紧紧握住挂在脖子上的护身符，念诵着《古兰经》里的经文。

阿莉娅也要忍受精尼给她丈夫带来的病痛，尽管她并不喜欢人们总是把其他疾病归咎到这种超自然生灵头上。在为丈夫遭受的折磨寻找答案时，很多她咨询过的贡宁都认为，他的情况很可能是精尼造成的，尽管她比所有人都清楚，他的病完全是出自人为原因。她儿媳在嫁到他们家后没多久，也感觉自己被精尼附身了，不过阿莉娅在这个问题上的务实态度很快就让这些蠢话没了意义。

现在，当阿莉娅搅动着炖了差不多整整一下午的那锅浓郁的咖喱肉汤时，困扰着她的也是这类事情。她听到有传言说，村里来了新人，明天要嫁给卡利玛的儿子阿萨德，但她不知道自己该不该相信他们。

阿莉娅站起身来，双手漫不经心地拂过纱丽，弯下腰紧紧抓住大锅的两个把手。她匆匆瞥了一眼躺在床上一动不动的丈夫，慢慢走出厨房，挪到暮色中，费劲地提着小腿之间那口沉重的锅，跌跌撞撞地穿过空地。她闷哼一声，把这口锅放到为晚上的庆祝活动临时搭建的灶台上。这时里亚齐也过来了，出手稳住颤颤巍巍的大锅，让这口锅安安稳稳地坐在下面嘶嘶作响的火苗上，同时低声咕哝道："阿莉娅……你咋不叫人帮忙呢？我肯定会过来的！不过闻起来真香啊。"

他微笑着走开了，轻快地穿过火苗投下的阴影，扶着一位上了年纪的客人坐到椅子上等着，劝一群挤在一起聊得热火朝天的客人靠近做饭的炉火取暖。他一把抓住从身边跑过去的女儿沙哈拉,把她扔到自己肩膀上转起圈来,让她兴奋地大喊起来。他随和的魅力让他不费吹灰之力就能扮演好客的主人和宠溺女儿的父亲。

阿莉娅的目光绕着空地扫了一圈,在闪烁的灯光、炉火和应急灯的光亮中,人们的面孔飘移不定,时而清楚时而模糊。夜幕刚刚落下,但已经有些冷了,客人们呼出的白气在空中飞舞盘旋。冬天的白天还算暖和,但夜晚却十分寒冷,夜晚的到来让气温骤变,清朗的夜空留不住白天的太阳交给大地的那一点点温暖。抬起头,可以看到星星正在出来,现在还只是苍白的小光点,很快就会变成明亮的球体。

卡利玛请阿莉娅来负责庆祝活动的膳食,既是出于必要,也是出于不情不愿的善意。到了这个年纪,卡利玛根本没办法一个人做出那么多吃的,让来村里参加婚礼的各路亲眷和朋友都吃好喝好。她需要人帮忙,而阿莉娅厨艺高超,也会很感激卡利玛为帮厨付给她的钱。阿莉娅很乐意帮忙,这笔外快用来应付这个月乃至下个月的生活都绰绰有余,甚至还能让她开始还上一部分一直折磨着她的秘密债务。就连特别喜欢打听家长里短的卡利玛,都对她这件事一无所知。

她们俩一起去镇上采购食品,阿莉娅非常俭省,卡利玛也抠门儿得很,这让她俩组成了强大的二人组,没有防备的小贩们对她俩简直毫无招架之力。两人坐在一辆轰隆作响的摩托车上挂着的木头拖斗里回村,鼓鼓囊囊的购物袋在她们腿上抖动,一想起那个恼羞成怒的卖菜(sobji)小贩,她们就忍不住咯咯笑起来。每当她俩一次次砍价时，那个小贩就神情紧张地反复摸着自己的小胡子。最后，为了摆脱这两个不可理喻的女人，他还送了她们一些洋葱和几捧闪闪发光的红辣椒（lonka）了事。

阿莉娅两眼平静地看着那几个炖锅，手底下搅拌着一大锅饭，免得柔软的米粒粘在锅底。这口锅旁边是一大锅她辛辛苦苦准备了一天的咖喱炖肉，她偶尔掀一下锅盖，用喷涌而出、冲上天空的热气暖一下自己冰冷的双手，辛辣肉汁浓郁的香味也随之飘得满院子都是，让客人当中最禁得起诱惑的人都不知不觉地向炉火靠拢过来。

卡利玛在几米外的地方聚精会神地准备着牛奶甜布丁（kheer），这是一种用牛奶和大米做成的饱含油脂的布丁，在婚礼前夜的庆祝活动上必不可少。阿莉娅能看到，她这位邻居因为兴奋和激动而绷直了身体，一边不停地搅拌着锅里的东西，一边说着话，回答问题，传些家长里短，或是下达什么指令。

"那姑娘的村子离这儿就一小段路，坐车五到十分钟就到了——太方便了！你能想象吗，离娘家那么近？对了，我当然是很幸运的，最后回到我爸妈这个村子里来了。喂！别离火那么近，伊法特她妈——火星子要是飞出来，你的衬衫就着火了！……"

一群女人坐在编织而成的垫子上，下面的地面冻得很硬。她们一边以老年人的方式压低声音自在随意地聊着天，一边制作着正圆形的印度煎饼，每一张都既漫不经心又那么完美，这种境界只有经过多年的练习才有可能达到。在离她们很近的地方,新郎的嫂子罗西尼跪坐在露天灶台前面,照管着变化无常的炉火,上面的面包很快就要烤好了。她跟那群老太太并不在一块儿,也没参与她们的讨论,尽管她们也半心半意地想把她拉进来。在琥珀色火光的照耀下,罗西尼身上闪闪发亮,苍白的脸被火光烤得暖暖的,她有意让一绺黑发从肩上的方形披肩下面露出来,高高的前额也因此变得柔和了。她让自己放松下来,脸上半是微笑,不再是平常冷着脸的样子,而是换了一副更谦和的表情。她不时会抬头看一眼,看看孩子们在空地上跟别的孩子一起嬉戏、一起欢蹦乱跳的身影,也带着微笑看看纵容孩子们的丈夫,这让她想起自己为什么会爱上他,以及里亚齐温柔起来的时候是什么样子。

　　罗西尼突然想到,在这几天的庆祝活动中,她和里亚齐因为共同承担了在公众面前的角色而变得更亲密了。他在这种场合下很自然,跟表亲和姐妹们聊得很带劲,扮演起尽职尽责的儿子和兄长,尽管在日常生活中他已经不再扮演这样的角色了。罗西尼则是好儿媳的典范,她洒扫庭除,生火烧水,在需要帮忙的时候不请自来,喊婆婆去歇着,这里里外外所有的事不都是她在做吗?卡利玛被搞得手足无措,甚至都听不出来罗西尼话里带刺。多年来罗西尼头一回感到平静,仿佛又能感觉到脚下的大地有多坚实可靠了,对这种情形更驾轻就熟的人可能会把这种感觉叫作自信。毕竟她知道,婆婆的注意力很快就要转到另一个对象身上去了。

　　罗西尼非常内向封闭,不会跟精尼产生什么瓜葛。尽管卡利玛经常聊起精尼的事情,但罗西尼只是姑妄听之,从来没讲过自己跟精尼有关的故事或经历。她总是让自己显得这么超然物外,这也是她婆婆讨厌她的原因之一。就算罗西尼在另一种不那么麻烦的情况下成为他们家的一员,她也绝对不会跟别人透露自己的秘密。她守护着自己的想法。卡利玛绝对不可能选她当儿媳的原因有很多,这只是其中之一。

赛义德撞到罗西尼身上,打断了她的回忆。儿子小小的胳膊攀上她的肩膀,脸深深埋在她胸口里。她想,孩子们很快就会累趴下的,他们下午大部分时间都在一边大喊大叫,一边四处奔跑,因为有这么多人而兴奋莫名,宾客中很多他们都认识,而在这样一群宾客中间,他们也自由自在,非常舒服。罗西尼放开儿子,儿子飞速跑进夜色中,一边咯咯笑着,一边追在姐姐们身后。罗西尼看到,空地中央放了一把椅子,人们开始在那把椅子周围聚集起来:"涂姜黄"(gaye holud)仪式就要开始了。

很奇怪,阿萨德晚上大部分时间都不在场,不过现在他从主屋里出来了。朋友们和急切的家人把他带到那张椅子旁,猛地推了他一把,让他坐倒在上面,还抢走了他裹在肩膀上的毯子。他穿着背心,裹着缠腰布,浑身发抖,一身厚实的肉在夜风中皱了起来。有人从口袋里掏出一部手机,打开上面的手电筒,让光打在等待中的新郎身上,他在强光下眯起眼睛,想用胳膊挡住脸。

新郎的姐姐们走到圆圈中央,每人手里都拿着一个小碗,里面的姜黄已经捣成金色的糊糊，十分黏稠。她们开始小心翼翼地把这些糊糊涂到弟弟的皮肤上。冰凉的姜黄膏在皮肤上铺开，新郎喘着粗气，拼命忍住没有躲开。在举行仪式时，他们也想起了整个这片次大陆上的祖先，他们在婚礼前也会像这样坐下来，也会给皮肤涂上这样的混合物，好让皮肤更光彩照人，这样做也会让他们变得更加美丽。这个仪式跨越了宗教信仰、地域、阶级和种姓的界限，在城市里，它通常都是在干净的酒店宴会大厅或富丽堂皇的宫殿花园举行，并往往成为盛大场面，不过从本质上讲，那样的场面跟眼下这场仪式并没有什么区别，虽说这是一片泥地，周围环绕着的也只是椰子树粗糙的轮廓。

没过多久，人群里其他人也开始加入，一边藏起自己的脸不让其他人黏糊糊的手指碰到，一边尖叫着拼命想把姜黄膏涂到别的什么人脸上。有人用手机放起了音乐，低沉的节拍伴随着歌手顽皮的歌声，与掌声、欢笑声和跺脚声交织在一起。

卡利玛和其他长者从人群中后退一步，脸上浮现出宠溺满满的微笑。食物现在全都准备好了，她可以在空地上自由自在地走动走动了。身为主人，她充满了兴奋和斗志昂扬的期待，就仿佛知道肯定有什么地方会出问题一样。她快速靠近聚在她儿子身边的那群人，轻轻拉了拉阿莉娅的胳膊，把她从人群中拉了出来。

"时间快到了。牛奶甜布丁仪式的时候你要跟他坐在一起不？"她一边发问，一边左右扫视，好像在确认今晚的下一个仪式最合适的举行地点。

"没问题。您想现在开始吗？"

卡利玛看了看儿子。他蹲在椅子后面，把椅子当成盾牌，躲开其他人嬉闹着发起的攻击，他的皮肤和白色背心都沾上了鲜亮的黄色。

"我觉得他已经受够啦。"

阿莉娅往一边偏了偏脑袋，转身毅然决然地大步走进拥挤的人群，清出一条路，走到阿萨德那里。

"已经够啦。够了！来，我们给他喂点吃的，然后所有人就可以开饭了。"

阿莉娅把一只手轻轻放到阿萨德肩上，领着他朝屋子里走去，叫他擦去皮肤上多余的姜黄膏，把背心换了，然后再出来重新成为激动的人群关注的焦点。

阿萨德再次从屋里走出来后，阿莉娅领着他来到门廊上卡利玛最后决定的位置，让他坐了下来，还把一张羊毛毯轻轻盖在他肩上，让阿萨德拉上去盖住脑袋，这样他就可以像女人那样把自己隐藏起来。阿莉娅在他身后坐下。她从阿萨德出生起就认识他，那时候她自己也还不过是个小女孩，才刚到这个村子里没多久。因为对阿萨德很熟悉，阿莉娅放松下来，但没有感觉到一丝暖意。在她看来，阿萨德表现得更像一个被宠坏了的孩子，没有一点男人的样子。她经常无意中听到他对卡利玛恶语相向，她知道自己的儿子绝对不敢那样跟她说话。看到阿萨德成婚，她可不会难过，毕竟以后就会有别人来照管他了。

阿莉娅拿起卡利玛放在地上的盘子，双手托起往前送出去。那上面已经放了一张挺括的一百卢比纸币，暗示着大家应当把相同钱数放上去，放少了的人肯定会觉得难堪。卡利玛绝对不会放过任何能弄到钱的机会，即便对亲友也是如此。

阿萨德面前摆了一个巨大的银盘，上面放着一份份接下来要吃的食物：一堆热气腾腾的米饭，几张柔软的印度煎饼，一大瓢咖喱炖肉，一大勺阿莉娅自制的芒果酸辣酱（chatni）。还有一个破旧的锡盘盛着牛奶甜布丁，里面埋着一把勺子。宾客已经排起长队，等着轮到自己喂新郎一口吃的，祝他新婚幸福美满，然后再把一张纸币或几个硬币放进盘子里。虽然没有刚刚举行的涂姜黄仪式那么闹腾，部分客人的庄严肃穆还是被另一些人顽童般的嬉闹冲淡了。在给新郎喂饭的时候，大家有意显得非常慷慨，有个叔叔一边偷笑一边把一大勺咖喱填进阿萨德嘴里，黏稠的肉汁顺着阿萨德的下巴滴下来，让他需要更多的水。没过多久，宾客的队伍变短了，也到了开饭的时间了。

阿莉娅站起身，走下台阶回到空地上，站到那些大锅后面做好准备。锅下面的灶火小了些，但火焰仍然威力不减，余火变成白炭焖烧着。她手里的银勺闪闪发亮，在她面前的大锅里上下翻飞，排着队的客人一边催她多盛点，一边交口称赞她做的食物，尽管谁都还没尝上一口。到最后一位客人也终于吃上以后，空气里弥漫着人们因为吃上了这顿期待已久的大餐而心满意足的低声呢喃，气氛一片祥和。空地上满是大家端着热气腾腾的食盘挤来挤去的身影，在灯光和柔和的月光下留下了银色的影子。在夜晚的空气中流动的还有魔法,以及没有实现的诺言闪烁着的微光。

卡利玛出现在阿莉娅身边,紧紧握住她的手,把一卷钞票放在她手心里。

"去拿点吃的吧,给家里人也带一点。"

阿莉娅点点头。

卡利玛转身看着阿莉娅的眼睛,扬起一边的眉毛,既像是提问又像是陈述。

"明天?"

阿莉娅笑着歪了歪脑袋。"没问题,姐妹。"

说完这些,阿莉娅走开了,又停下来把一些咖喱盛进她备在一边的破旧的金属锅里,迂回地穿过空地上的人群,把吃的带回了家,带给在等待她的家人。

第十一章

上　路

就在阿萨德婚礼那天，阿希玛奶奶去世了。那一天，村子里她家那片很安静，很多人都不在，因为去参加卡利玛最小也最难满足的儿子的婚礼去了。死者的儿媳从午睡中醒来，用力揉揉眼睛戴上眼镜，往婆婆的床那边瞥了一眼，发现婆婆一动不动，目光空洞地盯着泥质屋顶上的裂缝。儿媳随即哭喊起来，但几乎没有人听到她的哭声。卡利玛正在享受喜气洋洋然而也让她操碎了心的婚礼庆典给他们把新嫁娘带回来之前的片刻宁静，听到哭喊声后，她穿过灌木丛，跑过他们家和这位邻居家之间的一小段路，向恸哭声冲去。她在通往房子的台阶底下的空地上停下来，看到那个女人坐在遗体旁边的地上，脊背在啜泣中耸动，她犹豫了一下。卡利玛把脸转到一边，既为这位老妇人的离世感到悲伤，也害怕在这个本该很吉利的日子死了人是不是预兆着什么不好的事情。

上午的时光已经照人们期待的那样过去了，婚礼之前的这几个小时，混杂着兴奋、无聊和紧张的期盼。男人们围坐在空地上聊着天，要不就是远远站在一边对着捧在掌心里的水货手机大喊大叫。他们全都衣冠楚楚,有的人穿着伊斯兰传统服饰,肩上还特别披上了红白相间的包头巾(keffiyeh),也有人穿着精心熨烫过的衬衫和西裤,但二者看起来不怎么搭。里亚齐从来都说不上有多虔诚,他穿着奶油色的斜纹棉布裤子,带绿色、黄色和粉色条纹的衬衫,浓密的头发和精心修剪过的小胡子让他呈现出一副八十年代电视剧人气明星的派头。

罗西尼穿着一件闪闪发光的青绿色及膝长袍,坐在门廊上挤得密不透风的一群女人中间,语带挖苦地评论着她们的打扮。脸上的粉扑得太多了,比她们的皮肤浅好几个色号,还有闪烁的眼影、粗重的眼线、厚厚的睫毛膏,以及把嘴唇变成刺眼的条纹的亮粉色和血红色的唇膏,偶尔张开嘴,那条纹就转变为紧张的微笑。一面面镜子被又湿又滑的手强行掰开,在你推我挤中映射出一个个碎片般、舞动着的身影。花里胡哨的首饰被从纸箱里小心翼翼地取出来,揭开外面那层皱皱巴巴的纸,散发出往日时光的气息。耳环、手镯、项链和发饰熠熠生辉,被戴上后再调整到最合适的位置。花朵连着坚硬的枝条被编进了发辫里。纱丽上镶嵌着亮晶晶的水晶,披起来,打好褶,被卷起来固定住,闪亮的婚纱裙(lengha)罩在贴身的紧身裤上,旋转起来形成转轮烟火一般的彩色。

到处都是孩子。大一些的男孩子在空地上跑来跑去,身后跟着才刚学会走路的小孩,他们的父母大声叫喊着,叫他们别跑了,或是小心点别把身上弄脏了。女孩子们紧张地抚弄着好看的新发型,上面还小心翼翼地喷了一层发胶,泛着光泽。她们摆弄着油亮的指甲,赞叹着彼此的新装扮和俗艳的新妆容。罗西尼的女儿沙哈拉涂着紫色眼影,系着闪亮的发带,看上去比平时漂亮多了,但似乎也脆弱多了。

天空是铅灰色的。空气有些黏稠,这在一年当中的这个时候有点不大正常,看起来好像要下雨。意料之外的暖意,准备工作带来的热量,让汗珠滚滚流进女人们涂了粉的脖子后面,又悄无声息地流进纱丽短衫隐藏的缝隙中,跟大量的廉价香水味混在一起。热量让鸡鸭在空地周围啄食时翻出来的东西散发出腐臭味,令人掩鼻,同时也让人想到多出来的这四十位宾客的生理需求,然而这里并没有合适的厕所。罗西尼皱了皱眉。说到厕所,这里只有卡利玛和阿莉娅两家共用的一个蹲坑,怎么说也绝对不是个令人愉快的去处,而比如说她婆婆,就更愿意去林子里解决。

尽管有些闷热,卡利玛还是觉得冷,于是在褪色的蓝色纱丽下面加了件满是樟脑味的海军蓝旧套头衫。她特意走来走去,查看客人们的需求,给大家添茶倒水,也监督着最后的准备工作。罗西尼知道,婆婆一直没怎么睡觉,今天早上也没吃任何一口给她的食物。按照习俗,卡利玛今天只能靠边站,退居幕后。村里从来都不允许新人的母亲参加子女的婚礼庆典,她们只能待在家里或躲在屋子深处的内室里,在那儿思量自己得到了什么,或者可能失去了什么。母亲不能参加,因而准备迎接新嫁娘、护送新嫁娘回门的重大任务,就落在了罗西尼和阿萨德的姐姐们身上。

禁止母亲参与婚礼庆典是一种文化习俗,来自他们周围这片土地上的故事和行事方式,而不是任何宗教禁忌。人们认为,母亲珍爱的孩子结婚了,这中间的剧变对母亲来说无法承受,会让她们无意识中对子女露出邪眼,甚至对孩子们满怀恶意,诅咒他们即将到来的结合。有人说这种做法可以追溯到他们最喜欢的女神杜尔迦,在她儿子卡提克(kartik)的大喜之日,杜尔迦被儿子撞见正在偷偷地狼吞虎咽。卡提克问杜尔迦在干什么,杜尔迦悲伤地回答,兴许新媳妇会不许婆婆吃东西。卡提克被这种可能性吓坏了,于是退了婚,之后终身未娶。要是像杜尔迦这么强大的女人都没法在这种场合下控制住自己,那么肉身凡胎的母亲这种时候肯定最好还是眼不见为净。

现在婚礼的进程有些耽误了。有人拿从集上订的鲜花去了,那些花朵已经由灵巧的手指精心编织成美丽的花帘。芬芳的茉莉花、白色的玫瑰花和猩红色的康乃馨会被一条条挂起来,用来部分遮住新郎和新娘的脸。他们本来应该中午十二点前回来,然后就该出发去新娘家那边了,但是,出了什么事?现在他们在哪儿?这会儿时钟正一分一秒逼近下午一点,人们也变得越来越焦躁不安,大声抱怨着说,很多人还得靠公共交通走老远的路回家,明天一大早就得上工,可没时间在这儿耽搁。

到最后,鲜花终于到了,庆典也开始了。来访的亲戚、悉心挑选出来的邻居和不请自来且一门心思要与有荣焉的参与者挤成一团,在路边转来转去,随后又急切地一股脑挤上摩肩接踵的机动三轮车。在十几二十个乘客的重压下,三轮车吱嘎作响。卡利玛为这场婚礼租了一辆紫褐色的小轿车，用胶带仔仔细细地贴了几百朵粉色玫瑰在上面，虽说有些破旧，但人人都想坐。为了争抢这几个座位，人们尖声谩骂，七大姑八大姨们低声呵斥着，孩子们则流下了失望的泪水。

新郎现身的时候，乘客们关于后座的交锋终于有了结果——小轿车塞进去了至少三层乘客。阿萨德穿着一身金色，锦缎做的过膝无领衬衫、休闲裤和镀金拖鞋闪闪发光，连脚趾上都有繁复的花饰。他摘下精心盘在头上的专门用于婚礼的缠头巾（turban），上面还有杂乱无章的金属丝临时做成的面纱，随后挤进前排副驾的位置，坐到伊玛目的大腿上。随后这支队伍就出发了，不慌不忙地走在这段只需要五分钟的路上。过了一会儿，这几辆车停了下来，乘客们下了车，正了正硬硬的小圆帽，理了理闪闪发光的人造首饰，又用手掌抚平了衣服上因汗水和拥挤而出现的褶皱。重新集结后，大家沿着已经被太阳晒干的泥巴路缓缓步行前进，迂回穿过簌簌作响的稻田，经过一排排土墙屋，向那女孩的村子走去。

走到近处的时候，罗西尼能看出来是要到了。沿着小路往上走，她开始能辨认出聚在一起等着观礼的人群，他们都焦急地等待着一睹新郎的真容，铺在地上的一张巨大的蓝色油布也反着光。没多久她就看到在一个帆布帐篷下面放了个低矮的台子，新郎、他最重要的男性亲属和伊玛目会坐在上面吃饭。其他所有人都只能坐在地上，相比直接坐在地上跟人挤在一起来说，带着黯淡划痕的油布并没有带来多少安慰。

她也能听到阿萨德从加尔各答来的亲戚的评论，说这个地方多么平平无奇，说帐篷上一点儿装饰都没有，这一切陈设也太简单了云云，说话的音量刚好能让无意中听到的人感到很不舒服。她气得脸都红了。其中一个亲戚这天早上还用舞台上那种故意要让别人听见的悄悄话说，她打从娘胎里出来头一回要在池塘里洗澡。罗西尼不敢想象，要是他们知道，按照这里的习俗，宗教婚礼仪式要到婚庆晚宴以后才会举办，他们又会发表什么高论。

人群开始在帐篷下涌动，互相推来搡去，寻找着地上坐起来最舒服的地方，比如说避开坚硬的树根，或是找到一个宽敞的地方坐下来。新娘家的人不会跟他们坐在一块儿，女眷大多数时候都在房子里不许出来，而男人们也只负责给宾客拿吃的。

罗西尼知道整个仪式会怎么进行。会有纸盘子拿上来，上面堆着要蘸着吃的加汁小脆球，会有装满小扁豆（daal）的银桶，会有盛着某种冬季时蔬（比如南瓜，也可能是豆子）的盘子，会有大锅大锅的米饭和咖喱炖肉，尽管不是牛肉，因为这么多人要上牛肉的话就太贵了。喝的有冰冻果子露（sharbat），果子露喝完了就喝水，够幸运的话，能喝到从水泵打来的水，不够走运就会喝到从池塘里打来再烧开的水。不会有音乐，也没有正经的气氛，只有吃吃喝喝的声音，夹杂着漫不经心的喊声，也许是再来点小扁豆，再来块鸡肉，这次不用那么多肉汁，或是再来一份加汁小脆球，有热的不，之类的。吃完这顿饭，很多人马上就走了。剩下的可能还会再坐一会儿，剔剔牙，说道说道吃的有多糟糕。他们都会吃得肚子溜圆，但是谁都不会觉得满意。这里的婚礼就是这么残酷：办婚礼不是为了享乐，只有那些以评判他人为乐的人能从中找到乐趣。

这一次，罗西尼不会参加那些她早就知道会怎么进行的仪式。赛义德太小了，不能跟他爸一起走，所以罗西尼带着赛义德，跟阿萨德的姐姐和几位女性近亲一起，由女方家的一个人接引到新娘身边。她们被带到这个并不宽敞的房子里面的一个房间，有几个女人坐在里面低声聊天，还有一个女人单独坐在角落里，用纱丽严严实实地遮住了脸。她们俯身挤进那个房间，站在低矮的屋顶下面，罗西尼心想，那就是她了。她马上在即将成为她弟媳的这个女孩身边坐了下来，既因为她非常好奇，也因为对这位她还不认识但也许会成为盟友的人，她已经开始产生保护的本能。她知道，阿萨德的姐姐们也许会很恶毒，就算现在，她有时候都还是会被她们刻薄的评论和轻蔑的目光伤得体无完肤。不过跟她们的一个远房亲戚比起来，她们的那点恶毒又实属小巫见大巫。这个亲戚就是拉克莎姐姐（Raksha-di），她以长得肉滚滚且经常口吐芬芳而闻名。

女人们愉快地聊着天，对角落里那个哭泣的身影视而不见。没过多久，一大盘食物被端进屋里，放在房间中央的地上。罗西尼细细品味着每一口，很是享受能吃到并非由自己准备的食物而且身边只有一个孩子让她烦心的机会。阿萨德最小的姐姐侧身躺在那里，四肢伸展，好让自己怀着宝宝的大肚子舒服一些，那姿势活像个电影明星。她一边文雅地吃着，一边抱怨怎么没配点沙拉，而她就只想吃点沙拉而已。她脸上没什么表情，甚至可以说表情温和，但声音里却满是不屑，浓得像蜂蜜一样。

气氛在温柔和毋庸置疑的残忍之间摇摆。

"她不会吃的。"拉克莎姐姐叹了口气，朝新娘扬了扬下巴，夸张地翻了个白眼。

阿萨德的小姐姐小声咕哝了一句什么，罗西尼没听清，但其他人爆发出一阵笑声，带着责备的语气喊起来："切！切！"

她们回忆起别的婚礼，那些日子就跟今天一样，不过那时候是这些女人坐在那里，憧憬着自己的未来；这个特殊的场合，似乎能让那些本来互相有点看不上的人很容易信任彼此。罗西尼没有讲述自己的故事，她的故事不是用来在这样一天讲述的。她跟新娘的姐姐轻轻松松地拉起了家常，这是又一个精疲力竭的母亲，因为终于有机会摆脱家务而放松下来，虽说只是几个小时而已。这位姐姐一边聊着天，一边靠在罗西尼身上，从一小堆要一起带去新郎家的东西里找出一条挺括的海军蓝纱丽，递给正在抽泣的妹妹，不容置疑地告诉她把眼泪擦掉，因为没多少时间了。她说对了。很快就有人来敲门，说午饭已经吃完了，差不多该走了。

拉克莎姐姐用涂着洋红色指甲油的指甲拂过嘴角，擦去嘴边上的油。随后她慢慢站起身来，摇摇晃晃地穿过房间，示意别人把托盘从她们围成的圈子中心挪开，这样她就可以在新娘正跟前坐下来了。

"油。"她一边说着，一边伸出左手，眼睛仍然盯着面前的"猎物"。

拉克莎姐姐没再多说一个字，开始麻利地把油擦到新娘头顶上，这些动作伴随着沉默，带着点残忍的味道。她用力梳着女孩的头发，梳得新娘的脑袋前后摇晃，简直是把她当成洋娃娃来摆弄，而新娘对于落到自己身上的一切，也都是逆来顺受。新娘痛苦的泪水止不住地流下来，她的头发被梳到脑后，一头长发被盘成了一个光洁的发髻，用红头绳紧紧绑在她脖子后面。

"把脸擦干。"拉克莎姐姐一边说，一边用狐疑的目光扫了一下女孩家人积攒下来的旧化妆品，有些上面都已经结成了硬壳。

她递给新娘一面小镜子、一盒粉底，那粉底呈灰白色，跟拉克莎用在自己身上的粉底一样奇怪，那粉底让拉克莎的脸变成了灰色，乍一看像个幽灵。然后是一支口红，跟其他人涂的艳丽色调比起来，这支的颜色并不起眼，对新娘也是对处女来说更适合。接着是一条用布袋子做成的新纱丽，配上一件女士衬衫、一条方形披巾和一副文胸，这在少女的装束中并不常见，仿佛是在最后提醒女孩，她的身体不再只是她一个人的了。新娘以自己能做到的最谦逊的样子穿上这些衣服，在下面摸索着左拉右扯，尽力避免在满屋子女人面前露出太多皮肤，免得有谁认为她不够得体。接下来是一件罩袍（abaya），罗西尼觉得很漂亮，那是夜晚的颜色，边上绣着粉白相间的花朵；然后又是围巾、头巾、面纱，最后是由一朵朵鲜花制成的花帘，白玫瑰和茉莉花连缀成线，从新娘额头垂落下来。不给人留下任何偷窥的机会。

新郎的家人被引领着走出房间，给新娘和她的家人留下最后几分钟。新娘从房子里走出来时，罗西尼在炫目的光辉中眯起眼睛。下午天气晴朗，早上的云全都不见了。罗西尼看向临时搭起的帐篷，看到大部分客人都已经走了，只有阿萨德和几个男人还在阴凉地里游荡，等着把新娘安全带回新郎的村里。

只剩下一项仪式了。随着礼貌但坚决的"坐下，坐下"的呼声，男人们不情不愿地再次坐下，这次是在油布上面坐成一圈。新娘家的两个人小心翼翼地端着一个巨大的盘子，摇摇晃晃地朝这圈人走去。盘子里盛着牛奶甜布丁，里面嵌着米什蒂糖果，看起来很漂亮，上面长尾小鹦鹉一样的绿色和焦糖的琥珀色，与下面牛奶的白色相互映衬，让人馋涎欲滴。男人们往后靠了靠，腾出中间的地方好放盘子。然后，游戏开始了。

他们需要把面前这个盘子里的所有东西全都吃完。这个任务对任何人来说都不可能完成，何况还是刚刚饱餐了一顿的客人——这就需要讲讲条件了。他们会一直坐在那里，直到跟新娘家的女眷达成协议。那些女眷现在围着他们，等着他们出个价来解除这个义务。要是有人想在达成协议之前开溜，女人们就会从纱丽里取出锋利的安全别针和闪闪发亮的缝衣针，用拇指和食指牢牢捏着来对付他们。

刚开始，男人们吃得挺快也挺享受，感受着注入了加糖牛奶的肉桂和别的香料的温度。年纪最轻的男孩子们从上面盛走米什蒂糖果时，会得到欢呼和鼓励，而他们也陶醉在轻易就能得到的赞美中。但尽管一勺一勺地舀着凝胶一样倒胃口的布丁，他们却似乎没有取得任何进展。随着男人们越来越累，也越来越难受，罗西尼看到里亚齐开始谈判了。他带着奉承的口气若无其事地提出，因为他们作为客人无可挑剔，也许他们什么都不用给，但这个提议没有引起什么反响，只有最年轻的那几个女孩子有些动摇。

"大兄弟，给我们一千卢比你们就可以走了。"年纪大些的女人们回击道。

"就一千卢比而已啦！没多少钱。把钱给我们，你们就可以走了。"

他们很快进入了气氛融洽的唇枪舌剑中。阿萨德的姐夫，那位毛拉纳，想从圈子里站起来去做四点钟的乃玛孜，结果肩膀上被针用力扎了一下，白色的过膝无领衬衫上出现了一个慢慢洇开的小血点，他也因此愤怒地大喊起来，说没有人能阻止他做礼拜。

女人们不情不愿地让他走了，同时也用了大喊大叫来回应，说她们被骗了，说她们这边曾得到承诺说招待她们的时候会有槟榔，但结果并没有，而新郎那边则激烈否认这个说法。

最后，在火速交锋了几个回合后，双方终于达成协议。里亚齐一边摇着头，对己方战败茫然不解，一边从破旧的皮革钱包里掏出五张一百卢布的钞票。罗西尼笑了笑。女人们这事儿办得不错。

罗西尼身后传来低低的抽泣声。她转过头，看到新娘出现在房子门口。罗西尼走过去，温柔而坚定地挽起新娘的一只胳膊，跟挽着另一只胳膊的新娘的本家嫂子点了点头。按照传统，这个女人会陪着新嫁娘，陪她在陌生、令人害怕的新家度过头几个夜晚。她是新娘的家人，但并非血亲，只是姻亲——是新娘与她即将抛在身后的娘家生活的联系，但是又不会勾起太多情感。

她们走动起来。新娘的妈妈到最后一刻才被允许露面，现在眼睁睁看着女儿被带走，她也只能低声呜咽。她的姐姐双臂环抱着她，希望能保护她，而她的哭泣声还是控制不住。但她们的哭声都比不上新娘凄惨，在两个女人的搀扶下，她一边跌跌撞撞地走着，一边悲号，仿佛突然之间不会走路了。她的衣服一片凌乱：面纱歪了，罩袍也有几处解开了——她们原本希望她端庄地上路，如今这个希望也破灭了。

终于来到一直等着的小汽车那里，罗西尼扶着新娘坐进后排，旁边是阿萨德，他看起来已经有些不耐烦了。新娘的嫂子尽可能小心翼翼地挤进去坐在他们旁边，砰的一声轻轻关上门，随后他们便出发了，沿着柏油路慢慢向新郎的村里开去。罗西尼站在婚礼庆典最后留下的一群人和新娘村子里的孩子们中间，孩子们都很兴奋，尖叫着冲到路中间，然后又退到路外面安全的地方，疯了似的挥着手大喊："再见！再见！"罗西尼一直看着那辆汽车，直到它消失在地平线的那一边，随后她闭上眼睛，尽情享受着离开自己村子的短暂时光的最后一刻,不知道什么时候才能再次体验像这样的自由。

下午晚些时候,罗西尼和婚礼最后剩下的人刚回到村里,马上就发现有些不对劲。孩子们朝他们冲过去,七嘴八舌地说起刚发生的事情来。

"她死了!她死了!"

"你们在说啥?"

"阿姨!"一只小手朝着阿莉娅家菜地另一边的房子挥舞着,"阿姨!奶奶!"

"我的妈呀!太可怕了。还是在阿萨德婚礼这天。"

"是谁在吵架?"

他们沿着穿过一排排绿色菜地的小路迂回地往前走,风中传来的声音越来越高。听不清到底是在说什么,但语气里明显有一股敌意。罗西尼走进空地,便看到拉克莎姐姐不安地站在卡利玛旁边,卡利玛面对着她,双臂抱胸,面无表情。拉克莎姐姐相貌平平,但罗西尼被她的双眼吸引了,那双眼睛像焖烧的煤块一样,呈现出很深、很危险的黑色。

拉克莎姐姐大喊:"我要走了!快点,好了没!"她向她的丈夫和亲戚们示意,然而他们都只是脸色阴沉地站在那里,也带着些怨愤,但似乎并不愿意卷入争端。

"你们也太狡猾了!我们早该知道你们是这么个样子。这么偷偷摸摸地搞。我们从各个地方大老远地跑过来,连一场像样的婚礼都没有!"

罗西尼意识到,卡利玛的秘密最后还是被发现了。她当然一直都知道这件事。在两家人谈妥这场婚事，也例行公事地完成法律和民事上的结合后，他们就讨论过宗教婚礼的事情。按照伊斯兰教法举行的婚礼（nikah）通常都很盛大，会在前一天晚上的涂姜黄仪式之后到第二天的婚宴之前举行，仪式上会诵读《古兰经》经文，夫妻双方交换誓言，伊玛目也会祝福这对新人。但两家人并没有这样做。他们都只想办一场小规模、清静点的婚礼，卡利玛反正总是能省则省，而新娘家不愿意大操大办的原因后来也清楚了。因此，他们提前悄悄办了宗教婚礼。

这么做本身是会引起一些不满，但让客人们这么怒火中烧的，是卡利玛没有事先告诉他们这个安排。今天早上他们很早就到了新娘家，满心期待着宗教仪式的盛大场面，见证一对新人按宗教仪轨结合，却只是被招待了一顿饭。客人们花了那么多时间、那么多钱来参加这场庆典，现在觉得被骗了，很受伤。卡利玛知道他们会不高兴，所以她才一直对这件事秘而不宣，也非常清楚要是事先告诉他们，很多人压根儿就不会来。

愤怒在人群中蔓延开来。有人在试着安抚拉克莎姐姐，劝她坐下来消消气，冷静冷静，另一些人则在七嘴八舌地向主人家表达自己的不满。就连卡利玛的几个女儿也都只是站在一边看着，摇着头，公然表示并不认同母亲处理这个问题的方式。罗西尼想，不知道卡利玛的大女儿鲁帕有没有原谅卡利玛错过自己生儿子的时刻——那个有一双奇怪的蓝眼睛的孩子，此刻正趴在鲁帕肩头。

罗西尼穿过空地走向自己家的小屋，又围着自己的孩子忙乱起来，那三个孩子都兴奋不已，但也马上就要耗尽全副精力了。她轻柔地脱下他们身上最好的衣服，仔仔细细地叠起来放好，同时也不禁佩服起自己的婆婆来。卡利玛的态度异常坚定，一点儿都没有让步。

阳光从天空中倾泻下来，一阵寒意也降临到空地上，气氛顿时让人感到压抑。由冲突带来的不适，以及隔壁老妇人的离世，浇灭了新婚燕尔可能带来的任何想要庆祝的心情。仍然留在这里的人感到有些泄气，他们脱下参加婚礼的盛装，重新穿上平日里穿的衣服，坐在一旁轻声细语，只想吃点东西然后上床睡觉。新娘坐在门廊上，拉扯着脸上的头巾，仍然想尽力显得仪态端方。

正常来讲，第二天会举行"新娘宴"（boubhat），是新嫁娘在新家吃的第一餐饭，但这场婚礼的"新娘宴"需要推迟一天举行。这个村子明天无法欢迎新嫁娘的到来，因为要悼念一个刚刚离开他们的人。

第十二章

死　者

　　拉尼僵住了。她背靠着龟裂的惨白墙壁，坐在长长的竹制缝纫架前，上面绷着一件还没完工的翠绿色纱丽。第一声哭喊响起来的时候，她膝上正摊开一本练习册，纸张轻薄，略有点起皱，上面还没填写的那些空白处仿佛是在责备她。没过多久，痛苦万分的声音飘过池塘，悲号回荡在晨雾尚未消散的水面上。这是哀悼的声音，里面既能听到真情实意，也有矫揉造作的痛苦。同村女人的职责，就是围在死者家人身边，跟他们一起哭泣，借此减轻他们的悲恸。

　　拉尼当然认识昨天去世的那个女人。阿希玛奶奶在村里是个很年长的人，大家都很熟悉她，而像拉尼这么小的孩子，简直想象不出来她究竟有多老。拉尼小时候和哥哥姐姐们编过一些关于阿希玛奶奶的逗人发笑的故事，把跟我们最不相同的人会具备的所有变态的、幻想中的特质都放到这位老奶奶身上，而他们的妈妈无意中听到这些故事后，狠狠地赏给了他们一顿巴掌。近些年阿希玛奶奶很少露面了，每况愈下的病体让她只能卧床不起。但拉尼知道，关于家人是怎么照顾这位老人家的,村里有些疑问和流言,甚至还有人说,他们家对她完全不闻不问。

拉尼抚平了练习册下面深蓝色的萨尔瓦裤子,又押了押披巾。她的校服有点潮,因为昨晚她忘了把校服从穿过院子的晾衣绳上取下来,现在细小的露珠渗进了破旧的织物里。今天早上妈妈来叫她的时候她已经醒了,正盘算着如果她已经准备好上学——校服干净整洁,浓密、凌乱的头发往后梳成了严整的马尾——贝希拉就不太可能叫她帮忙干活。她是对的,帮妈妈干活的责任落到了姐姐鲁比娜头上,尽管妈妈和鲁比娜之间随之而来的大吵大闹让拉尼不得不跑到院子里求个清净。

上学路上,拉尼决定去那户悲伤的人家看看。她年纪还小,仍然对死亡很感兴趣,对她来说,这是个足够遥远因而也很吸引人的前景。毫无疑问,这里面也有禁忌的诱惑。尽管给逝者的尸身做好入土为安的准备、为逝者大哭一场往往是女人的工作,伊斯兰教法却规定女人绝对不可以参加葬礼,甚至不许她们踏足墓地,因为女性的身体不够坚韧,很容易受到死者强大的影响。拉尼不清楚自己以前有没有见过尸体,但就算见过,她也完全不记得了。但不管怎么说,她听别人描述过尸体的样子,尤其有一起死亡事件一直萦绕在她的脑海里——那个画面,一具小小的躯体被压在大巴车车轮下的画面,一次又一次在她眼前浮现。

这事儿不是法拉克的错。这件事发生后,她妈妈一直坚决要求他们一再跟他反复说这句话。她哥哥法拉克学过开大巴,拿到了驾照,然后也找到了一份工作,给大陆的一家非政府组织当大巴司机。他们需要一个对这里的路况足够了解的人:哪儿突然就转了个急弯,哪儿一下子就没路了。他开上大巴之后没多久的一个大清早,天才蒙蒙亮,林间还氤氲着雾气,太阳在枝叶间洒下一缕缕微光,他刚拐过一个拐角,一个女孩子就突然冲到路中间。他根本来不及刹车,而那个女孩当场就去世了。警察来看过了,但找不到足够的理由起诉他。那女孩的家人悲痛欲绝,不肯接受警察的结论,对法拉克提起了民事诉讼,但这么些年过去了,这桩案子还在法院系统里拖着,难得有点动静。法拉克再也不肯开车了。

这起悲惨的事故永远改变了拉尼的哥哥。那些天法拉克很少说话,眼神里有一种又疲惫又焦虑的神情,要是碰到他的目光,你会觉得浑身发冷。拉尼无意中听到过哥哥和嫂子米拉在夜深人静时窃窃私语,因此知道他到现在都还会看到那个女孩,她惊骇的脸会在他眼前闪现,怎么也摆脱不掉。他们筹划着在茶铺旁边开了家电脑商店,让法拉克做点小生意,帮助他回到现实世界。然而这家电脑商店多数时候都关着门,因为经常停电,大块头的电脑也很少打开,破旧的复印机就那么待在角落里,落了好厚一层灰。经常都会看到她哥哥在铺子前面的水泥门廊上一边打牌一边吞云吐雾,沉浸在牌友的欢声笑语里,沉迷在大王小王和黑红梅方里。

拉尼绕过大池塘的边缘,穿过阿莉娅的菜园,慢慢走近阿希玛奶奶的房子。她轻轻地把方形披巾披在头上,看着站在院子里的那群女人,想要看出点什么来。遗体被放在院子中间一个不大结实的木头台子上,盖了一件黑色的恰多尔罩袍,上面装饰着金色的小星星和银色的伊斯兰教新月,看上去闪闪发光。岛上的葬礼都从快从简,没有人用棺材,死者在入土为安前只会用布匹简单裹一下。拉尼的目光忍不住沿着裹住遗体的布匹的轮廓扫视,勾勒出下面那具瘦弱的躯干。

女人们三五成群围着遗体,一边小声说着话,一边哭泣着相互安慰,在低声的对话中偶尔会冒出来几声哀嚎和揪心的哭喊。还有一些人坐在露天厨房竹制顶棚下面的地上,一边自顾自地哭着,一边大喊:"奶奶啊!奶奶!"

她们喘着粗气,发出断断续续、痛苦万分的呼号,喊出来的话语也结结巴巴,不成章句。拉尼知道,这些在世的人是要把对死者的记忆大声哭出来。

"奶奶啊!您多爱我的,放学了您就陪我玩,可现在我再也听不到您的声音了!奶奶啊!"

阿莉娅也坐在她们中间,她神色沉静,尽管脸上也挂满了泪水。她灰绿色的眼睛心不在焉地看向远处,一只胳膊搂着女儿阿迈勒,试图安慰她,而阿迈勒正抽抽搭搭地哭得好伤心。拉尼看到阿莉娅站起身,轻轻把女儿和另一个同样因刚刚失去亲人而悲伤不已的人抱住,平静地穿过人群,向遗体走去。她疲惫而镇静地接受着大家的慰问,示意大家去关注她身后的女儿,说着"她还小",仿佛是在解释失去亲人对小女孩的影响。当然,拉尼也想起阿莉娅的丈夫卡比尔身上发生的事情,想起关于他的那些说法,还听到人群里很多人都在说,说不定卡比尔还不知道他妈妈已经不在了。

老太太这时早该入土了。只要有可能，葬礼都会在死亡的同一天进行，让尸身尽快回归大地，这是一种最高敬意的表示。任何防腐处理或想要保存遗体的做法，都是伊斯兰教禁止的罪行（haram），而且也没有用来做这些事情的设施。拉尼知道，老太太家在等阿希玛奶奶那个问题缠身的女儿蒙塔兹，她正从德里赶回来，穿过大半个国家，就为了见母亲最后一面。

几个男人走近老太太的房子，在进院子的地方停下来，只想跟这群明显正在哀悼的女人保持距离。他们接到电话，说蒙塔兹到坎宁镇了，马上从镇上出发，沿着通往岛屿的唯一一条路前来。大家开始散去，同意在下午宣礼的声音响彻大地之前再回来。

那天晚些时候，拉尼从学校回来，听说蒙塔兹到了。乃玛孜的声音划破了午后的寂静，她从茶铺偷偷溜出来，沿着土路往家走去。浑浊的池塘边，那段路满是泥泞，走起来扑哧作响，她在那里找到一棵粗壮的棕榈树，上面有根弯曲的树枝，她靠在上面，这样就可以远远看着正在发生的事情了。拉尼看到，重新聚在院子里的女人似乎更多了，她们四下分开，好让男性亲属走近遗体，准备把她抬走。男人们小心翼翼地把遗体抬到一个竹篱上，然后用肩膀抬起竹篱，沿着龟裂的土路，步履蹒跚地向大路走去。他们往外走的时候，很多女人一边最后一次哭喊起来"奶奶啊！"，一边转过身互相抱住。作为女人，她们只能在这里做最后的道别。

沿途另一些前来吊唁的男性纷纷从家里走出来加入他们，

让送葬队伍成了一个缓慢前行并逐渐扩大的方阵。他们沉静地沿着柏油路前进，往右一转走上通往池塘的砖砌小路，走向大清真寺。来到大清真寺，男人们把遗体放在房子外面一个高起的台子上，伊斯兰女子学校通常就是在这里集会的。男人们一个接一个地走过去，飞快地浇水清洗身体，然后在里面坐了下来。

"嘿！"拉尼转过身，看到妈妈贝希拉正一脸严肃地盯着她，还指着树后面很远的一个地方，那里虽然视线会被挡住一部分，但绝对不用担心被人看见。拉尼不情不愿地退到那边，贝希拉也跟着她一起过来了，宽阔的肩膀靠在一根突出来的节疤很多的树枝上。她从纱丽的衣褶里掏出一个生锈的铁盒，熟练地取出一块槟榔，塞进已经发红的嘴里。

"那个女人最后的处境太叫人震惊了。"贝希拉声音低沉，脸上满是厌恶，"没有人帮她，也没有人给她钱。现在呢，他们一个个的从孟买、从德里跳上飞机往这里飞！我听说过一件事情，说他们是怎么对待她的。有一天她躺在床上，问他们要一杯茶，就一杯茶而已。结果你猜怎么着？'老不死的还想喝茶！'他们就那么把她晾在那儿，让她躺在自己的排泄物里面，现在他们想起来哭了？真可悲！"

拉尼不知道该怎么接妈妈的话，于是两眼一直盯着池塘对面，什么话也没说。

很快，村里的男人又从清真寺里一个接一个地走了出来，在遗体前面排成长长的一队。伊玛目站在他们面前，就像指挥站在等着他发出指令的管弦乐队前一样，领着他们做了葬礼的最后一次祷告,让生者代表死者向真主安拉请求宽恕。拉尼看到他们随着恳求移动起来,穿着灰白衣服的身影一块儿起起落落,但有些不在节奏上,就好像细小的波浪在岸边的石头上飞溅。

努拉也看到了他们把遗体抬出来。男人们经过她家的时候,她也站在那条路上,不自觉地往后退了退,四肢也有些畏缩。她把纱丽拉过头顶,眼睛一直盯着地面,但后来好奇心还是让她抬起了眼睛。男人们安安静静地走着,表情毅然决然,很优雅地显示出致哀的心情。他们没有发出任何声音,只能听到留在院子里的那些女人的哀嚎,她们那令人无法静下心来的哭声逗留在午后的空气中,久久不散。

对于这位死者,努拉不像在村里出生长大的人那么熟悉,尽管她嫁到这个村子里也有二十年了,她跟她当然也是熟识的。但努拉是个不寻常的女人。她不像阿莉娅,被村子接纳了,成了她们中的一员,而是始终待在她们的外围,她的房子就在路边上,这是个让人不安的象征,就像一件打包好的行李,表明她无意久留。

另一些从村子更纵深的地方来的女人也在路上出现了,站到她旁边。她们也是被她们当中一员的去世吸引,而看到一件她们没怎么见过的事情发生,这样的机会也很难得——在这样一个地方,时光的流逝漫无目的,并不能把这种事情的发生当作理所当然。努拉举起粗壮的小臂遮住眼睛,因为阳光太刺眼了,而冬天的阳光会这么刺眼也实在是很不寻常。

她的目光一直盯着在黑色路面上由行进的人排成的"白色"队伍。她觉得自己看到有个男人回头往她这里看了一眼,轻轻摇了摇头表示不屑,仿佛是在劝她别看了,但她毫不在意。

男人们消失在树后面,把遗体抬上设在清真寺前面的台子上,这时努拉眯起了眼睛。

"你们知道吗,死者在地下只会停留三十分钟。"努拉说。

其他女人都等着听下文。几秒钟过去了。

"三十分钟后,真主安拉会唤醒已经死去的人,然后就开始审判了。"

有个女人点了点头表示同意,嘴里低声说道:"你说得对。"

"会是什么样的审判啊!"另一个年纪大一些、可能也更聪明的人大呼起来,她咯咯地笑着,转身穿过田野,往自己家里走去。

努拉没注意到听众们有些焦躁不安,仍自顾自地继续说道:"我儿子给我看过一段视频——在他手机上——里面讲了那些有罪过的人死后会受到的各种各样的惩罚。"

有个年轻女人插嘴道:"但是姐姐,看那种东西难道不也是罪过吗?当然,任何描绘真主安拉面容的东西本身就是违反教规的,因为真主是无形的,也是非物质的……"

努拉没有被吓倒,反而继续说道:"那景象真是太可怕了!我女儿害怕得很。"

拉齐娅那次确实吓坏了,无法控制地大哭起来,直到他们终于同意按她的要求把手机藏到枕头下面去,她才哭得没那么厉害了。平静下来以后,她就算是晚上睡觉都会紧紧抱着母亲。过了好几个月,稍微提一下那段视频都还是会让她做噩梦。

"在那段视频里面扮演真主安拉的人,他那么做也是一种罪过啊,对吧?"又一个女人说。她拉起纱丽的一头,让纱丽离脸更近一些,仿佛谈论这种事情本身就是一种亵渎。如果真主是非物质的,肉体凡胎的人怎么能代表他?就连尝试着这么做都可以算是一种罪过吧?

努拉想了想这个问题,换了个说法:"真主安拉曾经以先知的形象降临人间——愿真主保佑他平安——所以先知的脸就是安拉的脸,不是吗?"

"我们知道的真主安拉不是这样子的。"第一个女人再次插话,脸上写满了犹疑。

"对真主我们还是知道一些事情的。"努拉回答道,"人是用泥土捏出来的,精尼是用火造出来的,而真主安拉是用光造出来的。"

"光——那是天使的姐妹。"那女人答道。但努拉已经转身走开,故意比其他人先走了一步。

努拉也不知道,自己对她们这个世界以外的其他世界既感到不安又充满好奇有多久了。这是一种痴迷,让她的生活充满了活力,深刻影响了她的行为和思想,也在她感到无精打采、感到孤独时,给她带来了实实在在的安慰,让她对即将发生的事情有了一种六亲不认的确定性。用她从儿子们那里以及从周日的女子学校集会上学来的话说,她现在认为自己的一生就像一场考试,必须在那些负责判断是否通过的人的密切注视下，完成一系列测验。

她想跟任何愿意倾听的人谈论死后的情形。她的大儿子和二儿子比她们的父亲还要虔诚，而且仍然像孩子一样对令人毛骨悚然的事情无比迷恋，他们也非常渴望与她对话。他们会在晚上父亲回家以前那段安静的时间里，跟母亲聊起终将降临的惩罚会有多恐怖。他们兴奋地述说着那根架在熊熊烈火上的头发——好人可以毫不费力地从上面走过去，而有罪的人会陷入痛苦的火海深处，永世不得翻身。他们告诉妈妈，在用来审判的天平上，善行和恶行都会得到衡量，死者不会有任何法外开恩的机会，都必须为自己犯下的罪过付出代价。

阿希玛奶奶下葬，也就是努拉在小路上跟那些女人简单交锋的几天后，努拉跟住在村子边上的一个女人坐在一起聊起天来。有些女人会因为过于虔诚，因为穷，或是因为家务活太多等无法离家去赶集，这个女人就靠挨家挨户向这样的女人推销首饰维持生计。其实这个女人自己非常虔诚，她实际上更愿意待在家里，因为在她看来，女人只有足不出户才是对的。但是她丈夫过世了，她别无选择，只能出来自己挣点家用。她穿着亮蓝色的罩袍，盘腿坐在努拉家的门廊上，头上紧紧缠着一条跟罩袍搭配的头巾。

女人将无数个塑料套在门廊上和自己腿上摊开，里面装着她的商品，诱人的透明封套里塞着各种尺寸的金耳环，成堆的五颜六色的手镯，粗笨的项链，做成鸟的样子或花的样子的水晶发饰，闪闪发亮的鼻钉，眉心点和一盒盒包得严严实实的唇膏，像士兵一样排成了让人期待的一条条队列。努拉坐在这个女人身边，仔细研究着这些饰品，像挑拣腐肉的乌鸦，又像一个目光锐利的食腐动物。从试戴这些闪闪发光的小首饰中得到的乐趣，跟从她们关于信仰的谈话中得到的乐趣不相上下。她们俩的关系是小贩和主顾，不是朋友，但即便如此，她们还是很享受这样一个难得的下午。

她们一直在谈论命运。努拉对于一个人的命运在其出生前五十年就已经注定了的想法非常着迷，在死亡真正到来以前很久，它就已经是板上钉钉的事了。她一边把一连串胭脂色的手镯套在自己又黑又胖的手腕上，一边听那个女人描述起天堂里的大榕树，那棵树枝繁叶茂，树叶上书写着每个人一生当中的所有细节。有人死了，天使就会耐心地在树下等着，收集起飘落下来的树叶，检查上面写的内容，确保这些树叶属于这个人，然后才去取回这个刚刚去世的人的灵魂。

努拉一直想知道，她姐姐的命运是不是也像这样早就注定了，也经常在想，如果姐姐没有嫁给她丈夫，情形是不是会有所不同，还是说与她乐观的判断相悖，姐姐仍然会红颜薄命。她姐姐一直都美艳照人，是她们五姐妹当中的老三，最是光彩生门户的焦点，也是父亲心里最疼爱的那个。父亲和这个最珍爱的女儿经常一起下地干活，也曾一起参加革命社会党（RSP）的竞选活动。她热爱工作，也热爱成就带来的满足感，到结婚时也仍然无法摆脱这种对工作和成就的向往。

一根针，几条线，一块布。姐姐一次又一次向丈夫提出的，只有这么一点点要求，因为她也知道，像婚前那样去参加政治活动肯定是想都不用想的。尽管她恳求丈夫允许自己去工作，丈夫还是一再拒绝了她的请求。她不想放弃，向家人问计，家人建议她坚持下去，但是也要小心从事。然而，尽管没人知道十三年前的那一天究竟发生了什么，他们家还是相信，她肯定是对丈夫做出了威胁——说不定她会离开丈夫，带着女儿回娘家村子里之类的。

他们只知道，她丈夫拿起一把扫帚，把她打死了。随后他在她脖子上系了一条纱丽，把她的尸体吊在他们家一根低矮的房梁上，笨手笨脚地想伪装成上吊自杀的样子，而她已经毫无生命迹象的脚趾几乎都够不到地面。他们家的人和警察都知道他在撒谎，没多久，他们也有了足够的证据。她丈夫被捕了，接受了审讯，被判了无期徒刑，但他只坐了十二年的牢就被保释出来了。就在前不久，努拉还见到他经过她们村这条大路去镇上。

努拉看向路边，看到卡利玛一家人聚集起来，准备送别要回娘家的新嫁娘。这场景并非表明这场婚事破裂了——所有这些都还没有到来——而是正常的风俗习惯，女孩子刚嫁到新家的头几天压力太大，需要用一周时间回娘家缓冲一下。新娘的嫂子当然会跟她一起走，嫂子已经完成最开始的监督新娘转换身份的工作；新郎官也会跟她一起回去，不过阿萨德只在那边待一个晚上，最多待两晚。剩下的几天算是"缓刑"，新娘可以在天堂般的极乐中度过，就仿佛一切都没有发生过，仿佛那场婚事只是昙花一现的幻境，直到一个星期结束，她再次回到婆家的村子里，咽下现实的果子。

新娘穿着一件苔藓绿的新纱丽，纱丽浆洗过的边缘上点缀着白色和赤褐色的斑点。她戴着金首饰：耳环在脖子上闪闪发亮，金色手镯环绕在手腕上，上面还延伸出一些细小的链子，缠绕在每根手指上，手一动就会闪光。这次她没有拿什么东西遮住脸，所有人都能看到，她就是个相貌平平无奇的小姑娘，突出的嘴唇和半睁半闭的眼睛与刚刚跟她成了妯娌的美若天仙的罗西尼根本没法比。新娘把她的棕色小手提箱轻轻放在路边，好调整一下罩袍，把里面的衣服遮得更严实些。十六岁的她仍然很年轻，对于女德所要求的禁忌还不算熟悉，也仍然会对那些尚未让她备感压力的禁忌有些着迷。

阿萨德在尘土飞扬中昂首挺胸地大步走着，浑身洋溢着婚礼那几天明显没有的好心情。他难得这么兴高采烈，跟路边一大群聚集起来给他们送行的女人谈笑风生，语速很快，声音也很大。他穿着一件黄色的新衬衫和一条刚洗过的蓝色牛仔裤，只有那双有些磨损、沾满灰尘的凉鞋暴露了他不是城里来的。他涂了发胶，身上也喷了好多古龙水，就连坐在台阶上看着的努拉都能闻到。他举起一只手冲着人群挥了挥，大家大笑起来，他极为惊讶，瞪大了眼睛；另一只手在他身体一侧拎着几个白色盒子，上面有蓝绿色的缎带，还用黑体字写着集市上一家很有名的糖果店的店名。

这次卡利玛也会跟他们一起去，她也拿着一摞盒子，像握着一本祈祷书一样，由两掌紧紧抱在胸前。谁都能看出来，她已经精疲力竭了。她看起来很憔悴，耷拉着肩膀，高高的锁骨清晰可见。即使她在眼睛周围涂了好厚的眼影，也无法遮住眼睛下面的眼袋。她的神情举止就像一朵已经凋谢的花，花瓣因太久没有水的滋养而变了颜色，没精打采地飘落在地上。

这几天她一直觉得自己好像不大舒服，并没有什么明确、显著的症状，只是经常有心神不宁的感觉，到哪儿都觉得好像有什么事情不对劲。消停下来的时候她会提醒自己该知足了，因为她毕竟还是成功给这个儿子完了婚，在她的六个孩子当中，他可能是最难找到对象的一个。她那些远房亲戚并不知道，而她也不会告诉他们的是，这场婚礼办得这么低调，倒是正好反映了她这个小儿子成就多么低微，也多么没有抱负。她当然非常喜欢这个儿子，毕竟她是他妈妈——但她心里明白，他父亲要是还在世的话，会以阿萨德为耻的。

她那些亲戚也许会说他们喜欢这样一场小规模的婚礼，但这场婚礼至少还是办成了。实际上，正是阿萨德本人要求只办一场简简单单的婚礼，而不要把婚礼办成通常情况下的盛大聚会和狂欢。当然，扫了客人们的兴致实在是一件令人沮丧的事，但卡利玛对此并没有特别担心。一个唾沫星子乱飞的亲戚大声抗议一阵，还不足以让卡利玛焦虑不安。

新娘的父亲也很大度地同意只简单办一下，也许是因为知道自己能提供的条件实在是微不足道。卡利玛搞不清，这个女孩到底是脑子不好，还是仍然处于惊愕中。卡利玛跟她说话时，她反应很迟钝，任何时候提起她也许该承担点家务了，她的反应都是咯咯直笑。她父亲曾经恳求在婚礼前再多给他们一点时间，好让他能多准备点嫁妆。但他们家到现在都还没把更多嫁妆送来，卡利玛也决定，到她有机会跟亲家公见面的时候,她会当面把这事儿提出来。

阿莉娅看起来也很疲惫。她站在那里跟这群人挥手告别,同时也在留意着自己最大的两个孩子什么时候出现,他们要回来给奶奶奔丧。一切都发生得太快了,奶奶入土为安的那天他们没能赶到,但他们想办法安排好了时间,在尘埃落定几天后的今天回家。她的儿子从附近的钻石港镇回来,而女儿要从她现在住的村子回来,离这儿有一个多小时的路程。

阿莉娅一边听着别人闲聊,一边试图抹去跟卡比尔讲他妈妈去世了的这段记忆。他们家菜园子另一边传来哭泣声时他一直在睡觉,所以一点儿都不知道出事了。阿莉娅只好叫醒他,告诉他这个消息,看着不同的情绪在他脸上闪过。他好些年没掉过泪了。

她往路上看了看,看到一辆面包车开过来,木制车厢几乎是空的,能装下要离开村子的这群人。她招手拦下这辆车,指望着自己的孩子会在车上,但结果很让她失望。

"我们什么嫁妆都还没收到,为什么要带这么多礼物去?"卡利玛一边跳进木制车厢,一边低声说。她拉了拉肩上的纱丽,仿佛要驱散想象中的寒意,又冲其他人大喊起来,叫大家快点。面包车开出村子,开往岛屿最南边,往那女孩家开去。文明在那里退化了,把前方的一切留给了大自然。

玛丽亚姆没有看到婚礼是怎么进行的。早些时候她去了趟阿莉娅家,她一瘸一拐地绕过那个大池塘,路过清真寺和阿希玛奶奶家,穿过歪歪斜斜的菜园子来到邻居家里。玛丽亚姆很喜欢阿莉娅。阿莉娅非常擅长侍弄土地,既让玛丽亚姆深感佩服,也让她产生了怀旧之情,想起这个村庄以前有多美丽,那时候这里还没有这么多人,也没有这么破败不堪。

玛丽亚姆想找阿莉娅要一些绿叶菜,另外就是,尽管阿希玛奶奶去世时她也来过这个院子,但几天过去了,她还想再次向失去了这样一位亲人的家庭致哀。这也是串门打听跟婚礼有关的事情时很方便的借口。她的问题直来直去,只有年纪很小或年纪足够大的人才能从中脱身。婚礼办得怎么样?有什么嫁妆?他们两家有多大方?或者更让人上头的问法是,这两家人有多小气?

这趟要办的事都办完了,玛丽亚姆这会儿正坐在塔比娜家的混凝土门廊上,享受着阴凉。她想,自己是不太可能很快看到下一场婚礼了。她用贝壳刮着一篮子土豆,那粗粝的声音就像猫在舔自己的毛。尽管前几个月他们家仍然一直在努力,鲁比娜还是没找到婆家——无论他们怎么努力想要去除,鲁比娜过去的耻辱还是阴魂不散。玛丽亚姆很久以前就不管这摊子事了。老实说,在这个不服管教的孙女变得越来越桀骜不驯的时候,她就已经慢慢割断了跟她的情感纽带。鲁比娜已经无可救药。现在玛丽亚姆关心的是拉尼,按照习俗,只有在姐姐嫁出去以后,拉尼才能嫁人,而她马上就十五岁了,剩下的时间不多了。

玛丽亚姆也开始自行寻找目标了,但贝希拉并不知道这件事,否则一定会大发雷霆。玛丽亚姆在偷偷向一些远房亲戚打听,因为他们住得很远,不可能听说过关于鲁比娜的那些流言蜚语。她确定有个表亲住在巴鲁伊布尔，那是个污染严重、散发着臭气的小镇，面积庞大的加尔各答最多也就延伸到那里。而他们究竟能不能指望会有另一个人来对像鲁比娜这样的女孩子负责，又完全是另一个问题了。

玛丽亚姆赶走了在她身边装鸡肉的碗边飞来飞去的苍蝇。那个杀鸡杀鸭的女人走村串乡卖着鸡鸭的零碎，比如鸡皮、鸭掌、鸡头、鸭胗，还有别人不要的零星碎肉。这样的肉并不是他们想吃的——想吃的太贵了——但好歹还是清真食品。玛丽亚姆经历过光景更困难的时候，知道怎么用这些边角料做一顿美餐，从这些碎渣里榨出最后一点味道。晚上他们通常不会做这些东西吃，而是会凑合吃点炒米花或煎饼，要不就热热中午的剩饭剩菜。但是塔比娜和她丈夫一整天都在外面，天又这么冷，这就意味着他们会很愿意在这个纪念日晚点开饭。

今天是法蒂玛（Fatima）节，是纪念先知最小的女儿的节日[1]。人们可能会认为《古兰经》里几乎没有跟女性有关的故事，即便提到女性，也往往没有留下名字，她们只是作为母亲、女儿、姐妹或妻子出现。但先知本人（愿真主保佑他平安），据说更喜欢女性的陪伴而非男性。经文记载了先知的第一任妻子赫蒂彻（Khadija），她是个精明的女商人，也是个令人钦佩的人；还有他最爱的小女儿法蒂玛，他不允许

---

[1] 法蒂玛与其母赫蒂彻为圣训（对先知穆罕默德生前言行的传述，是伊斯兰教仅次于《古兰经》的典籍）中"四位最完美的女性"中的两位，也是天园的女性领袖。穆斯林妇女于伊斯兰教历6月15日举行法蒂玛纪念会。

她的丈夫娶第二个妻子，很多人都认为这是一位慈爱可亲、爱女心切的父亲对女儿不加掩饰的溺爱。

玛丽亚姆经常沉醉在法蒂玛的故事中，尤其是多年以前向膝前承欢的孙辈们讲述这个故事的时候。故事每次都以相同的方式开始：听好！你们听说过法蒂玛吗？她死了以后，她的灵魂成了真主安拉和魔鬼撒旦之间激烈争夺的对象。真主想把她的灵魂直接带到天堂，让她跳过必须经历的审判日。真主的理由很充分——她这一生极为清白，从来没有犯下任何罪过，一次乃玛孜都没有错过，而且从任何方面来看都是个尽职尽责的好女儿。但魔鬼不同意，她为什么要有特殊待遇？他怎么就理应知道法蒂玛这辈子真像安拉描述的那样完美无瑕？她的灵魂还是要跟所有灵魂一样接受审判，然后再决定是该进天堂还是下地狱。撒旦走近她的遗体，结果，啪的一声巨响，声音震耳欲聋！

说到这里，玛丽亚姆会拿起棍子砸向地面，吓得听众跳起来。

奇迹发生了。法蒂玛的灵魂动了动，将大地一分为二，在她周身裂开了一道两米多宽的裂口。魔鬼停下来，无法接近她，只好不情愿地让步了，把她留给了安拉。安拉轻轻拾起她的灵魂，把她直接带到了天堂。如今在世界各地，都有人把她张开的手掌戴在脖子上，画在门上，涂在皮肤上，作为力量和纯洁无罪的象征。玛丽亚姆把最后一个土豆丢回篮子里，自顾自笑了。难怪法蒂玛会是先知最喜欢的孩子。

第四部 春寒料峭，夏日炎炎

第十三章

精尼附身

她叫努斯拉特,她被精尼附身了。关于这位刚来到村子里的新嫁娘,卡利玛家的阿萨德一个月前新娶的妻子,萨拉想办法搞明白了三件事,这是其中两件。她还知道努斯拉特走了。前一天从附近村子的小学回家的路上,萨拉无意中听到经常在理发店待着的那群人的闲聊,他们懒洋洋地待在铁皮屋顶下面并不凉快的阴影里,等着轮到给自己刮胡子。他们说,那个女孩回娘家了,想必是希望她能早点痊愈,然后再回这个村子。

萨拉的丈夫在家里。她很欢迎丈夫回家,大家也有好几周没有见到他了。但丈夫的存在就像一块磁铁,限制了她自己的生活轨迹,把她拉向离他更近的生活。结果,她还没有找到机会去进一步了解卡利玛盼了那么久的新儿媳,这个儿媳似乎又一次让卡利玛失望了。等到汗走了,她就能知道更多细节了。过几天汗会回到城里继续上班,会开开心心地在小吃摊上吃东西,在熙来攘往的大街上走来走去——那是她深深向往的生活。

萨拉坐在室内厨房里切菜，把扁豆洗干净，把姜、辣椒和大蒜捣成糊，眼睛开始有些受不了了。做着这些家务的时候，她能听到丈夫在卧室里的粗重的呼吸声，以及偶尔活动的声音。她对家务活已经有些生疏了，现在她有帕文来做这些事情，他们家里人不多，并没有那么多家务活可干。然而，汗虽然多数时候都柔声细语，却很爱挑剔，萨拉也不相信儿媳能按汗喜欢的方式把饭做好：他中意的味道和温度之间的化学反应，她可是用了在一起的二十五年时间才烂熟于心的。

萨拉对如何成为合格的穆斯林妻子的了解，完全来自生活经验。她的婆婆指导过她，对于任何会成为她儿媳的人，婆婆都会提供同样的指导，这些指导跟她自己当儿媳时得到的调教一样，只是稍微做了些改变，好让萨拉的活计中永远都有她的印记。婆婆还给过萨拉一些伊斯兰教的书册，这些书都是给改宗的人看的，发黄的轻薄页面上以生硬而令人尴尬的方式详细描述了穆斯林女人要守的规矩。还有一些更私密的事情这些书册没有讲，是由婆婆趴在耳朵边悄悄告诉萨拉的。说是男的和女的在躺在一起之前和之后都要进行类似于做礼拜之前的那种清洁工作[1]，萨拉到现在也还没完全理解这事儿，也不确定这样的特殊要求到底是来自伊斯兰教还是因为她丈夫过分讲究。

这些年过去了，践行信仰规定的义务变得更简单了，也

---

[1] 穆斯林在礼拜前应做净礼，即旨在使身、心、衣服、处所在教法意义上洁净的宗教仪式，包括沐浴、净衣、清洁住处等，一般指净身，即以清水淋洗全身或部分肢体，并相应地默念祷词或赞词。

可以说变得更难了。每天早上四点半就得从床上爬起来，在做礼拜前洗去脸上的睡意，这番操作到现在对萨拉来说都仍然很困难，尽管村子里很多人也跟她没什么两样。在斋月期间，封斋会让她痛苦不堪，但周围很多人也都一样；可以为她辩解的是，她的工作不在这个村子里，所以对她的限制和要求也跟村里其他女人不一样。她能接受时不时地把脑袋蒙起来，宣礼的声音打断她的思绪时，她都会几乎本能地伸手去拉起纱丽的一端——尽管跟其他女人不一样，她并不相信来世。萨拉相信，人死了就是死了，一了百了。这是她对自己在这个世界的生活并不满意的诸多原因之一，在她看来，她的生命只有一次，这也是她唯一的生活。

今天早上萨拉起晚了。她往外瞥了一眼，透过阴影中的池塘，看到太阳已经升上天空，阳光穿过浓密的树冠，在灰色的水面上投下了金色的斑点。一个星期前是萨拉斯瓦蒂普迦（Saraswati pujo）——向知识女神致敬、宣布春天到来的节日，天气越来越暖和，也越来越亮堂了。她知道自己去附近一个小村子的村小上课要迟到了，沿着村子后面穿过田野的羊肠小道走过去至少要二十分钟，孩子们只能等着。

她在想，如果和汗结婚后她也被精尼附身了，汗的家人会做什么。村子里不相信有精尼这回事的人不多，萨拉是其中一个。她坚信，尘世的邪恶已经够多了，不用还跑到超自然的力量里去寻求解释。以她的经验，人类特别擅长在自身中间传播苦难；她会告诉女儿纳迪娅，一定要小心提防的，是他人的嫉妒，而不是会变形的精尼。为了抵御来自人类的恶意，她在脖子上戴了个护身符。尽管她没有让纳迪娅和孙子阿里安也戴一个，但在去年阿里安出事以后，她每天早上都会急切地在阿里安的额头上用黑色眼影粉画个巨大的深色圆圈，让他避开邪眼的伤害。

这种标记在小孩子身上很常见，也是确保他们安全的诸多迷信手法之一。在额头或脸颊上画深色圆圈来转移邪眼的注视（kharap drishti）；用铅笔在眼睛周围涂上一圈厚厚的"卡佳"（kajal），可以保护他们不受阳光和邪灵的伤害。婴儿和小孩子会被剃光头发，好让新长出来的头发更浓密，更有光泽；孩子出生以后才能起名字，而且要由爷爷来起，这样可以带来好运。很多人不敢称赞自己或别人的孩子，担心这么公开赞美会让他们倒霉。萨拉也许不相信精尼，但她仍然是个乡下女孩，对其他这些做法还是深信不疑。

萨拉一边用菜刀（bonti）锋利的刀片切开纺锤形的、满是细疣的苦瓜，一边考虑着能不能再问问丈夫离开村子搬去城里住的事情。眼下她没法判断丈夫的态度，不知道提到他俩之间这个越来越大的分歧会不会破坏他在家这几天的气氛，而且一旦破坏，就再也无法挽回了。

他们经常谈起有一天要离开这里。汗在加尔各答的工作是他们离开村子的一个切实而充足的理由，即便只是一年当中有部分时间去城里租个地方住，节假日和周末还回村里的房子过。然而这么些年过去了，逃离这个村庄的希望似乎越来越渺茫。每回萨拉提出这个问题，丈夫都会表示反对，扫兴得很。他们还得继续谈。这所房子怎么办？她还记不记得汗的那些亲戚给他们带来的痛苦？真搬走的话，这里的土地他们就再没法照管了，这些地能卖到合理的价钱么？还有他们的儿子怎么办？他们在城里哪里负担得起另一个家？萨拉在城里能找到工作吗？他们的计划里满是问题，而萨拉没有任何答案。

汗是他们家这辈人唯一活下来的男丁，有义务守护他父母和哥哥的坟墓。他的妹妹跟他们同村，也是他们留下来的另一个原因，她以前在这里的区政府当过区长，现在也仍然拥有一些政治影响力。尽管她以前代表的政党现在已经在野，取代他们的是由大家都称之为"姐妹"的一个女人领导的另一个政党，以前的老关系还是能让他们家在这儿享受一些声望，但如果搬去人山人海的加尔各答，这点声望就没有了。话说回来，在加尔各答，他们认识谁啊？他们能给谁打打电话什么的？而且马上就要选举了，这让一切变得更加复杂，因为选举在所有人的日常生活中都非常重要，而萨拉丈夫的工作目前就集中在确保全邦九千多万人都能公平投票。不过跟两年前的夏天涉及十三亿人的大选比起来，这又算不得什么了。

另一个房间里传来一些声响，是汗在翻身。萨拉从水桶里打出水，装进一个小锅，放在煤气炉上烧开，准备泡茶。她看着锅底开始形成小气泡，任由蒸汽聚集到她脸上，直到热得受不了了，她才把头往后一仰，用冰凉的手掌把水汽擦去。还有另一些事情把她拴在这个村庄，尽管她从来没说过。如果知道怎么做，她会很愿意切断这些关联。

事事都在时刻提醒卡利玛,在这个地方不可能有隐私,这让她很不舒服。她尽了最大努力让努斯拉特的事情风平浪静,但没过多久,就有女人出现在她家门口,说是买个鸡蛋,或看看她办完了婚礼感觉怎么样,或是想见见新娘子什么的,不过只会得到他们当然早就知道的答案——新娘子走了。

不得不给出解释的时候,卡利玛会抛开所有缠杂不清的细节,只留下最干巴巴的事实,免得有人把这些细节精心编织成由假设和半真半假的东西组成的"网络"。那女孩的举止一直很怪异,他们认为这是因为婚礼和新环境带来的压力,倒也确实有这个可能;像这样的事谁能说啥呢?但后来出现了一个小插曲,她似乎身体不适,于是他们立即请来了大清真寺的伊玛目。伊玛目过来看了看这个女孩,尽其所能彻底检查了一番,证实了他们的猜测,说现在有一个精尼在她身体里。阿萨德一家希望努斯拉特得到最好的照料,于是把她送回她觉得最舒服的娘家,新娘的父亲很是羞愧,表示会确保努斯拉特尽快痊愈回到阿萨德家里。现在卡利玛需要做到的,就是按捺住自己盛气凌人的本性,安心等着。

她对精尼了如指掌。毕竟,精尼的历史跟他们家族的历史相互交织,难解难分——他们是最早在这个村子里定居下来的人家之一。他们家过去的历史,写满了祖先们跟精尼建立了亲密友好关系的故事。尤其是有位曾祖母总是会在特殊的日子里给精尼留些食物,每回都会在次日早上发现食物不见了,有时候还会收到精尼作为回报的食物(jinner khabar)。有一次,还有一个特别喜欢这位曾祖母的精尼送了她一块金子。但这样的关系再也不会有了。后来，精尼就开始攻击村里的人。

没有人清楚为什么会变成这个样子，也没有人清楚究竟是村民还是精尼发生了变化。有人认为，也许是因为精尼对于自己日渐被排斥在人类生活之外越来越感到不满，而以前那种它们在其中有重要作用的生活方式现在也越来越少见了，这同样令它们不满。卡利玛猜想，这些攻击是不是一种惩罚人类的方式，意在提醒人类精尼仍然在他们身边？

确实，努斯拉特的问题并非罕见。毕竟卡利玛自己的大女儿鲁帕——说话总是轻声细语，既体贴周到又坚决果断——在多年前结婚时也有过类似的经历。卡利玛都有点忘了女儿的遭遇了，那震惊埋藏在岁月流逝中，也被鲁帕生下的那个漂亮的男孩、她苦心经营的稳定婚姻冲淡了，直到最近她才重新想起。

几个星期前，在婚礼庆典间隙那个寂静的午后，卡利玛的孩子们四仰八叉地坐在母亲家的门廊上聊着天，享受着至亲之间不疾不徐的谈话，即便一言不发、保持沉默，也令人心情舒坦。不知怎的，跟精尼有关的话题吸引了他们，里亚齐诉苦说，在婚宴上吃了那么多牛奶甜布丁，现在肚子里一直翻来覆去地疼，结果鲁帕的丈夫借此说起，最近他也经历过类似的腹痛。为了保证万无一失，他去了一位贡宁的诊疗室，在一家尘土飞扬的商店门口见了一位顺势疗法医生，还在加尔各答一家评价很好的医院找了医生来看。毫不意外，每个人给他诊断出来的问题各有不同，也都开出了各自领域专属的救治方法。三种疗法中有一种奏效了,他现在已经好多了。

"肯定是精尼撞到你了!"里亚齐开玩笑说,戏谑地模仿着年迈医师颤抖的声音。

过了一会儿,鲁帕轻声道:"我认识一个精尼。"

她平静地讲述起她的故事来,那还是差不多十六年前她刚结婚的时候。初为人妻的那几个月,好多事情看起来都神秘莫测,在一个全是陌生人的陌生家庭中,一下子多出来那么多令人望而生畏的义务,鲁帕意识到自己不可能感受到对丈夫的爱了,尽管他是个好人,是个毛拉纳,家里的经济条件也挺好。她想努力弄清楚为什么会这样,在这过程中,她逐渐意识到一种存在——一种几乎就在那里但实际上并不在的东西,当她迅速转身想要惊动这玩意儿,令其现形时,却发现自己是独自一人。她渐渐明白了,有个精尼跟着她,在她的意识边缘徘徊,让她无法感受到每个妻子都应该拥有的爱情和温柔。

"我觉得好可怕……是个非常大的、黑色的东西。"鲁帕边说边站起来,把右臂放到左肩上,张开手掌,示意那个恶毒的东西就在她身后看不见的地方逡巡。

有一阵子没有人说话,随后鲁帕的妹妹问起,这个精尼是什么时候消失的。

"哦,它还没走呢。"她回答道,"不过现在它待在那边——离我很远很远。"她指向身后,指着他们家地块的边缘以外,那边就是林子了。

"那现在你能感受到对丈夫的爱了吗?"里亚齐问道,脸上又是猎奇又是关切。

鲁帕微微一笑,看向别处,什么也没说。

阿莉娅也无意中听到了他们的谈话,那时候她静静坐在门廊上,帮卡利玛收拾婚礼上用过的东西,把金属杯子堆叠起来,把当毯子用过的破布片叠好收起。而现在,在这个寂静的午后,她一边在菜园子里一畦畦成荫的菜中间慢慢走来走去,照料着她的蔬菜,为即将到来的收成做着准备,一边想着自己是不是早该在婚礼前就提醒一下卡利玛。她对一切都无比留意,也早在大家还在紧锣密鼓筹备婚礼的时候就注意到了跟那女孩有关的一些窃窃私语。她叹了口气。就算她跟卡利玛讲,卡利玛也不会听的。

努斯拉特被附身的速度并不令人吃惊,因为被精尼附身后用不了多久,种种迹象就会开始显现。蒙受痛苦的人会遇到各种各样奇怪的事情:身上疼,肚子不舒服,夜里睡着睡着突然尖叫哭喊起来,说话语无伦次或是说些任何人都听不懂的怪腔怪调,不时昏厥,身体莫名其妙地消瘦下去。一旦怀疑岛上有人被附身了,就需要毛拉纳或贡宁这样的人来确认。

印度其他地方的人可能会前往备受尊敬的苏菲派圣徒的坟墓"多尔加"(dargah),接近那么神圣的人会把精尼从受害者身体里逼出来。受害者会尖声叫喊,用他们藏起来的剃须刀片、生锈的钉子或碎玻璃在自己的四肢上划来划去,甚至还会拿脑袋去撞坟上冰凉的大理石,直到见血为止。人们也会用贡比达疗法来治疗他们,通常这么做也就够了。对于更强大、更恶毒的精尼,可能还需要多次尝试更复杂的疗法。也有的时候,情况根本一筹莫展,不过那样的时候非常少。

阿莉娅的儿媳穆尼拉有一回就说是被精尼附身了,但阿莉娅反应迅速,很快就让那个女孩子从神志不清的状态中清醒过来,没有造成多大伤害。那时穆尼拉刚嫁到他们家来一起生活还没多久,有一天突然就开始说感觉不舒服。那天上午什么事情都没发生,两个女人都在竹制缝纫架上忙乎,注意力集中在薄纱织物上用白色粉笔画出的旋涡图样上。阿莉娅感觉到穆尼拉的活计突然停下来了,抬头就发现儿媳僵在那里,手里的针停在半空中,指尖和织物之间的那根线被拉直了。过了一会儿,穆尼拉用做梦般的声音说感觉不舒服,问自己能不能去躺一会儿。到了晚上,她看起来无精打采,随后几天她越来越虚弱,后来只能卧床不起。到最后她只说得出来一句话,就是她身上有一个精尼。

刚好穆尼拉的父母过了几天按照计划前来探望,一起来的还有一些没能前来参加婚礼的阿莉娅的亲戚。他们安顿下来,千恩万谢地接过自制柠檬水(nimbu pani),便开始四下看他们的女儿在哪儿。阿莉娅跟他们讲了讲大致情况,语带疲惫、低三下四地强调说,像这样的情况,她不可能让那女孩留在这里;像这样子她几乎活不下去。不行,他们得把这女孩带回家,照顾她,直到她有所好转。她还告诉他们,她已经叫人给伊玛目带了信,就应该怎么做一事向他寻求睿智的建议。阿莉娅知道,伊斯兰传道会的人正在努力破除迷信,但他们的所作所为已经开始让这里的女人对很多事情都感到不安了。但是她同样知道伊玛目是个好人,尽管他个人对这些迷信有所保留,对其他人的信仰却能宽容以待。

伊玛目是跟村子里另外两位毛拉纳一起来的。他问能不能检查一下这个穆尼拉。焦急万分的家属很快商量了一下,伊玛目跟他们确认说,对,他们觉得这是个精尼,但是有个很可靠的方法可以检验它。他们需要一大块布、几片姜黄、一桶水,阿莉娅的几个小儿子赶紧跑着去取来了。伊玛目解释说,他们要做的,是试着让这个精尼开口说话。他们会把姜黄放进女孩的两个鼻孔,用那块布把女孩的头包起来,然后把那桶水慢慢往女孩头上倒,让她几乎没办法呼吸,当然更不可能说得出话来。但是,如果真有个精尼在她身上,这么强大的生灵肯定会有所回应的。

伊玛目用他平常的轻柔嗓音讲述了这个计划,不过音量刚好足以让阿莉娅的儿媳听到。穆尼拉在床上直起身子,喊道:"不用了,我很好,我很好!我感觉好多了!"然后几乎是跑着从床上来到炉火边,搅拌起婆婆留在火上没去管的一口锅来。伊玛目对阿莉娅笑了笑,也知道她手头紧,便只接过了一杯柠檬水作为答谢。就这样,问题解决了。

阿莉娅一边把脏水泼到亮绿色的叶子上,一边拼命压住嘴角的笑意。再次回想起这样的事情真好:无论什么事情,无论有多困难,终究都会过去的。

她眼下担心的问题比她邻居的问题更实在。尽管卡利玛为婚礼付给她的钱把讨债的"狼"从门前赶走了,但阿莉娅也知道，这不过是缓期执行而已。她的菜园也许能帮上点忙，春季到来后的头几个星期，她会收获最后一批冬季蔬菜，同时也会精心照料第一批夏季作物。这些菜她家里会吃掉很多，还会卖掉一部分，剩下的则储存起来，可以做成糖浆或加了佐料的芒果酸辣酱，在菜园里没什么菜、集上也买不到什么东西的时候吃。

但未来还有很多需求。女儿阿迈勒很快就要上完学了，需要制定一些计划，而阿迈勒的三个弟弟还要过几年才会丢掉书本和校服，自己挣钱养活自己。她已经开始向收购纱丽的人要来更复杂的刺绣花样，废寝忘食地赶工，争取每件纱丽多挣个一二十卢比。自从他们家走上霉运，她就一直这么应对无处不在的焦虑不安，用具体行动来回应成倍的担惊受怕。有时候，她的努力仿佛无异于竹篮打水，每次放下去再提起来，水都会从缝隙里全部漏掉。

把阿莉娅幸福美满的生活击得粉碎的事情，在很多年以前就开始了。村里需要建一所小学，她也能接受。那是十五年前的事了，那时候孩子们只能走坑坑洼洼的土路去镇上上学。村里有些有点政治影响力的人觉得，他们应该建一所学校。此外，他们还选定了最适合建这所小学的地方，就在她丈夫的家族拥有的地块上。那块地就在大路边上，对面是那个破败不堪的运动场，那儿已经有一所高中了，也跟努拉丈夫家的地块相邻。但那块地他们没打算卖，卡比尔也礼貌地拒绝了他们。然后他们就开始没完没了地登门了。

接下来几个月，几乎每周都有人光顾他们家，有些访客是提前约好的，另一些则是不速之客。政党里的干部、邻居、朋友都来了，坐下来跟她丈夫长时间地热烈讨论，而卡比尔这人太温良了，脾气又好，没法把他们拒之门外，而且他所在的古老家族确实一直受益于这大片的土地，以及这些土地每年带来的大量收成和经济保障。这种时候，阿莉娅会静静坐在一边，或一边泡茶，一边听他们谈事儿。每次会面，双方开始都非常礼貌地，以访客亲切友好的恳求开场。但卡比尔每次都拒绝了他们，让双方都变得越来越下不来台，火气也都越来越大。访客逐渐向卡比尔施压，但他仍然固执己见；他们给他开出的价钱是个特别小的数目，而他本来就不想卖那块地。阿莉娅跟丈夫意见一致。过一阵子，人们肯定会接受他们的决定的。

　　然而，先是两年接着三年过去了，人们开始不耐烦了。言语变成了行动。这个转变其实发生得神不知鬼不觉，刚开始是人们都不理他们家，随后邻居们开始拒绝借给卡比尔种地需要的农具，轻松愉快的闲谈一直是乡村生活的一部分，而今也突然消失了。卡比尔是个裁缝，不是种地的，他们家这一小块土地能给村里最穷的人提供一份急需的工作，但现在其他人也拒绝帮他种这块地了。集市上，人们拒绝卖给他干农活需要的东西，要么说已经卖完了，要么说店里从一开始就没进过这种货。如果他去远一点的集市，从不认识他的人开的店里买回来这些东西，它们也会很快被捣毁，地里的庄稼也会一夜之间被人祸害掉，他开始每天早上都担惊受怕，不知道会有什么灾难在等着他。

他去找过警察,他们一开始也表现出同情,听卡比尔从头到尾讲了这件事,听他讲步步紧逼的请求是怎么变成那么大的威胁、那么多的恶意的。他们记下了所有细节,保证调查后给他答复。然而他们从来没像答应的那样给他打电话,也没有来村子里看过。他继续尝试,但他们不接他的电话,即便接电话,也只是说他们还在调查。非常明显,跟很多公职人员一样,这些警察收了别人的好处,不会有任何作为。

这块地拴住了卡比尔,这个温良的人在集上开的裁缝铺失去了太多顾客,仍然光顾的人看见店主变成了一个心烦意乱、脆弱不堪的人,提供的服务也无法再令他们满意,到最后,裁缝铺只能关门。阿莉娅一直默默支持着他,打理地里的事情,照料六个孩子,鼓励他不要屈服,让他相信他们能渡过这道难关。

但有一天他终于受不了了。孤立无援、名誉扫地的卡比尔答应卖掉这块地,价格比他们最开始出的还要低得多——跟这块地真正的价值比起来相当于九牛一毛。在交易达成的那天,他崩溃了。阿莉娅匆匆忙忙把他送进本地的医院,留下大女儿在家里照管五个弟弟妹妹。她别无选择。

他们说,这是某种形式的瘫痪,不是由于身体的原因,而是精神上的原因。他们把钱全给了医生和治疗师:阿莉娅除了拼命寻找治疗方法,还能做什么?他们看过岛上的几个医生,但他们解释说不知道他的问题出在哪里,这让阿莉娅越来越绝望。他们也看过几位贡宁,她按照他们叮嘱的治疗方法行事,失败后又继续去找他们。她继续尝试,但仍然没有任何效果。他们去了加尔各答,咨询了一位专家,专家告诉她,在他看来,她丈夫恐怕无法康复了。这句话她不是头一回听到。

阿莉娅一件件变卖了他们的家产。先是另一块地。然后是家里的牲畜。然后是裁缝生意剩下的东西——她也试过继续经营下去,但失败了。然后是她在菜园子里种出来的菜。然后是她的时间,那腰酸背痛的一个个小时,坐在缝纫架前往纱丽上刺绣,这些纱丽在集市上的售价是纱丽贩子给她开价的二十倍,它们被不认识的人买走,穿到她这辈子都不可能去的地方。为了找到治好丈夫的办法,她花了差不多一万卢比。等到再也没法继续下去的时候,她又从放高利贷的人手里借钱,还钱成了她最大的难题。尽管大女儿的公婆都很善解人意,但五万卢比的嫁妆怎么说都还是要有的。阿莉娅想办法让大女儿上学一直上到了十八岁,小女儿阿迈勒也一样,对此她还是相当自豪的。

现在卡比尔大部分时间都卧床不起,每天只有大概一小时会从床上起身,通常都是傍晚太阳落山的时候,这时候村子里到处都能听见祷告的声音。有时候他会去清真寺祷告,有时候就待在家里。他会在重新回到床上之前吃点东西,然后就睡了,要不就是躺在那里盯着天花板,对什么事都没有任何反应。有时候,以前的那个卡比尔还会闪现一下。他会直挺挺地坐起来,说出的话表明他脑子相当清晰,比如哪个孩子在学校需要多用点功,或是阿莉娅应该考虑一下种某种蔬菜,再不就是他希望隔壁邻居家的婚礼能顺利进行。大部分时候他都像在出神。跟他生活，就像跟一个活死人在一起一样。

　　菜园里一切正常，阿莉娅很是满意，站起来伸了个懒腰。除了即将到来的收获，还有一些事情也在蠢蠢欲动——很快就要选举了。这样的事情可以说是村居生活中最重要的事之一，外面的世界会借此闯入他们凌乱不堪、自给自足的生活。茶铺外面的长凳上，闲聊的主题已经转向政治。玛玛塔（Mamata）能保住她的绝对优势吗？有没有可能甚至赢面更大呢？这座岛屿是革命社会党的老根据地，然而近些年来，被"姐妹"的魅力折服的人越来越多，玛玛塔的掌控大不如前了。阿莉娅很喜欢这位魅力四射的女领导人，她朴素的白色纱丽，她直言不讳的决心，都让她倾心。

　　她转过身，背对着大路慢慢穿过菜园，朝等着她的刺绣活计走去。天空的颜色像是指关节上的瘀青，这对春天来说很不寻常。远处的地平线上浓云开始聚集，要下雨了。

第十四章

被雷劈死的孩子

天气一直很奇怪,就算对那些习惯了不确定性和变动的人来说也一样。这几个月理应更好过一些,又一个冬天已经熬过去,而漫漫夏日无处可逃的热浪和雨季无休无止的潮湿还没有到来。一场场暴风骤雨从孟加拉湾扫过整座岛屿,提醒所有人,他们都暴露在大自然的喜怒无常中,不要变得过于骄傲自满。雨已经下了几乎一整天,一直没停过,偶尔暂停一下也仿佛是为了换口气,然后再接再厉释放出更夸张的倾盆大雨。路全都被水淹了。滚滚雷鸣穿过田野和树林,往池塘里投下愤怒的水纹,让小岛在风雨中飘摇,仿佛不再受到大陆的庇护,随时都能漂向大海,漂向深渊。

罗西尼喜欢下雨。下雨会让她感到平静,消除她经常会有的焦虑不安,但就连她也承认,卡波扎克来得也太早了,那些雷暴通常发生在四月到五月初,怎么说都还得至少一个月才会到来。他们家的局面已经非常紧张了,令人不安的天气只会火上浇油,把她婆婆进一步推向爆发的边缘。罗西尼尽管不情不愿,还是有点敬重卡利玛理解这片大地的方式,对这片大地的慷慨和偶尔的自私任性、反复无常，她们也都同样熟悉。只要有人愿意听，卡利玛会很愿意跟人说，这些年事情开始变化了。对卡利玛来说，这片土地就像一位老相识，但它现在开始变得跟以前完全不同，这让她深感不安。

这些年的夏天似乎比以前更加炎热了，熊熊燃烧的夏天贪婪地吞噬着春天，结果春天对人间令人愉快的统治只持续了短短几个星期。这几年的降雨从来都是毁灭性的，降雨量远远超出预期，去年把岛上好多地方都淹了，让大家几乎都没法活下去。冬天倒是向来都很冷，但现在又多了股令人窒息的雾气，也可以说是烟霾，仿佛凝结在空气中。而现在这种时候，天气本应温和宜人、阳光明媚，天上却浓云密布，一直下着倾盆大雨。

所有人都在为努斯拉特感到苦恼，日子一天天过去，她一直没回来，也没有任何消息，卡利玛也越来越焦躁了。努斯拉特不在的这几周，阿萨德一直在生闷气，不公平地把他们的麻烦归咎到母亲身上，就好像她对此反正是负有责任的，本应预见到他婚礼那天会有个老妇人撒手人寰，应该早就知道他的新娘会被精尼附身。尽管里亚齐仍然对他们家的命运变迁十分敏感，但他表现得很冷漠，陷入了某种忧郁的情绪。他们俩本来都以为，这个新嫁娘、新儿媳的出现会缓和卡利玛对他们的态度，然而刚好相反，这个女孩走了，卡利玛对他们更严苛了。全都是因为钱，很多时候都是这样。也全都是因为过往。

尽管罗西尼也许曾希望有一天她和里亚齐因为爱情而结

合的婚姻能得到原谅，但她刚来到卡利玛家时遭受的排斥并没有在时光的流逝中减弱。这么多年过去了，关系恶化，孩子出生，紧张升级。三年前雨季里的一个晚上，浓云低垂，天空漆黑一片，无星无月，矛盾也在这天到了一个极点。在煤油灯下，卡利玛摆明了她的态度：她无法忍受全家八口人全都生活在同一屋檐下；阿萨德和他最小的姐姐仍然留在这个家里，还有新来的负担伊法特，她妈妈就这么把她直接扔给了外婆照管。卡利玛决定借给里亚齐一笔钱在空地另一边盖个小房子，让他们这个迅速壮大的家庭有点自己的空间和隐私，里亚齐和罗西尼都同意了。

没过多久，卡利玛就开始要求还钱，或是付租金——只要认这笔账，他们爱叫什么都行。因为里亚齐严格来讲已经分家出去了，卡利玛也跟他说，如果想留着那辆他骑着上下班的自行车，就需要也开始付她一些钱。他起初对卡利玛的要求非常惊愕，继而大怒，声称要是她仍然用这种方式跟自己儿子要钱，他就跟她断绝一切关系，他们家也会收拾铺盖卷，全都离开这个村子，再也不回来了。对此卡利玛只回了一个字："滚。"

但他们没滚。他们能滚去哪里？之后他们的儿子赛义德很快就出生了，双方达成了谁都不满意的停战局面，只有卡利玛偶尔搬出还钱的威胁时，才会出现龃龉。里亚齐和罗西尼本来都指望，有了努斯拉特，局面就能有所改观，卡利玛也终于心满意足地有了一个她为儿子亲手挑选的新娘，有了一个帮她应对这么一大家子人和一个年纪还小的外孙女的迫切需求的人。他俩都能从卡利玛恶狠狠的表情背后看到一种悄悄爬上她面容的外强中干,有时候在晚上,孩子们睡下后,里亚齐会悄悄责备阿萨德,说这样对待他们年事已高的母亲是不对的。跟这样的男人结婚需要慎之又慎,努斯拉特是对的。

在那女孩回娘家村子里待了一小段时间后的那几天里,罗西尼认真观察着她每况愈下的情形。当然,努斯拉特一开始很安静,大家的期待也是这样。大家全都以为,回一个星期的娘家能让她安稳下来,也让她妈妈和嫂子能替她做好更万全的准备。但从娘家回来后,不知道为什么,努斯拉特变得更加害怕,也更加反复无常了。之后没多久,她开始出现令人担忧的行为。

她开始时不时地轻轻摇晃身体,低声念诵《古兰经》的经文,听起来像是在自言自语。她会撕扯自己的衣服,但并不会因此就露出皮肤。她把头发一撮撮地揪下来。她会尖叫、惊厥,还会突然之间扑倒在地,胳膊和腿在地上摔打,发出让人抓狂的砰砰声。这么做也砸坏了她的手镯。所有孟加拉妇女都会戴的象征婚姻的手镯——珊瑚红、海螺白——很容易碎裂,就跟婚姻一样。手镯的碎片在地上闪着光。而只有在丈夫去世的时候,妻子才能打破手镯。

没过多久,这事儿就真相大白了。卡利玛四下打探了一阵,很快得知努斯拉特以前碰见过精尼。大家都知道,努斯拉特以前就读的那所破破烂烂的中学里,据说就有这种满怀恶意的精尼。那所学校建成没多久,就有人说学校所在的那块地已经烂了。同时被精尼附身的女孩有三个,努斯拉特是其中之一，也接受过她家村子附近一位贡宁的治疗。没过多久，女孩子们恢复了正常，也继续上学了。但是在两家谈妥这门亲事之前，卡利玛并没有得知这个信息；她这人非常骄傲自满，觉得自己的调查完全足够，不需要找个媒人来进行必要的核查。

伊玛目来看这个女孩已经是傍晚过后了，黑暗让这个处于困境的家庭还能留下一点隐私。罗西尼知道，她婆婆也还有那么一点希望，因为她坚信这个精尼本身是善良的。努斯拉特一直很仔细地遮盖着自己的身体，尖叫出来的也是伊斯兰教的经文和祷告，这些迹象全都表明，她身体里的那个精尼非常虔诚，也很守规矩，而卡利玛相信自己这个新儿媳也是这样的。其他女人被精尼附身的时候，她们会撕掉身上的衣服，嘴里骂骂咧咧，冒出令人无法想象的粗鄙话语。罗西尼知道，卡利玛认为精尼有好有坏，就像人也有好有坏，而好人会吸引好的精尼，坏人会吸引坏的精尼。

罗西尼在跟赛义德玩。赛义德趴在她身边，全神贯注地推着个只剩三个轮子的破玩具车在地上转圈。她想着，有没有什么话可以跟这个女孩说一说，兴许能帮到她。罗西尼想，努斯拉特十六岁了，已经够大了；毕竟她刚嫁到这个村子里的时候，比现在的努斯拉特还要小两岁呢。她和丈夫年纪轻轻就违禁结合，刚开始热情似火，但在那些激情渐渐褪去后，她也开始面对婚姻给她带来的报应：她慢慢意识到，这就是她的人生——洗衣做饭，洒扫庭院，喂养孩子，伺候婆婆，服从丈夫。这就是在她眼前展开的一切。

至少里亚齐那时候还有工作。他在附近找了份体力活，在大陆的一个小镇上建一所伊斯兰教学校。这份工作一个月干十五天活,但按周发工资,对他们来说还算不错。有事情做的时候,里亚齐的心情要好得多,对于把他束缚在这个村子里的家,也没有那么多怨恨了。跟他妈妈和弟弟妹妹不同,里亚齐出生在加尔各答,但在他小时候,他们家就离开加尔各答回到了岛上。从那以后他就一直住在村子里,但在内心深处,他仍能感觉到城市对他有一种吸引力,那是一种充满渴望的呼唤,诉说着在别处的另一种生活。

罗西尼能感觉到她肩膀上的瘀伤带来的疼痛,那是里亚齐从背后打的:不是那种她有时被打后的剧烈疼痛,而是她以某种方式活动时会出现的隐痛。不疼的时候,她会暂时忘记里亚齐用愤怒刻在她身上的烙印。以前他会把她打得很惨,她的脸颊会被自己的牙齿扎破、出血,新月形的小伤口会疼上好些天,而他的拳头砸到她骨头的地方,她的皮肤会开裂,同样也会出血。

她从来没向当局报告过。罗西尼知道,有些女的会跟区政府的人谈这些事,这个人可以说是他们村子里最有政治影响力的人;也有人会去找伊玛目,另一个慈眉善目的男性,他会很愿意坚定、平静地告诫被报告的那些男人。还有几个人甚至会在情形特别糟糕的时候去报警,并讨论要不要提起诉讼——倒不是说警察真会拿这些男人怎么办。她爸妈也知道里亚齐会打她。他们一直都知道家暴的事,而且经常提醒她,她可以回娘家,他们也会尽最大努力去照顾她和她的孩子。毕竟她是他们最小的孩子,而充满暴力的生活绝不是他们对她的期望。但是她能把孩子们带走吗？罗西尼看不出来卡利玛会允许她这样做。

拉尼看着侄子海德在门廊上学步，往前走几步，四下看看，然后再往拉尼这边走回来。接下来他会再次转身，勇敢地往前走，就这样走走停停一直走到台阶那里，看着外面连绵不断的雨。午后昏暗的天色偶尔会被天边的闪电划破，紧跟着又是一道震天动地的雷声。面对这样的天气，拉尼很担心海德，他那小身板总是对这里恶劣气候中的天气变化敏感得很。雨季那几个月，湿气弄得到处都滑腻腻的，他的皮肤会开始起反应，暴发皮疹，让他一直烦恼不堪。

一年前他看起来跟现在很不一样。自从他一声不吭、浑身发紫地被带到这个世界上以后，他就三天两头生病。有一次他突然就没法吃东西了。拒绝进食对这个又焦虑又黏人的小男孩来说不是多么罕见的事儿，不过随着时间一天天过去，家人从漠不关心变得有点心烦意乱，后来终于慌了。他们用尽了所有办法，就是没法哄着骗着他吃上一口，他的身体日渐虚弱。七天七夜，海德都只是在放声大哭，粒米未进。

父亲法克拉和母亲米拉越来越担心，他们找了两位医生来看，但他俩都说，海德没有任何健康问题，因此他们几乎什么忙都帮不上。最后，在贝希拉要求下，他们去找了一位贡宁。这位神通广大的陌生人感觉到是有精尼在作怪，于是在男孩脖子上挂了个护身符（现在他仍然戴着，藏在T恤下面），还给了他们一些念过经的油（phuker tel）涂在小男孩精疲力竭的身体上，以起到强大的防御作用。第二天早上，海德从装着水浸饭的早餐锅里捞出几粒泡胀的米饭,午饭时,米拉给他喂了几片土豆,一边流泪一边放下心来。到了晚上,喂进他嘴里的已经是撕下来的一条条热乎乎的印度煎饼了。

他们说,精尼是通过食物引诱这个男孩的。塔比娜的儿媳不久前也有点儿像是被精尼附体了,于是她不假思索地按照贡宁的指示,在池塘略带咸味的池水中洗了澡,把精尼从她身体里洗了出去。精尼从她苗条、湿滑的身体里溜回水里之后,她没有提醒洛哈尼家的其他人注意,池塘里的水面下也许潜藏着什么东西。大家都知道,精尼非常喜欢水,它们在河岸附近游荡,隐藏在芦苇和在河里吸水的盘曲多节的树根之间,随时准备抓住那些不小心闯进它们领地的人。第二天早上,米拉蹲在这个池塘边上凉爽的灰色淤泥中洗菜时,精尼一定又悄悄跟着她溜了回来,裹在食物上面,后来她用这些食物做了饭,给她脆弱、无辜的儿子吃了。

类似的事情也曾发生在拉尼的舅舅(cha-cha)身上。他吃了些腐烂变质的食物(noshto khabar),随后也被附身了,他并不知道这样的食物里会有邪恶的精尼。他变得疯疯癫癫的,精神错乱得太厉害了,没法继续工作,甚至生活都没法自理了。他们从来都没搞清楚这到底是什么原因造成的,不过他们家去找的一位贡宁说,他在幻象中看到一些小红花,并断定这些花不知怎么就混在食物里了,让拉尼的舅舅有了被附身的契机。他被苦苦折磨了好几个星期,最后尽管恢复了正常,但到现在都仍然会诉苦说自己的消化系统不大对劲。拉尼曾无意中听到塔比娜说,要是有人想把他毒死,让他少受罪，她也不会非常惊讶，因为他真的是太遭罪了。结果她妈妈和她伯母为此大吵了一架，她们很少吵得这么凶，但这次却越吵越猛。

拉尼叹了口气，伸开腿，放松一下小腿的肌肉。大雨倾盆，在屋里关了两天了，她的小腿也有些酸痛了。她没有告诉任何人现在她仍然在跑步，她会在知道周围没人看见的时候从茶铺里偷偷溜出来，或是在炎热的午后大家小憩的时候从家里跑出来。她沿着小路快跑，穿过荒芜的田野，经过没精打采的庄稼，直到喘不上气、心也突突地跳得太厉害，才会停下来。不能活动筋骨会让她感到沮丧，这个神经紧张的女孩，手脚永远都不肯歇着。

当痛苦地意识到别人怎么看她时，她已经到了会对流言蜚语感到不舒服的年龄。人们会怎么说她？拉尼对自己的外貌感到窘迫，不知道为什么，她的身形和步态都有些难看，头发特别浓密，稍微带点卷曲，甚至可以说有些狂野，跟迦梨女神那头蛇一样的卷发异曲同工。鲁比娜老是嘲笑她上唇开始长出来的黑胡子，萨拉也注意到了，还说可以帮忙处理，只要贝希拉同意。但现在这时候，在贝希拉面前，最好提都不要提萨拉的名字。

拉尼知道，所有人都认为她守口如瓶。她从来没有透露过任何不该由她来讲的事情，而是决心逆来顺受，背负起这个家庭沉重而隐秘的真相。就连她最亲密的朋友纳迪娅她都不会吐露半个字，尽管纳迪娅一再要求，而十几岁的女孩子之间的友谊，就是要靠这种家庭秘辛才建立得起来。因此，对于这个并不明艳动人、善良和不安全感都过于表露无遗的女孩,大家都有些戒备,在她周围竖起了一道坚不可摧的墙。她一边坐在那里看着侄子,一边想着,她的哥哥姐姐会不会跟别人吐露他们的秘密,她姐姐究竟能不能找到一个愿意娶她的人,以及她哥哥会不会有一天告诉自己的儿子,他曾经害死了一个小女孩。

她觉得法拉克和米拉不会再生别的孩子了,嫂子的身体肯定承受不了这种压力。她怀着海德的时候就已经特别虚弱,海德出生后,医生们都建议她别再要小孩。拉尼非常喜欢米拉,经常觉得米拉比她所有血亲都更亲近。米拉沉静、务实,还潜藏着一点调皮的幽默感,是这个吵吵闹闹的家庭里最安静的人,因此经常会被忽视,像一颗不见天日的宝石。

海德坐在地上,全神贯注地用飘落到门廊上的一滴雨水在泥土地面上画起一条线来。这时,拉尼的思绪被刺耳的电话铃声打断了。她眯起眼睛,透过连绵不断的雨看向院子另一边,看到米拉在露天厨房里站起来,伸手去够手机,她在切菜准备午饭时把手机放在了那个方便的角落里。在风雨中,拉尼只能勉强听见米拉接起电话说了一个字:"妈?"

随后拉尼就看到她倒在了地上。

那天晚上,是贝希拉坐在户外厨房的竹编屋顶下,借着灯光在锅里搅拌。她儿媳回大陆上的娘家了,那个村子离这儿有二十分钟的路,不过有时候时间还会长点,视路况而定。下午某个时候,雨终于停了,但风雨肆虐过的土地又湿又软,路边和平地上全是水坑，在柏油路面上形成了一个个波光粼粼的镜面。他们打算当天晚上就让这个孩子下葬，尽管贝希拉不认为土地会那么听话，太湿了，到处都泡胀了，似乎没法挖出个像样的坑来。不过小男孩的遗体那么小，倒是也有可能埋得下，或者就等到明天再说好了。

她再次把注意力集中到正在火上慢炖的锅上，查看着咖喱炖得怎么样了，随后又专心地在大米里挑起石子儿来。在这样的情形下，她的职责是做饭，帮助家里为即将前来吊唁的人准备食物。很多亲戚都会过来慰问一下，但他们家也仍然需承担照管他们的责任。塔比娜也曾主动提出今晚可以负责做饭，不过她肯定会把她儿媳妇叫来，让儿媳妇把大部分活儿都干了。

早些时候，贝希拉惊恐地看着丈夫和儿子努力安抚米拉，他们犹豫不决，也不大确定该怎么出言劝慰，仿佛她失去弟弟的难以名状的痛苦一不小心就会被亵渎。所有女人都知道，伊斯兰传道会的人对于她们熟悉的吊唁方式提出了质疑，而现在很多男的都认为，公开表露悲伤在任何时候都令人反感。他们会说，这难道不也是真主的计划吗？而且，他们所有人不都是迟早要响应真主的召唤，前去接受审判吗？很多女人都没法理解这些，也没什么动力改变自己。

那个男孩是被雷劈死的。暴风雨肆虐的时候，他跟父亲一起去地里把他们家的牛抓回来，那些牛困在外面一整天了，浑身湿透又容易受惊，但是牛非常值钱，不能一直留在外面任其自生自灭。他们出门的时机实在是太糟糕了，刚离开遮风避雨的小屋，风就大起来了，闪电和雷声穿过诡异的黑暗，离他们越来越近。那个男孩被击倒了。他们想不明白雷电是怎么害死他的，只知道随着一声震耳欲聋的轰鸣，他就这么没了，半个身子都烧焦了，另一半完好无损，就好像只是睡着了一样。父亲跌跌撞撞地跑回家，怀里抱着儿子的尸首。

几天后米拉会回到村子里，脸上会因为失去了弟弟而暗淡无光。不过，她总算还有法拉克，他们会在悲伤中互相安慰，以弥补各自的损失。

死亡在这里并不少见，而大多数时候，这不过是另一种经常发生的事情，对于一个生命被粗暴对待的边远地区来说，死亡也是期望之中的事。年老体衰的人过世当然令人痛心，但多数时候人们只会哀伤几天就回到正轨，恢复粗暴的生活节奏。总是有米要筛，有水要烧，有地要扫。对于那些受困于支离破碎的躯壳，既没有药物也没有别的资源来治疗他们的人来说，以及对于那些负责清理和照料老弱病残的女人（因为做这些事的总是女人）来说，死亡经常也可以说是一种解脱。就算是失去孩子，尽管会让人悲痛欲绝，也算不上有什么特别；每一千个孩子生下来，就有三十五个会夭折。

贝希拉非常了解失去，尤其是失去孩子的感觉。她的身体跟她婆婆玛丽亚姆一样，一怀孕就会紧张得发抖，很难把孩子好好生下来。她失去过八个孩子，有些是她刚怀孕没几周就因流产失去的，有些是晚一点流产失去的，还有两个是刚生下来一会儿就去世了。每失去一个孩子，她都好像既变得更加坚强，也变得更加柔弱了：变得坚强的是外表，而内心每一次都是五内俱焚。贝希拉相信轮回，尽管她知道自己的宗教信仰容不下这种想法，她也很可能会因为这样的想法而受到谴责，但这种想法让她得到了些许安慰。有时候她会想，不知道自己那些孩子的小小幽灵现在有没有在别的什么地方长大，是否拥有了新的身体，过着心满意足的生活。

脚麻了，她低吼一声，动了动腿，张开手掌用力拍打了几下粗糙的鞋底，好让她懒洋洋的血液重新流动起来。对她这么粗笨的、经历过那么多艰难困苦的躯体来说，坐在明火旁边的地面上可不是件容易的事。

贝希拉很小的时候就被遗弃了。生下来才二十一天，她父亲就跟母亲离婚了。母亲很快再婚，按照习俗把贝希拉留给了外公外婆。从她走得稳路开始，外公外婆就让她下地干活，她也没上过几天学。到了十三岁，外公外婆也别无选择，只能把她嫁给一户穷人家，好让自己的经济负担小一些。嫁出去两年后，外公去世了，没多久外婆也撒手人寰，从那时起，贝希拉就成了孤儿。卡利玛的女儿再婚后还会时不时回村看看伊法特，但贝希拉的妈妈不同，再嫁后就跟贝希拉再无瓜葛。

尽管从来都只有苦日子过，贝希拉的身体却很粗壮。结婚的时候她比几乎所有人都高，而在年复一年生养孩子的那些岁月里，她本就粗大的身体也变得更加臃肿了。玛丽亚姆个子也很高，但却无法用自己的身高优势来俯视他们家的新成员贝希拉，她为此恼怒不已，也经常表露出来。早些年，她们俩的冲突经常很引人注目，就像虎狼相争，转着圈子咆哮、撕咬。

贝希拉的身形也给了她力量。无论白天还是晚上，她去赶集都无须陪伴，也不用像担心别人一样担心她的安全。跟大多数女人不一样，她知道她甚至可以利用自己的身体来吓倒别人。这副身形也给了她自由，过去她还会独自去德里探望女儿。当然，身为女人她还是要小心，但至少不用害怕会在坐火车的时候被人强奸然后扔下火车，这样的事情印度每年都有。她非常喜欢穿越大半个国家的那趟漫长旅程，一整天（实际上还不止）都在一辆锈迹斑斑、人满为患的车厢里度过：跟不熟悉的人聊天，城市里熙来攘往的街道和令人食指大动的气味让她兴奋不已，而且在这里，没有任何人认识她的家人。

她的身体特征也造成了一些问题。她高耸的身躯投下了一片阴影，嗓音低沉，嘴上因为吃槟榔而总是一片猩红，人们看到她总会有些害怕。别的女人大都害怕或不想跟她这么高大威猛的女人交朋友，而且她自己也承认，她的性格有些粗鲁。很多人都觉得，像这样的躯体不应该是个女人。这就引出了另一个问题：她是什么样的女人？贝希拉知道关于她的那些流言，倒不是说真有人够胆大或是够蠢当面跟她讲过。她知道有人明里暗里说她是怎么挣钱的，知道人们会问，她大热天在集市上那么长时间都干什么了。但她不在乎。他们爱怎么想，就怎么想好了。

第十五章

紧张升级

　　这事儿发生在一个月前。那是四月的一个清晨，大路上产生了一阵骚乱。声音是从塔比娜家附近传出来的，一个男人的声音咆哮着，带着威胁刺破了黎明的寂静。还能听到萨拉的声音，她在哀求这个人不要这么做，接着又是一声痛苦的叫喊。

　　没有人想议论他们说了什么，尽管很多人都听到了。

　　他会告诉所有人的。

　　他能辨认出她身上错综复杂的痣和伤疤。

　　如果人们要求的话，他也可以证明这一点。

　　第二天，萨拉不见了。

　　塔比娜本该早就知道会有麻烦。她坐在门廊上，一边躲着夏日上午逐渐升高的热浪，一边把最后一点豆子从毛茸茸的豆荚里剥出来，这时她开始走神。萨拉最早来找她已经是很久以前的事了，现在她都很难想起来，所有这一切究竟是什么时候开始的。做过最后几次手术后，她的记忆没那么靠得住了，有时候她甚至会发现自己身在摩肩接踵的集市上，却想不起来她正在讲价的大米说的是多少钱一斤。她还记得的是，萨拉给过她一笔不算少的钱，以便能偶尔在天亮时用一两个小时她的房间，这也是为了封口。塔比娜同意了，几乎什么也没问。

她很乐意一早起来离开凌乱的房间，裹上披肩坐到门廊另一头，让自己的身体从睡眠中慢慢清醒过来。起个大早也意味着她丈夫在凉爽的早晨可以多跑几次到坎宁镇的长途，拉着去加尔各答上班的乘客，到了坎宁镇，他们会挤上慢吞吞的当地火车，挤进锈迹斑斑的车厢，等着被运往北边。他们从来没聊过萨拉在做什么，也没讨论过她为什么要偷偷跟一个不是她丈夫的男人见面，尽管塔比娜当然是知道的。但别人的私生活跟塔比娜无关。

但不管怎么说，她不想招惹什么麻烦，然而现在，已经发生的事情是她很不想看到的。事情发生后那些天，她给萨拉打过几次电话，但每次电话铃声都会切换成预先录制好的语音，请她留下语音信息。塔比娜不想留言。她无意中听到萨拉的女儿纳迪娅大声向拉尼解释说，她妈妈去加尔各答照顾生病的弟弟去了，但就他们对她在岛上的这个家的了解来说，这个说法只可能是谎话。

那次争吵发生了大概一周以后，萨拉又出现了。她抵达的时候是上午十点前后，村子里那时候挺安静，她尽可能端庄地从一辆三轮车上走出来，带着一个小包。尽管她选这么个时间回来无疑是想尽可能地神不知鬼不觉，但塔比娜还是从她在茶铺里经常坐的位置看到了她。从大路另一边,她能看到萨拉的左胳膊吊在绿色的无菌绷带里,但没法看清萨拉脸上的表情,她的眼睛被一副巨大的墨镜遮住了。

从那时起,萨拉就不太出现在大家面前了,尽管所有人都仍然时常提起她的名字。那个男人是谁?他们的风流韵事有多久了?汗知道这事儿吗?如果知道的话,他会怎么做?

塔比娜没有参与这些讨论,急切地想撇清自己在这起所有人都兴趣盎然的可耻的外遇中可能承担的责任。而且,她的注意力很快就被别的事情吸引了。随着夏天越来越热,人们开始期待起来,所有人的注意力都转向了政治。选举就要来了。

投票的热情从容不迫地席卷了整个西孟加拉邦。电视上全是卖弄声色的政治人物——前演员、宗教狂热分子、身穿白衣的老姑娘,还有他们声势浩大、竞争激烈的竞选活动。广告牌一夜之间竖了起来,高耸的画像带着和蔼的微笑,双手合十,极为优雅。一串串旗帜在建筑物之间和街面上猎猎作响,旗子的所有者往往多方下注,并展示出不同政党的赌注,急切地想要吸引任何潜在的投票者。汽车保险杠的贴纸也在大张旗鼓地宣告它们的司机不但热爱这个国度,也支持玛玛塔或莫迪,支持革命社会党或印度共产党(CPIM)。两大政党的标志到处都是:鲜花盛开,锤子和镰刀闪闪发光。

在村子里,报纸被无数双手摩挲得又软又脏,但茶铺里的那些男人还是仔细查看着,把上面的细节掰开揉碎,并就着一杯杯热气腾腾的茶水展开激辩。噼啪作响的收音机播出了一段丑闻，足以动摇正在执政的草根国大党（TMC），因为之前有段模糊的视频片段出现，看起来是有个高级官员收受了贿赂。但大多数人仍然认为玛玛塔对西孟加拉邦的控制无法被撼动，甚至还有可能进一步加强，而且不大相信真有受贿这回事，很多人认为视频里说到的那笔钱也太少了，不值得这么大惊小怪。

那些离开岛上去加尔各答、孟买和德里工作的人也回来了，他们看起来更瘦了，也总是一副在饿肚子的样子，急着在回到他们的第二故乡之前把票投了。所有人都在担心，要是没有投票，他们的公民身份可能就会很成问题。这些当然只是谣言，但三人成虎，这么说的人太多了，大家也就信以为真。对那些处于社会底层的人来说，失去公民身份是个很可怕的前景，尤其是穆斯林，指不定就会有人控告说，他们是从孟加拉国那边穿过国界溜过来的，想要过上更好的生活。村里房子的土墙上插满了鲜花、铁锹和镰刀，对有些人来说，到处都是刚刚露出来的新机会，空气里也满是芬芳。

塔比娜拥有女猎手的头脑，她也觉得选举激动人心。村里大部分人家都会由丈夫把家人召集起来，告诉他们必须投票给谁，她知道他们家也一样。她会听任丈夫这么稍微装模作样一番，但只要丈夫一走（溜去干活，或溜去茶铺和酒馆找那些男人吹牛），她就会向家里人发出相反的指令。首先，她会鼓动他们投给任何他们想要投的人，然后她会说自己喜欢的是哪个政党，这跟她丈夫的选择不一样。她会说自己提出的只是建议不是命令，但是也相信这样说会很有效果，从孩子们微微点头、沉默着露出一点笑意就能看出来，他们会跟着她一起投。

这是她能赢得执政党喜欢的诸多方式之一。在这次特殊选举之前很久，塔比娜就去找过他们，问他们需不需要自己提供任何帮助，并让他们知道，如果选举中暴力的苗头扰乱了村庄的宁静，她家随时都可以当成临时避难所。不过这场选举并没有那么重要，因为只是要选出邦里的代表而已。政治会变得特别肮脏，是在地方上的选举大战中。

塔比娜听说，在上次地方上的选举中，当选的区政府代表曾被要求从自己腰包里掏出十五万卢比，在村里买下足够多的选票，好确保自己会高票当选。这活计耗时费力，要在夜幕掩护下挨家挨户敲门，给女人一条新纱丽或是一把钞票。有些人纱丽和钞票都要，或是想要更多，而区代表别无选择，只能默默接受下来。这是一项前瞻性的投资，花出去的钱肯定会通过当选者很快从四面八方收到的贿赂洪流收回来，这些贿赂往往来自警察、党内野心勃勃的人和有政治诉求的人。

塔比娜结婚头两年，她丈夫离开村子去了德里，那时候有过一次选举。有一天晚上，离选举还有好几天，一个陌生女人的到来缓解了有婆婆在的紧张气氛。玛丽亚姆接待了她，跟她简单聊了几句，那人问起家庭成员的情况，还聊了聊村里鸡毛蒜皮的小事儿，随后从布袋子里拿出一条新纱丽放在地上，还说了些对他们的支持表示感谢的话，这些话听起来沉甸甸的。然后这个女人就走了。大概一个小时后，塔比娜觉得已经过去足够长的时间了，就问婆婆到底发生了什么事。

玛丽亚姆缓缓转过身来，看着她，扬起狼一样的眉毛，言简意赅地说："村里就这规矩。"

塔比娜把豆子哗啦啦地倒进金属碗里，扔掉的豆荚在一张报纸上堆了好大一堆。想起自己那时候的天真，塔比娜摇了摇头。她结婚的时候才十五岁，而考虑到后来的情形，可以说这个婚结得毫无意义。婚礼是在一个周四的中午十二点举行的，第二天，参加完传统的星期五乃玛孜，她的新婚丈夫就离家去了德里，两年都没回来。

先是被"连根拔起"，接着又独守空房，那段时间里，塔比娜学会了很多东西，尤其是学会了怎么跟婆婆相处。时间一年年过去，她开始了解到玛丽亚姆早前失去了那么多孩子，旧日的伤痛让她对活下来的孩子保护欲非常强，这完全可以理解。她也学会了怎么平衡她们总是相冲突的脾性——什么时候对抗玛丽亚姆，什么时候屈服——现在她们终于达成了还算舒服的停战局面。塔比娜掌管着这个家，发现如果由女人来管家里的账，经济上就能维持下去，而女人不管钱的话，就多半会入不敷出。多年来她一直在孜孜不倦地努力，这才让他们家能有今天这个样子：家里有一个光彩照人的政党骨干，能利用政府规划寻求支持。三个儿子都读到了十二年级，两个都工作了，最小的在上大学。问题在于，她还想要更多。

黎明以一个炽烈的吻开始。天气会很热，甚至可能比昨天还热。今天不同寻常，不会有日常的、无休无止的俗务带来的嘈杂。错落在大路两边的那些店铺都关门了，小路上也静悄悄的，以前每天都会排着队、不耐烦但也只能无奈地等着用水泵打水的女人，今天也不见了。为了防止剑拔弩张的各党派之间擦枪走火，岛上和其他地方都发布了一道命令，规定今天人们只有一个理由可以离家出门：去投票。

今天的平静跟昨天比起来，仿若两个世界：昨天这里还混乱不堪，路上挤满了大巴和面包车，带来了选举监督员，负责监督选举过程的中央政府成员，以及急匆匆回到老家的选民。三轮车一路把无数乘客拉到这里，简直是把他们从车斗里倒到滚烫的柏油路面上，又急着回去再拉一趟。大巴车顶上也挤满了人，成群的男人顶着烈日。军官们是从喀拉拉邦和拉贾斯坦邦调来的（希望天遥地远足以保证他们公正无私），他们穿着笔挺的军装在路边走来走去，单单是出现在这里就足以让人们看到法律的力量。空气中满是兴奋，与之相伴的还有它的欢喜冤家——暴力。

投票会在挨着努拉家的小学进行。校门早上七点才开，而开门前很久，官员们就已经集合，检查投票的机器是否正常，出入口是否安全，还采取了所有能采取的预防措施，好确保接下来的流程无可指摘。急着投票的人在外面排起了两条长队，朝相反的方向蜿蜒着，一队是男人，一队是女人。年老体衰的人由自行车拉的木制车斗拉到校门口，他们弱不禁风的身上裹着宽大的衣服，等着由壮年亲属抬进去。门终于开了，军官们站在大门两旁保持警戒，用一份皱巴巴的名单核对着名字，不在这个村子住的人，无论是谁，都不可以进去。

卡利玛希望能避开烈日炎炎的正午，因而很早就到了。跟很多人一样，她洗了澡，穿了条更好的纱丽出门，享受着这种场合的仪式感，以及短时间里被人瞩目的感觉。她还带了把破破烂烂的雨伞，开开心心地跟队伍里另一个女人一起撑着，伸长了脖子看还有谁早早就来投票了。过了一会儿，她骄傲地展示着涂成蓝色的手指甲，在校门附近走来走去，用印地语跟在外面站岗的军官兴奋地聊了起来。他们耐心地听了几分钟，便礼貌地提醒她动作快点。如果没有特别要紧的事情，今天任何人都不能离开家。

萨拉出门已经是上午比较晚的时候了。这时柏油路面上已经开始散发出一股股波浪一样柔和的热气，在空气中闪烁着微光。她裹着一条蓝绿色的绉织纱丽，那纱丽跟孔雀尾羽上的"眼睛"一样明亮，上面装饰的廉价珠宝闪闪发光，她还涂了深褐色的唇膏，戴上了人们自从她回来就一直能看到她戴着的太阳镜。她丈夫走在她身边，穿着短袖衬衫和熨过的米色斜纹布裤，小胡子修剪得整整齐齐，看起来非常漂亮，浑身上下仿佛都在表明自律就是他的生活方式。等着投票的人不禁直勾勾地盯着这对夫妇，他俩仿佛是从杂志的某一页上走下来的一样，仿佛并不属于这个尘土飞扬的穷乡僻壤。当然，他们俩也在入口处停下来跟两边的军官聊了几句，他们的印地语让军队里来的观察员很是惊讶，他们也非常高兴能有机会跟这对迷人的夫妇交谈。他俩在学校院子里分开了，分别到自己的队伍中站好，一个穿着鲜艳夺目的纱丽，另一个穿着白色的无领衬衫。汗跟周围的人愉快地闲聊着，而萨拉只是静静地站在那里，一言不发。

没过多久，以前的区长来了。她是汗的妹妹，尽管不再掌权，在村里仍然算得上一号人物。尽管年纪大了，身体也有些臃肿，不大灵便，她还是尽可能优雅地在这条干燥的大路上走着。她的外貌看起来像是一块被丢掉的甜点，头上高举着一把遮阳伞，白净光滑的皮肤仿佛要悄悄融化在淡紫色的纱丽里。她迈着小心翼翼的步子走到队伍前面，示意萨拉跟她一起，随后两人便马上进去投票了。没有任何人指责她俩。投完票，他们三人又一起离开了，妹妹挽着汗的左臂，萨拉挽着汗的右臂，三人慢慢走回大路上，往家的方向走去，直到消失在地平线上闪烁跳动的微光中。

一阵尘土扬起，是他们这个地区的监督员到了。有人揭发说，岛上有些投票站出现了骚乱。官员们急匆匆地从车上走到门口，走进院子，对耐心等着投票的队伍里那些惊愕的眼神视而不见。全副武装的汽车缓缓驶过，其中一辆顶上安装了大块头的视频设备，看着就像视听版的炮塔，这是为了记录正在发生的一切，免得有谁控告谁不端。紧张的气氛蔓延开来，之后又消失了——暴力事件出现在别的地方，所有人都明显放松了。那几辆车来得有多快去得就有多快，但队伍里开始传起悄悄话：宵禁会持续到明天早上，天黑后谁都不能外出。

午后最热的那段时间，所有人都萎靡不振，学校前面的院子里也几乎都空着，只有那棵大榕树下的阴凉地里躲着一些人。凉快下来以后，人群自然又开始越聚越多，所有人都赶着在夜幕降临前赶快把票投完。平静的场面掩盖了会出现的局面——出乎意料，革命社会党在这个得到广泛支持的地方竟然落败了，玛玛塔获胜。

阿莉娅一直坐在自家门廊上，看着小学那边人来人往，等着在傍晚淡紫色的天光中去投下自己的一票。在学校的铁门马上关闭之前，投票机将断开连接并安全存放起来，随后会被运去点票。现在村子里出奇地寂静，路上也空无一人，对夏天的晚上来说，这种情形非同寻常。随着热浪终于开始消退，蝉和其他昆虫的窸窸窣窣声会汇成洪流，逐渐变成刺耳的轰鸣。阿莉娅的刺绣活已经被严重耽误了。选举前的准备工作极为紧张，而她也一直在忙着处理自己的政治戏码。

她的儿子伊姆兰遇袭快两个星期了。他头上贴着骨头的伤口已经长拢，成了一道锯齿状的丑陋的伤疤，毫无疑问永远都不会消失，上面也不会再长出头发来。那孩子仍然没有完全恢复正常，尽管他早就过了发狂似的提心吊胆的阶段，也已经过了遭受袭击后基本都会有的无精打采的阶段，就好像先是积攒能量以便逃离，随后又陷入听天由命、神情恍惚的猎物状态。

这事儿发生在南边紧邻的那座岛上。大学放假后的一天下午，他和几个朋友搭了一艘船去那边，那是一艘低矮的船，船上挤满了人，船舷几乎刚刚露出浑浊的河面。伊姆兰正在镇子中心闲逛，这时有一伙人朝他走来，指责他偷了什么东西。他是无辜的，这本来应该让事情有所改观，但实际上并非如此。他是穆斯林，这个事实本来应当无关紧要，然而此时却事关重大。这伙人属于印度极右翼的国民志愿服务团（RSS），号称是个善意的宗教组织，但实际上是印度教民族主义的准军事组织，组织成员认为，在这个印度教突然之间遍地开花的国度中，他们有权监管任何事情，而且不用遭受惩罚。伊姆兰的朋友们大惊失色，逃之夭夭。伊姆兰则设法穿过镇子，回到了河坛那里，他一瘸一拐地走着，头上还流着血，最后终于回到了家。阿莉娅看到他的时候，他正跌跌撞撞地走上通往家门口的那条小路，几乎站都站不起来了。

给记者打电话的时候，阿莉娅的手没有发抖。那个记者第二天下午就来了，带了一台相机和一个笔记本。他和伊姆兰避开所有人，坐在屋子里，让伊姆兰讲了讲发生了什么事。伊姆兰头皮上缝了针，医生也给他开了止痛药，但伤口还是一跳一跳地痛，皮肤也不知道为什么感觉好像在皱缩，好像让他的脑袋都变小了。看着这个男人，这个陌生人，把事情经过巨细靡遗地记录下来，阿莉娅实在是太不舒服了，她拼了老命才忍住站起来尖叫的冲动。但是她有什么选择呢？记者给的钱能用来付医生的费用，付以后的医疗账单，儿子缺了一些课，补课可能也需要额外交学费，另外甚至还可以偿付一部分他们家最火烧眉毛的债务。她双手抱膝坐着，轻轻点着头，鼓励儿子多说一些。这位记者没花多长时间就追查到了责任人，那些人家里也很快就给了他们一笔钱，要他们对这件事情保持沉默。

阿莉娅揉了揉发酸的脖子。去小学投票总是苦乐参半。

在寂静的月光下，在那些可以畅所欲言关于未来的梦想而不用担心被笑话的时候，她和丈夫曾说起儿子们可以在那个地方盖自己的房子，他们的家会一边紧紧凝聚在一起，一边不断壮大，全是幸福美满。然而这个梦，现在当然是永远不会实现了。

阿莉娅的大姑姐蒙塔兹又回村了，这次是回来投票。她的出现让阿莉娅想起降临在她丈夫家族头上的不幸，在那以前，他们家的根基看起来那么稳固，他们的时运看起来也那么如日中天。

蒙塔兹在城里变得更坚强了，阿莉娅想。十年或是十一年前，被丈夫休了以后，她就搬去了加尔各答，选择走自己的路，而不是继续成为家里的负担。她开始相信首府，相信这个国家跳动的心脏，她相信，自己在这个地方肯定能找到事做。她找了一份回收报纸的工作，收入很不错。城里的工资要高得多，不过其他一切开销也同样高得离谱。她一分一毛地攒了一笔钱，在村里买了一小块地。她的全部愿望，就是有一天能回到她出生的地方。

选举前夜，这两人都在熬夜。阿莉娅一直在做缝纫的活计，她的大姑姐虽说没有帮她忙，但也在陪她聊天。聊着聊着，她们就聊起了阿希玛奶奶的"超度"（milat）仪式，阿莉娅已经开始翻来覆去地想这件事了。这是个传统，村子里有人过世了，大家就会期待有这样一个仪式，由几位毛拉纳在仪式上诵读《古兰经》，还会招待所有来参加的人一顿大餐。人们相信，诵读的《古兰经》经文可以献给死者的灵魂，帮助他们安然度过死后的时间，也能让真主安拉高看他们一眼。需要给诵读经文的人一些钱和新衣服，还要花钱准备宴席，而来赴宴的人现在还不知道会有多少，可能会达到好几百人。

"我们得花些时间准备。"阿莉娅一边说，一边把深红色的线缠在线轴上。

"我们各尽所能，有多大力出多大力，妹妹。"蒙塔兹微笑着对阿莉娅说。她的安慰表明，她感觉到了弟妹在担心什么。

阿莉娅想为婆婆的灵魂做到自己能做到的一切。她非常相信来世，相信生命中的困境总是转瞬即逝，到审判时，一个人种什么因就会得什么果，这样的信条让她感到欣慰。跟除了萨拉以外的所有女人一样，她相信人死了以后会再次苏醒，这时这个人的尘世生活就会接受审判。任何罪愆或错误都会影响死者的灵魂升入天园的速度，不过那些仍然活着的人的祈祷和他们诵读的经文会在一定程度上降低这些障碍，让灵魂得以更快升天。

阿莉娅从来没有过一丝一毫的自怨自艾，她身边很多人私下里都会对她竟能如此优雅地应对困境而赞叹不已。然而在内心深处，她还是希望能善有善报。她的尘世生活遭受了那么多不公正，而这个世界的错误她又没有能力去一一纠正，因此，跟所有无助的人一样，她也渴望能有一个神告诉她答案。

第十六章

等待新月

他们在等待新月升起[1]。几天前,夏天终于"落荒而逃";随着雨季到来,那令人窒息的闷热潮湿,空气和水那越来越紧密的结合,也终于被打破。之前一直热得无法忍受还一点儿都看不到头的样子,让很多人都忍不住不满地嘀咕起来,想知道他们到底是做错了什么才要遭这份罪。他们并不知道,这只是更全面的转变的一部分,全球都在变得越来越酷热难当,这个夏天前后成了有记录以来最热的六个月。雨季给岛上带来了解放,但现在他们又要面对淫雨和饥饿的折磨。

斋月结束的日子即将来临。封斋一个月实在是太折磨人了,好在这一个月又要结束了,日常生活的痛苦会因为大家一起庆祝的短暂欢愉而暂时得到消解。人们日复一日地劳累着,分不清具体的日子,但斋月结束的日子足够特别,是一年当中所有人都最期待的时刻。也许是因为太热了,今年村

---

[1] 开斋节为伊斯兰教历 10 月 1 日。斋月的最后一天,穆斯林会寻找新月,见到新月则次日开斋,未见则继续封斋,节期顺延,一般不超过三天。

子里的氛围有所不同,大家没那么期待和兴高采烈了,也多了些不耐烦和焦躁不安,跟新月有关的消息,也没能带来改观。

有传言说,新月不会在大家期待的时刻出现。他们靠的是从遥远的地方传来的线索,比如在清真寺讲道的时候听到,在编织成的祈祷跪垫上看到,或是在从伊斯兰教书市上买来的过期的日历上读到。从沙特阿拉伯那边传来消息说,本来预计明天晚上会出现的新月很可能要推迟至少一天,甚至可能是两天。地球的轨迹跟月球的轨迹刚好重合了,只有波利尼西亚能瞥见新月的一道银色光芒。全球其他地方的穆斯林社群还要再多等一天。

到第二天下午,基本上可以肯定要推迟了。那天早上,努拉听着水泵那里大家睡意蒙眬的闲聊,听到了那些沿着她家后面的小路往返大路上的人的抱怨。她决定了,无论如何她都要允许拉齐娅用指甲花粉末(henna)在她手上画画,给这个越来越坐不住的女儿找点事做,以度过这个漫长的下午,她自己已经因为封斋而头昏眼花,没有力气管她。她知道,哄着拉齐娅好好坐着,还要让她的双手长时间不碰到东西,以免把画上去的颜料抹糊了,这都要花好多时间,所以会是一项耗时耗力的任务,而考虑到开斋节前一天有那么多事要做,她真是一点都不想做这件事。努拉已经精疲力竭。封斋的这一个月出乎意料地难熬,而且她又一次被精尼附身了。

这事儿发生在两个月前的一天傍晚。努拉听到宣礼的召唤离开家,在傍晚昏暗的光线中往池塘走去时就觉得有些不舒服了。她小心翼翼地走到泥泞的岸上,在水边蹲下来,凉爽的池水让又热又黏的皮肤一下子舒服了。她小心而熟练地捧起水来洗手洗脚，这时一种惶恐不安的感觉油然而生，就好像她身后有什么东西或什么人一样。然而什么也没有，她孤身一人。她飞快地走回岸上，穿过田野回到家里，急于摆脱搅扰内心的不安。但是，铺开跪垫开始祷告后，她却怎么也无法摆脱这种感觉，就好像有什么东西在她体内，在跟着她的血液四处流动，也挤压着她颅骨周围的空间。

接下来的夜晚很快变成了一种折磨，可怕的噩梦，高烧不退，身体痛苦不堪、备受煎熬。每天早上醒来的时候，她都有精疲力尽的感觉，发着抖，怎么也停不下来，无法或不愿说出自己身上究竟出了什么事。

现在，她坐在台阶上，看着女儿用一根小木棍在棕色、黏稠的糊糊里划拉，然后拿来描她在女儿手掌上勾勒出的打着旋儿的花朵，她则用指尖抚摸着女儿的小臂。小肿块和水泡组成的卷曲的线和其他奇怪的、仿佛刻意为之的图案，开始出现在她的皮肤上。这些红肿的地方就是证据：那儿有什么东西。

她去找过岛上一位神通广大的贡宁，跟他讲了讲发生的事情。她也讲了以前的经历——这不是第一次，她以前就被精尼上过身，那还是将近二十年前在德里的时候。而且那次，精尼不是在黑暗中，而是在她睡着的时候附到她身上的，她和丈夫那时候租了个小房间，她一个人关在那个房间里消磨时间，无所事事。住进去没多久，她就开始在他们公寓楼大门外面的水泥地上醒来，完全不知道自己怎么就到了那里，这根本没法解释。

那是她第一次被精尼附身,后来也治好了。现在是第二次,贡宁告诉她要施行一种特别强大的法术。他让她回村,叫她带只鸡回来献祭,用鸡血画出《古兰经》经文和用在塔比孜护身符上的数字代码,然后把护身符放到他们房子的四个角上。还要在她和丈夫凌乱不堪的卧室门上挂一张纸,这是为了战胜困扰她的、让她躁动不安的梦境。

过后没几天,这片岛屿发生了地震,跟去年从遥远的尼泊尔传来的小小震动不同,地面剧烈颠簸,房子摇来晃去,法术也突然失灵了。努拉知道,这意味着贡宁的咒语已经被破除了,她只能继续等着。开斋节过后,她会再去一趟贡宁那里。

小路北边,毗邻阿莉娅家的卡利玛家,比前几个月安静多了,这是另一位贡宁的法术起作用了。努斯拉特已经回到村里,尽管可能没有完全恢复以前的样子,也已经好多了。在静如止水、度日如年的斋月期间,她一直都在承担逃不掉的家务,在婆婆严苛的指导下、在嫂子罗西尼温柔的建议下学习怎么做饭,直到完全达到大家都满意的程度。她还要学习如何把地面上、角落里的尘土和脏东西打扫干净,如何让早上泡给大家的第一杯茶比这一天晚些时候的浓一些,等等。她犯了很多错误,但似乎不再决心要摆脱周围的环境;没有人叫她帮忙的时候,她会安静地坐在一边,任由这家人的生活在她周身荡漾。

新儿媳带来的麻烦让卡利玛对先前这个已经很熟悉的儿媳的态度软化下来，而罗西尼也正是这么希望的。有时候她们会听到阿萨德因新婚妻子又一次笨手笨脚造成的失误而在房间里大喊大叫，这时卡利玛和罗西尼会迅速交换一个恼怒的眼神，或是嘴角浮现出同样的微笑。卡利玛永远都不会原谅罗西尼的过去，也会永远把自己的不满藏在心底，但她似乎终于明白了，没有哪个儿媳会完全让她称心如意。

卡利玛觉得自己老了。她的身体被最近几个月发生的事情掏空了——先是婚礼，然后是发现儿媳被精尼附身、搞得家里混乱不堪，这些事情已经让她精疲力竭，而现在又是雨季，天气变化又那么剧烈，更是让她的身体雪上加霜。她着了凉，尽管天气很潮湿，她还是穿上了被虫蛀过、用扎人的羊毛织成的套头衫，在里面瑟瑟发抖，她的专横、刻薄和虚张声势无法帮她驱散已经深入骨髓的寒冷。她决定，今年开斋节不要新纱丽了，她只想要一条羊毛毯，用来在寒夜里给自己一丝温暖，因为她外孙女伊法特现在长大了，不想再跟外婆抱在一起睡了。

然而，卡利玛眼里的火仍然熊熊燃烧着。她像往常一样在空地上忙前忙后，为开斋节做着最后的准备，当她一边说着话一边发号施令时，只有对她非常了解的人才会察觉到她有点不舒服。

"喂！喂！沙哈拉！喂！伊法特！喂！来看一下你们奶奶是怎么做的！以后这些事情你们也都需要做。"

她正在做"谢迈"布丁，用牛奶和糖浆做的甜点，村里数她做的最好吃。糖已经完美地变成了焦糖,那味道撕裂了倾盆大雨即将来临时空气里的凝重。

孩子们兴奋得不得了。罗西尼看着他们飞快地在空地上跑来跑去,对奶奶的呼唤充耳不闻,一边尖叫一边互相追逐,翻滚着跌进枝枝杈杈的灌木丛,又钻出来,尖声大笑得喘不过气来。

罗西尼在该心软的时候心软了,她给孩子们看了为他们精心挑选的新衣服,这是她和里亚齐今年有能力送给他们的一份礼物。看着那么华丽的蓝色和金黄色的布料,女儿们惊叹不已,上面覆盖着小亮片,装点着宝石,穿上身来满是前所未有的喜悦。看到这些,她拼命忍着才没让眼泪流下来。她期盼着斋月和封斋结束,也期待着开斋节的狂欢,渴望回归舒舒服服、无比熟悉的日常生活,而到那时,她又可以一个人待在黑暗里了。

跟罗西尼不一样,拉尼开始害怕黑暗降临。其他让人分心的事这时候都做完了,一家人聚集在灯光下吃点东西,然后再次回到关于她姐姐的绕不开的讨论中。他们还没给鲁比娜找到婆家,又一年就这么浪费掉了。雨季这几个月,办婚礼想都不要想,天气那么糟糕,又由此带来了那么多不便,岛上和大陆上的人要是想出门,那真是愚不可及。家里的长辈开始感到灰心丧气。鲁比娜快十八岁了,拉尼到明年春天也十六岁了。时间不等人。

尽管迫于其他压力,拉尼放弃了学业,她还是设法留在

第十六章 等待新月

了学校里。没有额外学费帮助她补习,她无数个小时都被困在茶铺的柜台后面,满心沮丧,渴望着去别的地方。尽管如此,她还是坚持了下来,为了上课,她完全停掉了刺绣纱丽的活儿,也尽可能完成了所有作业。

妈妈不再禁止她去萨拉家,她也又能跟最亲密的朋友纳迪娅一起消磨时间了。隔着大路的两家人似乎达成了一触即发的停战协议,她的伯母塔比娜一直是个实用主义者,缓和了这两个剑拔弩张的女人之间的紧张关系。怒火中烧的贝希拉和好斗的萨拉都冷静了下来,也许是因为有了其他更迫在眉睫的事情需要关注,也可能是因为两人都慢慢意识到,她们俩毕竟也没有那么截然不同。

塔比娜也许可以说她很幸福,但想想她所理解的生活的曲折反复,她对这种感觉还是有些谨慎,不大愿意说出口。选举结束后,她决心继续讨好这个刚刚取得巨大成功的政党——选举结果很久都不会变,而且有那么多人支持,看起来地位相当稳固了。下次大选要三年后才会举行,她想,这段时间足以保证她能从他们的胜利中得到真正的好处。

这一年他们家过得还算不错,她也在计划来一次旅行。她已经很久没有见到住在德里的二儿子了,他在那里的一家工厂上班,工作是宰杀家禽。她想念儿子,也想念两年多没见了的孙子,她压抑不住兴奋,等不及要踏上前往首都的旅程,把他俩都紧紧搂在怀里。

贝希拉也在计划类似的远行——是时候去那个又脏又乱的大城市了。她女儿非常希望她能去,因为女儿的丈夫从运动服工厂请不到那么多假,可以在开斋节一起回岛上来。尽管出这趟门会花很多钱,但贝希拉家的经济状况即便没有好转,也算是稳定下来了。他们有些债务已经还清,茶铺也还是跟以前一样人来人往,生意很好。应该用不了多久,阿里·塔里克就可以继续开三轮车了,他带来的额外收入当然也会大受欢迎。

斋月的大多数夜晚,萨拉都是独自度过的。她的胳膊好了,再也不用绑着那根绷带了:仿佛在向能看到的所有人大声宣扬着她的秘密。尽管如此,她还是小心翼翼地护着那只胳膊,好像在重新熟悉自己的肢体一样,有着曾经被关进笼子的那种恐惧。她以前所未有的小心谨慎往带缺口的瓷盘里摆好苹果片、枣和像糖一样甜的西瓜块,等着清真寺的召唤再次减轻他们封斋的痛苦。

她知道,从那天早上起,她婚外情的细节就在村子里传开了,而传来传去的那些细节当然有很多扭曲变形,真相已经面目全非。现在她也相信了她丈夫一直都知道这件事,毕竟那个男人是丈夫在岛上的老朋友了。她也知道汗在加尔各答过着另一种生活——兴许他取悦那里那些女人的方式,跟她在这里取悦另一个男人的方式完全相同,尽管她对细节一无所知。这些年来,他们的婚姻算是陷入了僵局,不知怎么的,他们之间的爱情和鸿沟都既无法逾越,也让他们陷入困境、动弹不得。停电了,她伸手去拿应急灯,心里想着不知道汗今晚是会回家,还是会继续不着家,等到能看到新月的时候才回来。

天空中最后几缕光线消散的时候，阿莉娅正站在泥泞的门廊上看着。她又见证了一场暴风雨。她儿子的情况好多了，除了留下了一道难看的伤疤，那次遇袭对他已经几乎没什么影响了。伊姆兰回大学了，静悄悄地继续上学。这么多年来头一回，她终于从各项讨价还价的支出中省下一笔，足够给每个孩子都买一份惠而不费的开斋节小礼物，而她也因此沉浸在能为他们花钱的快乐中。用拇指摸索丝线在哪里时，她能感觉到眼睛一阵阵刺痛。刺绣的活儿她还能干多少年？干这活儿，冬天和雨季那几个月要难一些，因为光线不足，她周身更是一片昏暗。

那些不是生在这座岛上的女人，会需要一段时间才能适应岛上的黑暗。刚开始她们会被深不可测的黑暗吓到，那种阴森森的感觉模糊了她们知道的所有边界，用不祥的寂静扫除了她们熟悉的事物。但夜晚很快开始呈现出让她们安心的一面。女人们现在经常会注意不到夜晚是什么时候来临的，因为无穷无尽的家务和家庭责任已经让她们疲惫不堪。她们甚至开始享受夜幕降临前的那点时间，那时失去锋芒的白昼从她们身边退去，太阳那炽烈的注视也终于开始黯淡，世界公然反抗起太阳，慢慢把自己交给黑暗。而那些土生土长的女人，她们就只见过这种混沌未凿的夜晚。

尽管这是玛丽亚姆已经非常熟悉的考验，今年封斋的那些艰难的夜晚还是耗光了她的精力。整天都等着吃点东西，只有在天还没亮就早早起来的时候能再吃点,这种境况让她上气不接下气,浑身上下都散发着疲惫的气息,怎么都无法摆脱。她瘦成了皮包骨,就像里面的填充物被突然抽出去,然后又被丢在一旁的枕套,她的脸上满是困惑和义愤。

家里人并不担心她。他们对玛丽亚姆已经练就了铁石心肠。她之前已经见过了那么多暴风骤雨和雨季,还有村里那么多次斋月,甚至很有可能还会继续见证下去。尽管已经风烛残年,大家只要一听到她的拐杖刺耳的刮擦声,就知道她来了。她的脑子大部分时候仍然清醒得很,大家只是偶尔能看到她脑子有些糊涂的样子,她无法总能确定什么是真实的,什么又出自想象。实际上,她还挺喜欢这样。

等待新月到来也让大家有了时间沉思,回想刚刚过去的又一年。女人们会想到她们的未来,有女儿的人也会想一想女儿们的未来:思绪像施了魔法的风筝,似乎没有受到现实生活中的尘埃和沙砾的牵绊,就那么飘飘荡荡,飘向远方。拉尼逃避结婚,阿迈勒在大学里念着两个而不是一个学位,尽管她们各自家庭的财力甚至都不够让她们混个温饱;她们希望村子能以某种方式被光芒万丈的浪潮裹挟——她们将这种浪潮称为"发展",尽管她们甚至拿不出钱贿赂区政府办公室的人来往小路上铺点砖,那样她们就不用在下雨的时候蹚着齐脚踝深的淤泥走路了。

斋月是用来惩罚性地内省的月份,也提醒着女人们她们获得救赎的希望在哪里。她们所有人都考虑过这个问题,这个困扰着、啃噬着她们的问题：如果她们也能读《古兰经》，她们会以男人的方式去理解她们的信仰吗？

只有卡利玛能部分完成读《古兰经》的壮举，那是她小时候在伊斯兰学校学到的技能，那些阿拉伯语词句重复过太多次了，在她的记忆里已经变得丝一般顺滑。但她并不理解那些词句，也无法在那些非常好奇地跑来问她的人面前解释经文里到底说了什么。这本最神圣的书——所有女人都会顶礼膜拜的书，如果她们足够幸运能拥有一本的话——对她们来说不可企及，尽管书中的文字和教义给她们生活的方方面面都罩上了一层薄纱。任何人只要愿意听，努拉都会对她说，你能想象吗，在别的国家，约束人们的规则是所有人都可以阅读、可以理解的？就连女人都可以？

一所新的伊斯兰女子学校正在阿莉娅家菜地边建起来，这里会成为专门让女性前来学习、得到指导的地方。看着这所学校，阿莉娅一天比一天确信，她们为了过上更美好的生活而正在寻找的答案，可能很快就会出现。至少她是这么希望的。

所有女人都相信祈祷的力量，也相信她们的梦也有力量。人们认为，梦和幻象错综复杂地编织在伊斯兰教多姿多彩的结构中，这是他们的宗教起源的基础，信仰也是在这个基础上才得以产生。他们的先知（愿真主保佑他平安），就正是通过奇异的幻象和听到的声音，最早得到了开启穆斯林信仰的指示。那是在一个梦里——著名的登霄之夜（Miraj）——他在天使的引领下，骑着一匹天马，从麦加来到耶路撒冷。

在那里，他跟其他先知一起祈祷，随后又在引领下穿过天园和火狱（Jahannam），终于亲眼见到了真主。

多年以后，穆罕默德把自己说成是解梦者，只有最接近安拉的人才能掌握这门技艺。据说，先知曾说过，真正的梦——既没有受到魔鬼的干扰，也没有受到做梦的人的欲望和经历的影响——都是预言的一小部分。故事里说，黎明时分的祈祷过后，先知会转向聚集起来的众人，问他们有没有谁前一天晚上做梦了，梦到了什么？他会认真倾听，然后为那些追随他的人解梦。

最近一次手术时，塔比娜梦见她会死在手术台上，这个可怕的景象让她大喊起来，祈求真主安拉救救自己。几小时后，她从麻醉中醒来，腹部疼得要命，但仍然活着。

儿子发生车祸的前几天，玛丽亚姆梦见过一场事故，她在梦中乞求真主安拉饶她儿子一命。他活了下来，从那以后，玛丽亚姆都会监督着儿子一定要完成宗教义务。

贝希拉很少做梦，而且她做梦的时候不是晚上，而是白天茶铺里特别安静的时候，她可以从柜台后面往外看，就这么茫然若失地看着阳光在马路上跳动，把点缀在柏油路面上的五颜六色的石子变成金银财宝。她梦想着一切得到保证，梦想着自己不用再没完没了地为女儿们担忧的那一天。

贝希拉最小的女儿拉尼仍然梦想着当警察，尽管她绝不会说出来：警服，目标，比身为女孩子更多的能力。

卡利玛梦见的经常都是精尼。出现在她梦里的精尼形状一直在变，刚开始是村里伊斯兰学校的淘气包男孩，他们沿着小路奔跑,脸上有些无法辨认的东西,随后这些小男孩又会变成可怕的幽灵。在她梦里的探险中,她身边所有人都吓得跑开了,躲在被子下面,希望可怕的精尼已经隐形,回到那个看不见的世界。但卡利玛坚定地站在精尼要走的道路上,十分英勇,也十分虔诚,仿佛绝对不会被它们附身。

玛丽亚姆在沉睡,而空地另一边的罗西尼正看着月光在泥质屋顶的裂缝中上演的"戏剧",夜晚的时光成为让她的思绪远离村庄、神游万里的机会,做梦的事情则留给了白天。

努拉的梦是预言性的,跟她的家人做过的那些梦一样。她有个阿姨梦见过人死后可能会受到的各种各样的惩罚,听到真主安拉的声音命令她,要一生都致力于把她新发现的知识传授给周围的人。还有她父亲,经常讲到他反复做的一个梦,梦见他最喜欢的女儿,努拉的姐姐,实际上不知道为什么还活着。他看着女儿风风火火冲进家门,她的声音是他无比熟悉的歌声,让忙着干活的他笑了起来。女儿告诉他自己怀孕了,是个男孩;而每次看到女儿,他都特别高兴,甚至会宰一头牛来庆祝。

萨拉梦见自己住在加尔各答的公寓楼里——她在电视上见过的那种,或偶尔进一次城见过的那种。她想住高层,有个可以往外看风景的窗户,她想看看脚下的城市,为这座城市的一望无际和熙来攘往惊叹。

阿莉娅的梦里只有天园。

后　记

　　这些女人只有六个还在村子里。

　　努拉后来终于实现了逃离大路边上那栋房子的梦想，那里离她好管闲事的公婆、他们敏锐的耳朵、刻薄的嘴舌太近了。她丈夫的汽修店在通往镇上的环岛边上，他在汽修店后面给他们两口子建了一座砖房，他们现在也在那里开了一家茶铺。铺子生意挺好，但他们的儿子当中有一个过得并不顺利。努拉的大儿子，也是她最宝贝的那个，在加尔各答住了几年，在那儿卖阿育吠陀疗法的药物，但现在他回家了，持续性头痛让他非常痛苦。他的婚姻破裂了，无法去工作，也无法过上父母迫切希望他能过上的生活。

　　玛丽亚姆活着的时候，她的过往晦暗不明，日期和时间等细节都可以信马由缰。与此类似，他们家也没有人能说清楚她究竟是什么时候过世的。他们觉得是大概一年前，雨已经下完了，天气又开始转凉，逐渐过渡到人们最喜欢的秋天的时候。最近的一次中风让她身体一侧完全瘫痪，就算挂着她非常信赖的拐杖也没法走路了。她安葬在村子最南边的墓地里，那里大多数时候都只能听到风吹过草丛的低语。

玛丽亚姆去世前，知道她的孙女嫁出去了。他们终于给鲁比娜找到了婆家，那儿离岛上很远，而那些困扰着她的令人皱眉的流言，简直要纠缠她一辈子、让她不可能嫁出去的流言，也都不可能传到那个地方去。现在她住在大陆上的一个小镇上，洛哈尼家的远房亲戚也住在那个肮脏、拥挤的地方，最早还是玛丽亚姆提出来，那里足够远，孙女的过往不会有人注意到。鲁比娜向妹妹拉尼透露，自己有一天会逃跑，重新找人结婚。

在拉尼的婚礼上，塔比娜扮演了最核心的角色，她是拉尼的保护神，也代表她家把拉尼赠予男方——按照习俗，这个角色不能由新娘的母亲充任。婚礼那天的照片上，她就坐在侄女身后，穿着一件红白相间、鲜艳耀眼的纱丽。她的身体现在更粗壮了，也更结实了，她的存在体现了中年的力量。她扬起下巴，以一种不容恳求和置疑的神情看着镜头。这只是她在其中一张照片上的样子，也许在她认为相机镜头正对着别的地方的时候，她会允许自己脸上现出似笑非笑的样子。

拉尼还在岛上，但去了另一个村子，离娘家不远。尽管她是因为爱情结的婚，尽管父母不情不愿，最后还是同意了，但她的丈夫不是什么好人。也许婚礼上她伯母那么严厉的表情，表露的是她心灵深处的疑虑。

关于拉尼丈夫的传闻有很多，出轨、丑闻、跟家庭成员乱伦、酗酒，还有非常暴力地殴打拉尼，把拉尼的脸打得都认不出来是谁了。他们还没有生孩子。拉尼怀孕大概三个月的时候，她丈夫用铁棍把她狠狠打了一顿，还把她一脚踢下楼梯，害她流产了。她的爸爸和哥哥一再流着泪求她回娘家，但她从来都说没法回去，因为她无法想象没有他的生活，尽管她也发誓："我绝对要先把仇报了再离开他。"她仍然梦想着当警察。

在贝希拉这里，生活有苦有甜。把两个女儿嫁了出去让她松了一口气，但拉尼的困境也让她很是苦恼，就仿佛好运只是终于碰巧穿过了她的人生道路一样。很久以前她跟一名警察成了好朋友，经过悉心维护，现在这段友谊也开始结出硕果了。她丈夫现在给这名警察当中间人（dalal），属于政府的大量非正式中间人里的一个，给印度臃肿的官僚机构守着吱嘎作响的走廊。这里的人怕警察，他们家也终于开始重新赢得一些他们渴慕已久的尊重了。他们挣到了钱，建了一座砖房，而五年前那里只有一座摇摇欲坠的土墙屋。

洛哈尼家境况的变化并没有让他们跟马路对面那家人的关系得到改善。萨拉非常了解怎么向当权者行贿，而且她知道茶铺几乎挣不到钱，能收支平衡就不错了，因此仍然对贝希拉家的钱是怎么来的心存疑窦。萨拉自己的房子越来越大，也越来越与她的心境不相称，她仍然想去别的地方过一种不一样的生活，房子变大的同时，她的挫败感也越来越强。房子的二楼已经完工，一条宽大的水泥车道从大路通到她家门口，那里现在牢牢立着一道又高大又结实的木门。很难说萨拉到底是终于把一切都关在了门外，还是把自己关在了门里面。

有人在警察局（thana）看到卡利玛在向当地警察报案。

她和儿子们在她的养老金问题上出现了争议。尽管她大儿子从他工作的安达曼群岛回到了村子里，卡利玛还是一个人住着。她把三个儿子都从家里赶了出去——被激怒的母亲把羽翼已丰的小鸟赶出巢外，决心不让他们拿走自己的钱。

天气凉了下来，她也准备再次动身前往中央邦，这趟一年一度的旅程是为了提交材料领取亡夫的养老金。她身体很结实，只有发黑的口腔里有颗后槽牙坏了。她说，她身体里有一只好心的精尼，保护着她，照顾着她。她最鄙视的人是纳伦德拉·莫迪（Narendra Modi），因为他无能，也因为他制造分裂的政治行径让村里很多人变得一贫如洗，惶恐不安。她大喊道："这个无赖成了这个王国的国王，但又什么都做不了。"

努斯拉特走了。关于发生了什么事有一些传言，只有外人不在场的时候才会被悄悄说出来。卡利玛说，她的新儿媳在治好精尼附身的事情后没多久，就开始跟一个表亲发生关系，后来就跟这个人私奔了。卡利玛问题缠身的小儿子的第二任妻子也很快步努斯拉特后尘，据说也发生了同样的事情。现在，阿萨德跟第三任妻子一起生活，这个妻子还给他生了个女儿。也已经有人在传，说一切都不大对劲。

罗西尼和家人已经离开了卡利玛家空地对面他们住的棚屋。她、里亚齐和她婆婆三人之间的互相伤害似乎太深了，没有办法取得和解，几年前，夫妇俩和三个孩子搬到了盖在学校运动场旁边的新房子里。里亚齐在孟买的一个建筑工地上工作了一段时间，但现在已经回到村里，没有工作，也没有了收入。他们的房子并不属于他们,是用卡利玛的钱盖起来的,谁也不知道在卡利玛要求还钱之前他们能在那里住多久。罗西尼总是孤零零的,形影相吊,身体遭受着痛苦,也不想跟人说话。

阿莉娅的孩子们渐渐长大,他们加在阿莉娅身上的负担也越来越重了。她的大儿子现在去了拉贾斯坦邦工作,把妻子穆尼拉和两个孩子留在这里,他们头一个孩子是剖腹产,花了阿莉娅3.7万卢比。她的三儿子为了爱情离家出走了,拒绝了母亲东奔西走给他在加尔各答最好的医院里找到的工作,留下了一屁股债,电话也从来都不接。阿莉娅说:"责任的重量比工作的重量更大。"但她跟村里任何人都没讲过他们家的困难。她已经知道,弱点对某些人来说可能是机会,虽然了解到这一点让她付出了惨痛的代价。

阿莉娅尽管有困难,但总还有希望。阿迈勒开开心心地结婚了,她两个女婿也全都竭尽所能地帮她,借给她钱,还鼓励她努力奋斗,争取挣得更多。她的二儿子,被国民志愿服务团的人袭击的那个,现在子承父业干起了裁缝,准备在2022年3月结婚。她正在学校旁边他们家最后留下的一小块地上盖房子,还梦想着有一天能在那儿开一家茶铺。阿莉娅说,要是能做到,她会非常开心。

这些是我仍然记得的一孔之见。这些记忆就像转瞬即逝的影子,在小路边上的灌木丛中翻腾,怎么也无法牢牢抓住。

我离开岛上已经五年了。回到英国后的两年里(我博士学位的最后两年），时间、教学、工作和家庭处处掣肘，让我没法回去看看。2018年12月，我拿到博士学位后的第二个月，我发现自己怀孕了。2020年初，我从初为人母、令人麻木的迷雾中走出来，开始计划返回那里，但没过多久就传来了新冠肺炎疫情暴发的消息。到3月底，出门远行是不可能了，也是在这个月，印度开始禁止外国旅客入境。在我写下这句话的时候，即2021年11月，这条禁令终于有了开始取消的希望。

身在远方，印度和岛上传来的消息令人忧心如焚。

过去三年，孙德尔本斯国家公园遭遇了四次热带气旋，遭到严重破坏。汹涌而至的浪潮每一次都淹过了不敷使用的堤坝，海水淹没了那些岛上最光秃秃的地方，土壤被海水污染，风暴过后基本都没法种地了。狂风暴雨撕碎了房屋，把一个个村庄夷为平地，也毁掉了庄稼。在气旋安攀（Amphan）到来的时候，卡利玛在一次雷击中失去了她心爱的椰子树，芒果树也被吹倒了，其中一棵倒在厨房顶上，砸倒了土墙和竹编屋顶。她知道自己还算走运，有些岛都根本没法住了，数千人流离失所，其中很多人只能永远离乡背井，还死了好几百人。

气候变化对那里的人来说并不是即将到来的前景，而是每天都会看到的可怕的现实。土地、河流、海洋和天空，那些卡利玛深爱着、像家人般熟悉的一切，正在发生翻天覆地的变化。今年秋天发大水的时候，阿莉娅的整个菜园都被连绵不绝的雨水淹没了，成了一片死水潭。气温升高，海平面升高,意味着地势最低的那些岛很快就会面临被永远淹没的威胁。用来保护这些岛屿的堤坝亟须紧急维修和加固,政府已经答应要做,但迟迟看不到动静。森林砍伐——那些没有其他收入来源的人的绝望之举——正在慢慢毁去人类和残忍成性又横行无忌的大海之间最后的天然屏障。

对印度境内的穆斯林来说,过去五年是他们记忆中最可怕、最紧张的时候。从旨在剥夺他们已有的印度国籍的措施,到立法否定伊斯兰教信徒享有其他宗教少数群体享有的跟印度公民一样的权利,对穆斯林的印度身份的攻击已经到了最严重的时候。袭击穆斯林仍然不会受到惩罚,而2020年2月的德里骚乱中,有报道称警察和议员也沆瀣一气参与了暴力事件。

很多邦都已经禁止因婚姻而改宗,实际上就等于让像萨拉和她丈夫这样的跨宗教的婚姻成了非法行为,他们声称这是为了回应"爱情圣战"[1]的威胁。社交媒体和国家媒体上,铺天盖地都是指责穆斯林社区在故意传播新冠病毒的消息,"新冠圣战"也在推特上成了热门标签。去年有一则讲述穆斯林男人和印度教女人恋爱关系的珠宝广告在商店遭到袭击后不得不停播,就在几周前还有一则节日服装的广告几乎一发布就马上被撤了下来,就因为这则广告竟敢用乌尔都语中

---

[1] 爱情圣战(Love Jihad),是2009年在印度兴起的阴谋论,指穆斯林有组织地通过恋爱、婚姻使持有其他信仰的女性皈依伊斯兰教。这一阴谋论后来扩张到巴基斯坦、英国等地。印度政府在2009年、2010年、2012年、2014年多次进行调查,并未发现爱情圣战的证据。

的一个词。在等着看接下来会发生什么的时候，对穆斯林气氛的预测是相当情绪化的。

2021年西孟加拉邦的选举中，深受女性喜爱的"姐妹"和她所在的草根国大党成功阻击了印度人民党（BJP）前进的步伐，面对印度总理纳伦德拉·莫迪和内政部长阿米特·沙阿（Amit Shah）在整个邦发起的费尽心血的竞选活动，"姐妹"的整体多数地位仍然得到了加强。穆斯林仍然是她的重要票仓，但正是像塔比娜这样的充满激情的女人帮她在基层中得到了压倒性的支持，确保了她的政党继续占据主导地位。

跟世界上很多女人一样，这场疫情对印度女人来说尤其是一场巨大的灾难。跟男人相比，印度女人从事不稳定工作的时候更多，她们更有可能失业，承担的无偿工作的负担也会更重。她们通常也是迎战病毒的前线上最脆弱的群体，因为她们尽己所能照顾着家人，而护士和护理人员也80%以上都是女性。女性的疫苗接种率比男性低六个百分点以上。在严格执行封禁政策的时候，有大量报告表明女性很难获得卫生用品，大量妇女因为缺乏避孕措施而意外怀孕，家庭暴力也急剧增加。而女孩子这里，家里经济上的压力，公共资助计划的中断，加上额外的家务和照护责任，都意味着她们很多人现在无法接受教育。

这些事实我们经常会抽象地听到，但这样的事情最早是在普通人的日常生活中孕育出来的，就像村子里那九个女人一样。我想着那些母亲和她们的女儿，以及她们即将出生的女儿，她们在这样一块满是石头、充满敌意的土地上播下梦想并跟我分享,尽管暴力和流离失所的威胁从来都近在咫尺,她们也还是精心呵护着这些梦想。我好想知道,今天她们的梦想是不是还和那时一样,有没有变化,是否有了更多实现的可能。

我自己的梦想是能早日回到村子里去看看她们。我还在印度的时候,尽管不在岛上了,有时候还会接到陌生号码打来的电话。接起电话不用多久,我就会分辨出一个熟悉的声音说:"你好啊!"我们会聊上一会儿,在静电的嘶嘶声和周围的车水马龙声中,她们最后肯定会问道:"姐妹,闺女,……什么时候再来啊?"

我希望很快有一天,我能给她们一个答复。

致　谢

九个非同凡响的女人，她们的故事填满了本书的所有页面，对她们，我永远心怀感激。我没有一天不在想念你们，我迫不及待地希望能像我承诺的那样早日回来，给你们看看这本书。

玛丽亚姆，我想念你的笑容；贝希拉和塔比娜，每次我们聊天的时候，你们都既能把我吓到，又能让我大笑。拉尼，我的小姐妹，我好想知道，你变成了什么样子。萨拉，我的朋友，我怀念在沙发上跟你轻松愉快地聊天的那些时候。努拉，讲故事的高手，我好想再听你讲个故事。罗西尼，我想念你的孩子匆匆跑过你身边时，你眼中闪烁的火花。卡利玛，我的老阿姨，你专横地一再说着"吃，闺女，吃"，总让我感觉像在自己家里一样。阿莉娅，你总是跟我问起村子外面的那个世界，一开头总是"我有一个问题……"

除了要一个个感谢你们个人，我也要感谢你们的家人和邻居，以及村里的每一个人，无论他们有没有在本书中出现，你们都热诚欢迎我进入你们的生活，跟我讲述你们的故事。

谢谢我的研究助理 KB——没有你,实地研究就不可能进行。谢谢你又冷静又有才华,谢谢你摇摇摆摆的摩托车,也谢谢你在这段颠簸而奇妙的旅程中成为我的向导和伙伴。还要谢谢我不请自来的保护神苏拉杰哥哥(Suraj-da),我怀念我们聊天的时候,怀念那些开怀大笑,但绝对不想再次体验你的驾驶技术。

在印度我还想感谢的人有:苏克拉(Sukla)、萨麦尔·米特拉(Syamal Mitra)和索玛·慕克吉(Soma Mukherjee),感谢你们的好客、指导和无尽的善意。我的孟加拉语老师和朋友,萨哈娜·巴杰帕伊(Sahana Bajpaie),阿尔卡·博斯(Arka Bose),米森·戴伊(Mithum Dey),阿布拉哥哥(Abra-da),以及加尔各答美国印度研究所(AIIS)的老师们——谢谢你们打开了通往最美丽语言的大门。科波纳(Kolpona),波尔纳利姐姐(Bornali di),布库(Buku)和图库(Tuku)——谢谢你们的照顾。

在伦敦,我需要感谢我在伦敦政治经济学院的了不起的导师穆库里卡·班纳吉(Mukulika Banerjee)和劳拉·贝尔(Laura Bear),他们俩给了我同等的支持和启发。也要感谢穆库里卡鼓励我放胆书写学术以外的作品。此外,还要感谢露西娅·米凯卢蒂(Lucia Michelutti)、凯莉·费根·罗宾逊(Kelly Fagan Robinson)、迈克尔·斯科特(Michael Scott)、尼克·朗(Nick Long)、德博拉·詹姆斯(Deborah James)、马格努斯·马斯登(Magnus Marsden)、安努·雅莱(Annu Jalais)、梅格纳·梅赫塔(Meghnaa Mehta)和尼基塔·辛普森(Nikita

Simpson），感谢你们在我的人类学之旅沿途不同地点提供的所有帮助。

若不是有下面三位了不起的女性，本书不会问世。感谢英国皇家亚洲学会贝利奖评委主席林德尔·罗珀（Lyndall Roper），她跟本书毫无瓜葛，却是第一个极力鼓动我把书写出来的人。感谢我的版权代理凯瑟琳·克拉克（Catherine Clarke），她从一开始就非常理解、非常相信这个项目，谢谢你辛辛苦苦做了那么多，也谢谢你宁静的智慧——有你做我的代理，我真是太幸运了。最后一位是我在查托出版社的编辑波普伊·汉普森（Poppy Hampson）——和你一起工作真是太开心了，谢谢你在接受和指导之间达成的完美平衡，是你让我成了更优秀的作家。

另外还要感谢阿尔祖·塔赫辛（Arzu Tahsin）和曼迪·格林菲尔德（Mandy Greenfield）在不同地方对本书文稿的修正——有了你们的见解，这本书读起来更让人愉快了。同样感谢里安农·罗伊（Rhiannon Roy）和查托出版社的整个团队，并感谢校对员伊洛娜·亚谢维奇（Ilona Jasiewicz），是你们的辛勤工作让本书得以面世。此外也要感谢阿拉蒂·库马尔-拉奥（Arati Kumar-Rao），本书封面采用的那张美丽的照片，孙德尔本斯国家公园里的一个女人，就是她的作品。出于隐私考虑，我无法使用我自己拍的照片，但能用上这张是我莫大的幸运。

感谢我所有的好朋友，这一路走来，是你们一直支持、鼓励着我，谢谢你们。特别感谢我最早的读者和最亲密的朋友凯瑟琳（Catherine）和海蒂（Hattie）——你们的见解，以及充满爱意地把这些见解表达出来的方式，对我的意义远比你们能想象的大。感谢希瓦，我的写作伴侣，在那么多日子里陪伴着我，谢谢你响亮的呼噜声。

谢谢我最好的家人。我的弟弟托比，世界上最了不起的诗人，谢谢你总是鼓励我，让我有勇气走自己的路。谢谢我的妹妹乔治，感谢你所有的爱、欢笑和支持——这世界上最好的姐妹就是你了。谢谢爸爸乔恩，谢谢你读了本书那么多不同的版本，谢谢你的迂腐、你对人类学专门术语的抵制，以及你慷慨付出的那么多时间——未来的编辑生涯在等着你。谢谢妈妈茱莉娅，我认识的最优秀、最善良的人——感谢你无边无际的爱，感谢你给了我生命，也给了我翅膀。

最后，感谢我无与伦比的丈夫威尔。感谢你就算在我没完没了地怀疑自己时也从来没有怀疑过我，为此我会永远心存感激。谢谢你的爱，谢谢你创造空间让我得以写作，谢谢你跟我共享我们的世界里最重要的那个人——祖德，你是光。

词汇表

孟加拉语发音	中译	释义
Abaya	罩袍	一种宽松的外衣,类似于斗篷,能罩住整个身体。
Aloo	土豆	
Asanti		一种无法宁静的感觉。
Azaan	宣礼	伊斯兰教召唤穆斯林的礼拜。
Begun	茄子	
Bhuja	焗薯条	一种印度小吃。
Bindi	眉心点	
Bonti	菜刀	弯曲、竖直摆放的刀片,很多孟加拉人会在准备食物时使用[1]。
Boro	大	
Burqa	波卡罩袍	能完全盖住脸和身体的包裹式服装。
Cha	茶	
Chador	恰多尔罩袍	一大块布匹,可以裹住头和身体,但露出面部。
Chana	鹰嘴豆	

---

[1] 这种菜刀是竖直固定在底座上,刀刃朝上且像镰刀一样向内弯曲,由人拿着需要切削的食物往上面按压。

续表

孟加拉语发音	中译	释义
Chele	男孩	
Chi	切	语气词,用来回应不太得体但有趣的事情。
Daal	小扁豆	
Dhoti	缠腰布	男人穿的一种纱笼(sarong)。
Didi	姐妹	
Dupatta	方形披巾	
Durga pujo	杜尔迦普加	印度教纪念杜尔迦女神的节日,在西孟加拉邦极为重要。
Ghat	河坛	通往水边的台阶。
Ghatak	媒人	
Gunbidda	贡比达	一种治疗方法,通常与贡宁有关。
Gunnin	贡宁	一种穆斯林治疗师,但任何信仰的人都会经常光顾他们。
Hajj	朝觐	穆斯林一年一度前往麦加的朝圣。
Hijab	穆斯林头巾	一种盖住头部但露出面部的头巾。
Holud	姜黄	
Jahannam	火狱	
Jamaati		对伊斯兰教派组织追随者并不严谨的称呼,本书中指伊斯兰传道会的追随者。
Jannah	天园	
Jinn (复数:Jinni)	精尼	一种超自然生灵,与伊斯兰教关系密切。
Jonmostan	出生地	
Kacca	土墙屋	用于建造房屋的天然材料的混合,包括泥土、稻草和牛粪。
Kaalboishaakhi	卡波扎克	四到六月发生在印度北部和西部的极为猛烈的暴风雨。
Kheer	牛奶甜布丁	用牛奶制作的一种甜布丁。
Kurta	过膝无领衬衫	一种长而宽松的上衣。
Lonka	辣椒	
Ma	妈妈	

续表

孟加拉语发音	中译	释义
Masjid	清真寺	
Maulana	毛拉纳	
Mela		集会或展销活动。
Meye	姑娘	
Mishti	米什蒂	甜食。
Mishtidoi	米什蒂酸奶	甜酸奶。
Mishti jol	米什蒂饮料	一种加糖水的饮料。
Muezzin	宣礼员	在清真寺召唤大家做礼拜的人。
Muri	炒米花	
Namaz	乃玛孜	礼拜。
Nani	奶奶	
Niqab	尼卡布	一种可以遮住脸、主要戴在头上的衣物。
Nabi	纳比	先知。
Nadi	大江	
Onchol	区	一种区域划分,跟行政区类似。
Paan		槟榔制品,可咀嚼。
Panchayat	村委会	
Pandal	神棚	临时搭建的大型活动用的大帐篷
Pani	水	
Pani puri	加汁小脆球[1]	一种街头小吃,炸得很脆的小麦面包,里面加上罗望子水。
pantabhat	水浸饭	在水中浸泡一夜的米饭。
Pujo	普加	礼拜神祇的仪式。
Pukka	砖房	字面意思是"成熟"或"牢固",已成为永久性砖砌结构的简称。

---

[1] 作者的描述中没有提到土豆,但实际上这种小吃是空心的油炸球,小贩会用手指按一个洞出来,填进去土豆泥、洋葱、番茄、豆子等,再浇上罗望子水,或意译为"印度脆球",或音译为"巴尼布里",印度金德尔大学张文娟教授建议译为加汁小脆球。

续表

孟加拉语发音	中译	释义
Purdah	深闺制度	把女人遮蔽、隐藏起来不让男人看到的做法。
Ramzan	斋月	长达一个月的封斋、礼拜和自省,音译"莱麦丹"。
Rosogolla	奶汤圆	一种浸在糖浆中的农家干酪甜品。
Roti	印度煎饼	印度各地都很受欢迎的一种圆形的大饼。
Salwar kameez	萨尔瓦克米兹	女性穿的宽松的裤子和松垂的长袍。
Shaak	绿叶菜	
Shimai	谢迈	用意大利细面条、糖和牛奶做成的一种甜品。
Sindoor	红丹粉	女人结婚后在头顶头发分开的地方抹的红色粉末。
Sobji	蔬菜	
Sondesh	牛奶豆蔻糕	用乳制品和糖做成的甜品。
Tabiz	护身符	
Tablighi Jamaat	伊斯兰传道会	伊斯兰宗教运动组织,主张回到信仰的原始形式。
Ummah		泛全球化的穆斯林社群。